HISTOIRE
UNIVERSELLE
DE
DIODORE DE SICILE

Tome VI.

HISTOIRE
UNIVERSELLE
DE
DIODORE DE SICILE.
TRADUITE EN FRANÇOIS.

Par Monsieur l'Abbé TERRASSON, *de l'Académie Françoise.*

TOME SIXIEME.

A PARIS,
Chez DE BURE l'aîné, Quay des Augustins, du côté du Pont S. Michel, à Saint Paul.

M. DCC. XLIV.
Avec Approbation & Privilége du Roi.

TABLE DES SOMMAIRES
POUR LE SIXIÉME VOLUME.

LIVRE DIX-NEUVIÉME.

Art. I. *Avant propos.* 1. Idée générale du caractere affreux d'Agathocle. Basse origine de ce tyran né à Thermes en Sicile, ville soumise alors aux Carthaginois. Carcinus son pere effrayé par des songes & par des réponses d'Oracles, le fait exposer d'abord après sa naissance. Sa mere va le reprendre & confie son éducation à son propre frere Heraclide, à l'insçu de son mari. Au bout de quelques années son pere le voyant jouer avec des enfans de son âge, est charmé de sa beauté ; & sa femme lui avoue la fraude par la-

TABLE

quelle elle l'a sauvé. Il amene cet enfant à Syracuse, où il lui apprend son métier de Potier de terre; mais un citoyen considérable de Syracuse, nommé Damas, choisi dans la suite pour chef de la milice d'Agrigente, ayant pris de l'affection pour le jeune Agathocle, lui donne une compagnie de mille hommes, à la tête de laquelle celui-ci fit bien-tôt voir qu'il se distingueroit à la guerre. Damas étant mort peu de tems après, Agathocle épouse sa veuve, dont le bien est le premier fondement de sa puissance future. 2

II. Syracuse étant alors gouvernée par deux hommes de mauvaise réputation, Heraclide & Sosistrate, Agathocle Chiliarque, ou Commandant de mille hommes sous eux, les accuse d'aspirer à la tyrannie, dont il sera lui-même un sinistre exemple. Cependant il se retire en Italie, où il sert la ville de Rhege, attaquée par les deux tyrans de Syracuse. Revenu au service des Syracusains qui assiégeoient Gela, il entre furtivement dans la ville où il reçoit jusqu'à sept blessures consécutives, & trouve pourtant encore moyen de s'échaper; soupçonné ensuite par la supériorité de

TABLE.

son courage d'aspirer à la tyrannie de Syracuse, Acestoridès de Corinthe qui en étoit Gouverneur, l'en fait sortir, & charge un de ses Emissaires de l'assassiner. Agathocle sauve le coup en substituant à sa place un esclave revêtu de ses habits. 9

III. Sosistrate ayant trouvé moyen de rentrer dans Syracuse, Agathocle profite du nombre & de la différence des partis, au sujet du gouvernement, pour établir sa tyrannie. La ville elle-même lui fait lever des troupes pour différentes vues ; sous prétexte de punir le Conseil des six Cents de leurs injustices passées, il se fait un massacre & un pillage dans Syracuse, qui lui donne l'aspect d'une ville prise d'assaut. Au sortir de ces exécutions affreuses, Agathocle appelle en jugement les six Cents & tous ceux qui avoient favorisé l'Oligarchie, & promet de rendre au peuple sa liberté. Il se dépouille même de ses habits de guerre, & se montre vêtu comme un simple citoyen ; mais tous ceux qui avoient participé à ses crimes & à ses concussions, l'obligent de conserver l'autorité militaire, dans laquelle il déclare vouloir être seul pour ne ré-

a ij

pondre des fautes d'aucun de ses associés. Il ne prend pourtant point le Diadême, & ne se rend point d'un accès difficile. Il veille même sur les revenus publics, & il augmente les forces militaires de Syracuse. Article des Romains peu considérable selon l'Auteur même. 15

IV. Polysperchon ayant enfin établi Olympias dans la Macedoine où elle avoit aussi ramené son petit-fils Alexandre, fils de Roxane, cette Reine va attaquer Eurydice & son Epoux Philippe Arrhidée. Elle remporte la victoire sur eux, & les fait enfermer ensemble dans une prison étroite, où à peine pouvoient-ils se tourner. Elle condamne Arrhidée à être percé de fleches, & elle laisse le choix de sa mort à Eurydice, qui se pend elle-même : Olympias fait ensuite égorger Nicanor frere de Cassander, & justifie par toute sa conduite, l'avis qu'Antipater avoit donné aux Macedoniens, de ne jamais admettre de femme sur leur Thrône. Seleucus, Satrape de la Babylonie, veut en vain débaucher les Argyraspides du parti d'Eumenès, toujours attaché lui-même à celui des Rois regnans : Se-
leucus

TABLE.

leucus fait inonder par la destruction d'une chaussée le camp de ce Général, qui se dégage de ce péril par l'adresse d'un habitant du lieu qui donne un écoulement à ces eaux. De-là Eumenès se rend dans la Susiane pour y attendre les ennemis des Rois & les siens. Pithon Satrape de la Medie, qui par ses violences & ses injustices s'étoit fait haïr de tous les Satrapes ses voisins, & qui avoit déja été battu par eux, vient offrir une alliance d'armes à Seleucus.

V. Eumenès fait assembler par ses lettres & au nom des Rois un grand nombre des plus illustres Officiers qui avoient servi sous Alexandre, & entr'autres Peucestès, nommé Satrape de la Perse, & Eudamus qui amenoit avec lui six vings Eléphans de la dépouille du Roi Porus qu'il avoit tué en trahison. Eumenès gouverne ce grand nombre d'hommes ambitieux qu'il a dans son armée, par l'idée dont il s'étoit déja servi d'un conseil où présideroit le génie d'Alexandre. Plusieurs des principaux Capitaines du feu Roi, renfermés dans un fort par Antigonus après l'affaire de Termesse, y sont forcés & faits prison- 23

TABLE.

niers de guerre, ce qui diminue considérablement les secours qu'Eumenès pouvoit espérer. 32

VI. Peucestès avec un grand nombre de soldats que l'on convoquoit en Perse, par des sentinelles posées sur des pointes de montagnes, & qui portoient leurs voix de l'une à l'autre dans une très-grande étendue de pays, vient se joindre à Eumenès. Antigonus d'abord venu à Suse, marche à leur rencontre avec des peines & des pertes d'hommes considérables, causées par les ardeurs de la canicule, & par la déroute où l'on le met sur le fleuve Copratès. Voulant passer de-là à Ecbatane de Médie, il essuye dans ce passage différentes attaques des Barbares : ce qui irrite ses soldats contre lui. Il les appaise néanmoins avec l'argent que Pithon lui apporte du Thrésor Royal d'Ecbatane. 39

VII. L'armée d'Eumenès vient à Persepolis, où Peucestès, Satrape de la province, donne un repas superbe à toutes les troupes posées en quatre cercles qui s'enfermoient consécutivement l'un l'autre. Eumenès juge à propos de supposer des lettres d'Olympias adressées à lui, pour réprimer par cette dis-

TABLE.

tinction, pour lors apparente, les prétentions que pourroient former les Officiers subalternes de son armée, trop grands Seigneurs : & de plus, il emprunte d'eux, sous le prétexte du service, des sommes très-considérables, ce qui réussit en effet à les tenir attachés à sa personne & à son parti. 48.

VIII. On annonce à Eumenès qu'Antigonus se dispose à entrer dans la Perse. Eumenès avant que d'aller à sa rencontre donne à ses troupes un grand repas, au sortir & à l'occasion duquel il tombe malade, & ne laisse pas de se faire porter en litiere au-devant de l'ennemi ; mais les deux armées séparées encore par deux fleuves, ne peuvent jamais se joindre. Antigonus envoye des Emissaires pour corrompre les Officiers de l'armée d'Eumenès par de grandes promesses de sa part. Eumenès les réfute par l'apologue du Lion qui se laissa arracher les dents & les griffes, comme Antigonus vouloit arracher les armes aux Satrapes de l'armée des Rois, pour se rendre maître ensuite de leurs personnes & de leurs Etats. Après quoi jugeant qu'Antigonus

TABLE.

avoit dessein de passer dans la Gabienne, contrée favorable pour la subsistance d'une armée, il l'arrête par la menace & l'apparence d'une attaque, & va lui-même établir ses troupes dans un païs si avantageux. 54

IX. Disposition & description détaillée de la bataille qui se donna entre Eumenès & Antigonus, lorsqu'ils se préparoient l'un & l'autre à passer dans la Gabienne. Le succès en paroît indécis ou partagé, en ce qu'Eumenès a perdu beaucoup moins de monde qu'Antigonus, & que celui-ci demeure maître du champ de bataille; après quoi il se retire à Garmaga de Medie, où Eumenès n'entreprend point de le poursuivre, 59

X. Un Indien, nommé Céteüs, tué du côté d'Eumenès dans la bataille précedente, donne lieu au spectacle de ses deux femmes qui se disputent la gloire de le suivre sur son bucher. L'Auteur expose ici l'origine de cette coutume, établie chez ces Barbares, pour conserver la vie des maris, souvent attaquée par leur femmes, & à laquelle il auroit été mieux de pourvoir, en ne permettant point à leurs filles, comme ils le faisoient, de se

TABLE.

marier sans le consentement de leurs parens. 71

XI. Cassander apprenant le retour d'Olympias, lorsqu'il assiégeoit Tegée dans le Peloponnese, fait la paix avec les Tegeates, pour venir s'opposer au rétablissement de cette Reine: elle s'étoit enfermée dans Pydne de Macedoine avec le jeune Alexandre & plusieurs Princesses de sa famille, se flattant de recevoir dans ce port de mer des vivres & des secours de la part des Macedoniens & des Grecs mêmes. Le Roi d'Epire & Æacidés son frere étant venu là au secours de cette Reine, perd son propre Royaume en son absence par la révolte de ses sujets animés contre lui par les intrigues de Cassander. 76

XII. Antigonus part de Gadamales de Medie, dans le dessein de surprendre Eumenès dont les troupes avoient hyverné séparément les unes des autres. Au bout de cinq ou six jours d'une marche très-pénible: il apperçoit sur une hauteur le camp d'Eumenès garni de feux & de lumieres, & qui donnoit de loin l'apparence d'une armée campée à demeure, & de plus dans l'abondance & dans les

TABLE.

festins. Cette ruse suspendit la marche d'Antigonus, qui ne réussit pas même à enlever les Elephans qu'Eumenès faisoit venir à son armée. 81

XIII. Malgré cette premiere disposition des choses qui paroissoit favorable à Eumenès, la fortune lui prépare un prochain & dernier revers, dans la bataille à laquelle il se dispose & qu'il livre à Antigonus. Celui-ci donne son aîle droite dans laquelle il vouloit combattre lui-même, à son fils Demetrius qui paroîtra beaucoup dans la suite, & sa gauche à Pithon, Satrape de la Medie. Eumenès pour faire tête à Antigonus avoit pris la gauche de sa propre armée, en confiant sa droite à Philippe, Satrape des Parthes. Aucune des deux armées ne montoit à quarante mille hommes. Mais elles avoient chacune plus de soixante Elephans, ce que l'on comptoit pour de grandes forces dans ce tems-là. Eumenès envoye d'abord faire des reproches publics & à haute voix aux corps qui avoient servi sous Alexandre, & qui s'opposoient aujourd'hui à ses successeurs naturels & légitimes : ce qui les touche & les ébranle.

TABLE.

Après divers incidens, les soldats d'Antigonus se jettent sur le bagage de ceux d'Eumenès, cet aspect décourage ces derniers & les irrite même contre leur chef qu'ils livrent vivant à Antigonus qui le fait mourir: après quoi il célebre ses funérailles en consideration de leur ancienne liaison, & donne son amitie à l'Historien Jerôme de Cardie, qui se trouva au nombre des prisonniers. 87

XIV. Antigonus vainqueur ramene d'abord ses troupes à Ecbatane, capitale de la Medie, & les distribue en quartiers d'hyver dans toute l'étendue de la Satrapie qui appartenoit à Pithon. Cette province avoit essuyé depuis peu de tems des tremblemens de terre qui avoient fait changer de cours à des fleuves & de place à des marais. En ce même tems la ville de Rhode essuya un troisiéme déluge qui auroit submergé tous ses habitans, sans la rupture d'un mur qui permit aux eaux de s'écouler dans la mer. Ces funestes épreuves avoient engagé les citoyens à couvrir leurs maisons de pierres de taille pour résister au poids des eaux qui auroient enfoncé des toits ordinai-

TABLE.

res, & qui les auroient encore alors noyés dans leurs maisons, s'il n'avoient pas eu le tems de se refugier dans les parties les plus hautes de leur ville bâtie en amphithéatre. 96

XV. Antigonus apprenant que Pithon vouloit gagner les soldats de son département pour ses vues particulieres, l'attiré auprès de lui par des lettres d'une confiance dissimulée, & le fait mourir par un Jugement du Conseil de guerre. Cette mort est d'abord vengée par des incursions des Partisans de Pithon dans la Medie ; mais ceux-ci furent eux-mêmes bientôt arrêtés & punis. Antigonus vient de-là dans la Perse où il agit en veritable souverain de l'Asie, dont il distribue les Satrapies à sa volonté, en laissant néanmoins celle des Paropamisades à Oxyartés pere de Roxane. Il recommande à Sibyritus Satrape de l'Arachosie, les Argyraspides, en public comme de grands hommes de guerre, & en secret, comme un corps dangereux dont il seroit bon de se défaire : & c'est par là que furent punis ceux d'entr'eux qui lui avoient livré Eumenés. Il déposseda aussi Peucestés de la Satrapie de Perse, mais sous le

TABLE.

prétexte d'une place plus honorable. Paſſant de-là à Suſe il s'empara de la citadelle ; en faiſant de grandes careſſes à Xenophile qui y commandoit de la part de Seleucus, & emporta en ouvrages d'or qu'on y tenoit en reſerve la valeur de deux mille cinq cents talens. 99

XVI. *En Europe Caſſander fait environner la ville de Pydne, retraite d'Olympias & de ſa cour, ſi exactement par mer & par terre, qu'il réduit cette Reine & ſes troupes à une famine déplorable dont l'auteur fait la deſcription. Elle permet à ſes ſoldats & même à ſes officiers de guerre de paſſer dans le parti de Caſſander, & ſe voit contrainte de ſe livrer elle-même à cet ennemi, qui la fait appeller en jugement par les parens de ceux à qui elle avoit fait ôter la vie, & qui la font condamner à la mort en plein Conſeil. Caſſander lui offre un vaiſſeau pour la conduire à Athenes, eſperant que quelque tempête donneroit à ſa mort l'apparence d'une punition divine, & craignant pour lui-même le repentir des Macedoniens. Mais les amis qu'il y avoit dans le vaiſſeau y égorgent cette Reine de*

b v

leur propre mouvement, pour le délivrer d'inquietude. En effet il aspire bientôt lui-même à la couronne de Macedoine, & il épouse dans cette vue Thessalonique fille de Philippe. Il fait bâtir dans ce Royaume une ville superbe qu'il nomme Cassandrie. Il fait enfermer le jeune Alexandre & Roxane sa mere dans la citadelle d'Amphipolis, en leur ôtant tous les indices de la royauté; & il fait célébrer à Ægues de Macedoine les obsèques de Philippe Arrhidée & de son épouse Eurydice, comme ayant laissé par leur mort le thrône vaquant. 105

XVII. Polysperchon après la mort d'Olympias s'échappant de Naxe en Perrabie où il étoit assiegé vient avec Æacidés Roi d'Epire jusques dans l'Ætolie. Alexandre fils de Polysperchon opposoit toujours quelques troupes du Péloponnese à Cassander; & ce n'est pas sans peine que celui-ci passe de la Thessalie dans la Béotie, où pour se rendre célébre il entreprend de relever la ville de Thebes, détruite depuis vingt ans, par Alexandre avant son départ pour l'Asie. A cette occasion l'auteur fait une

TABLE.

histoire abregée de cette ville depuis sa fondation par Amphion & Zetus fils de Jupiter & d'Antiope, jusqu'au rétablissement dont il s'agit. Cassander entré enfin dans le Peloponnèse malgré les differentes oppositions d'Alexandre fils de Polysperchon, juge à propos de se retirer dans la Macédoine, avant que d'en venir contre son adversaire à une bataille en forme. 112

XVIII. Antigonus partant de Suse pour s'approcher des mers occidentales, passe par Babylone dont Séleucus étoit Satrape & qui le reçoit magnifiquement, en donnant un festin à son armée entiere. Antigonus qui se regardoit lui-même comme Souverain de l'Asie lui demande compte de ses revenus ; ce qui commence à aliener Séleucus contre lequel il sera bientôt en guerre. Des Devins de Babylone se mêlent de prédire à Antigonus que Séleucus lui ôteroit la vie ; & l'Auteur qui paroît assez prévenu lui-même de ces anciennes superstitions, promet un petit détail des succès de leurs annonces, dans la suite de son histoire. Séleucus passe en Egypte auprès du

TABLE.

Roi Ptolemée qui l'anime contre Antigonus, & l'un & l'autre attirent à leur parti Cassander & Lysimachus, ce qui donne lieu à de longues guerres. Antigonus de son côté recherche l'alliance des Princes de Chypre & de Rhode, aussi-bien que de Polysperchon & d'Alexandre son fils, en Europe, en un mot de tous les ennemis de Cassander. Il se hâte d'arriver dans la Phœnicie, où pendant qu'il assiege Tyr, il employe la forêt du Mont-Liban à se faire une marine, genre de forces militaires qu'il n'avoit point encore eues. Dans ce même-tems on apporte le corps de Craterus tué dans une bataille contre Eumenés, à Phila fille d'Antipater, & veuve du mort mariée depuis à Démetrius fils d'Antigonus. Grand éloge de cette Princesse. 118.

XIX. *Les Envoyés d'Antigonus dans la Grece y trouvent un grand accès, à la faveur de la guerre qu'il faisoit alors à Cassander, qui s'étoit déclaré ennemi des Rois ou des Princes successeurs naturels d'Alexandre. Sous cette apparence Aristodême député dans le Peloponnese ob-*

TABLE.

tient des troupes des Spartiates; il attache Polysperchon & Alexandre son fils aux intérêts d'Antigonus. Alexandre même vient le trouver en Asie. On fait là le procès de loin à Cassander comme à l'auteur de la mort d'Olympias, au Restaurateur de Thebes détruite par le feu Roi, & au Détenteur de Roxane & de son fils. Antigonus renvoye ensuite dans le Peloponnese le fils de Polysperchon, très-content de son voyage, & chargé de promettre la liberté aux villes Grecques. Le Roi Ptolemée ennemi d'Antigonus ne demeuroit pas en arriere à cet égard, & faisoit à ces villes des promesses auxquelles on ajoutoit encore plus de foi. Cependant Séleucus lié d'intérêt avec le Roi d'Egypte, fait passer des troupes dans le Peloponnese pour s'opposer à Polysperchon & à son fils, & il prend lui-même dans Chypre Ceraunie, Lapithus, & quelques autres villes. D'un autre côté il vient à Antigonus devant Tyr une grande quantité de vaisseaux se joindre à ceux qu'il avoit fait construire lui-même : ce qui lui fournit le moyen d'en envoyer à ses alliés, & d'en réserver autant qu'il lui en falloit pour ses desseins. Apollonidés lieutenant de Cassander dans Argos fait brûler les Sénateurs de cette ville assemblés dans la chambre de leur conseil où l'on met le feu. Les partisans du même Cassander dans Orchomene y égorgent dans un temple leurs concitoyens partisans d'Antigonus. Cependant Cassander gagne enfin le fils de Polysperchon, & le fait Commandant Général du Peloponnese. D'un autre côté Polyclite Commandant des vaisseaux de Ptolemée & de Séleucus fait tomber dans une même embuscade à Cenchrée, port voisin de Corinthe, une armée de terre, & une flotte d'Antigonus qui furent obligées de se rendre : ce qui mit ce Commandant en une très-grande considération auprès de ses maîtres. 129

XX. Agathocle fait dans l'intervalle d'une année deux entreprises sur Messine, qui sont repoussées par les Citoyens de Syracuse réfugiés dans cette premiere ville. Les Carthaginois lui font même rendre le fort dont il s'étoit saisi à une premiere attaque, contre le traité passé avec eux. Le tyran

TABLE.

fait égorger dans Abacene ville alliée de Syracuse quarante Citoyens qu'il soupçonnoit lui être contraires. Court article des Romains. Les différentes villes du Peloponnese se partageant d'intérêt entre Antigonus & Cassander, celle de Dyme en particulier qui étoit pour Antigonus, se fait un mur intérieur & assiege sa citadelle occupée par une garnison de Cassander. Alexandre fils de Polysperchon qui s'étoit déclaré pour le même Cassander, & qui avoit toute l'autorité dans Sicyone est tué dans une rencontre par un de ses Concitoyens, partisan secret d'Antigonus. Cratesipolis veuve du mort ; femme courageuse & bienfaisante se rend en quelque sorte souveraine de Sicyone, en ces tems de dissention & de troubles. Cassander pour tenir tête aux Ætoliens qui favorisoient Antigonus, fait rassembler les Acarnaniens qui occupoient différentes hauteurs & des forts séparés les uns des autres, & les invite à rentrer dans leurs villes déja bâties. Il gagne une bataille contre Glaucias, Roi des Illyriens, & il fait accepter aux Citoyens d'Epidamne une garnison de sa part. A

TABLE.

peine Cassander étoit-il revenu en Macedoine, que les Ætoliens ses ennemis ayant pris Agrinium d'Acarnanie, en égorgent les habitans qui en sortoient sur la foi de la capitulation convenue. Le même Cassander envoye des secours à Séleucus & à ses autres alliés en Asie, pour occuper Antigonus, & l'empécher de passer en Europe. 141

XXI. *En Sicile*, les réfugiés de Syracuse dans Agrigente, ne cessoient point d'exhorter les Magistrats de cette derniere ville à se déclarer contre leur tyran qui menaçoit l'Isle entiere de ses invasions. Les Agrigentins s'alliant aussi-tôt avec ceux de Gela & de Messine demandent un chef à Lacedemone, se flatant par l'exemple assez recent de Timoleon de Corinthe qu'un Commandant étranger les sauveroit de l'ambition qu'on pouvoit craindre de la part d'un Général Concitoyen. Les députés avoient à peine mis le pié dans la Laconie qu'ils rencontrerent Acrotatus fils du Roi Cleomene, jeune homme très-vitieux, & hai de la jeunesse même de Sparte. Les députés d'Agrigente l'amenent pourtant, trompés par son nom & par

TABLE.

sa naissance; & il procure dans sa route quelques alliés aux Agrigentins. Mais arrivé dans leur ville, il tue dans un repas Sosistrate de Syracuse dont il craignoit le discernement. Sur le point d'être lapidé luimême, il disparoît, & la médiation du Carthaginois Amilcar appaise alors toute querelle dans la Sicile. Agathocle profite de cette tranquillité pour lever une forte armée contre les Carthaginois mêmes. Article des Romains qui perdent une bataille considerable, dans laquelle Aulius maître de la cavalerie se fait tuer plûtôt que de fuir comme le reste de son armée. 152

XXII. Succès de Lysimachus Satrape de la Thrace contre Seuthés Roi du pays. Il tue dans une bataille Pausanias Commandant des troupes qu'Antigonus envoyoit-là. Le même Antigonus fait tenter les villes du Peloponnese par la promesse de leur liberté. Philippe lieutenant de Cassander gagne contre le Roi d'Epire Æacidés une bataille où ce Roi est tué. Les Ætoliens consternés de tous ces avantages de leur ennemi se retirent dans les creux de leurs monta-

TABLE.

gues. Cassander las de la guerre fait alliance avec Antigonus; & peu de tems après, il envoye demander du secours à Séleucus & au Roi d'Egypte Ptolemée. Antigonus indigné de ce procedé fait partir ses lieutenans Medius & Docimus pour délivrer les villes grecques de l'Asie assujetties par les lieutenans de Cassander. Celui-ci tente de reprendre son autorité en Europe. Il forme le siége d'Orée en Eubée dans lequel il est favorisé par les Atheniens contre Antigonus. Article des Romains où il s'agit de la ville de Lucerie qui leur étoit alliée, & qu'ils délivrent de toute crainte de la part des Samnites. Les Campaniens obtiennent la paix en livrant aux Commandans de l'armée Romaine les auteurs de la révolte qui se tüent eux-mêmes. Antigonus envoye du côté de l'Eubée & de la Grece différens corps d'armée qui engagent Cassander à se rendre dans la Macedoine, pour la défendre comme son Royaume propre. Les Atheniens offrent contre lui une alliance d'armes à Antigonus.   160.

XXIII. Les habitans de Cyrene en Afrique, assiegent leur propre cita-

TABLE.

delle occupée par une garnison qu'y tenoit le Roi Ptolemée auquel ils s'étoient donnés eux-mêmes. Ils égorgent les Députés que ce Prince leur envoye pour les faire rentrer dans leur devoir. Son lieutenant Agis vient remettre l'ordre dans cette ville, en ôtant toutes sortes d'armes aux Citoyens. Ptolemée réduit de même l'Isle de Chypre dont les petits Rois tentoient de se soustraire à son pouvoir : Il fait passer tous les habitans d'une de ces villes à Paphos, & établit Nicocreon pour Commandant de l'Isle entiere. Passant lui-même dans la Syrie, il y fait un grand ravage dans le dessein d'attacher à lui ses troupes par l'appas du pillage & des richesses. Le jeune Démetrius attend le Roi Ptolemée auprès de Gaza de Syrie, & plus jaloux qu'effrayé de la réputation de ce Roi, il se dispose à le combattre. L'auteur s'étend ici sur les préparatifs & sur le détail de cette premiere bataille que Démetrius alloit perdre ; mais dans cette défaite il donna plus d'espérance de sa valeur & de sa capacité future qu'un autre n'en auroit donné par une pleine victoire. Il envoye demander ses morts

TABLE.

à Ptolemée & à Séleucus qui les lui accordent avec de grandes marques de considération. Refus génereux du Gouverneur de Tyr officier d'Antigonus, à Ptolemée qui l'en applaudit lui-même. 173

XXIV. Un des lieutenans d'Antigonus nommé Télesphorus par jalousie contre le capitaine Ptolemée plus favorisé que lui de son maître, fait bâtir une citadelle dans Elis, & pille le thrésor d'Olympie dans le Peloponnese. Son Competiteur fait abbattre cette citadelle, & rend au temple plus d'or qu'on en avoit tiré. Troubles de l'Epire depuis la mort de son Roi Æacidés : Alcetas son frere, & son successeur favorisé par Cassander, est tué par ses propres sujets, las des injustices de son gouvernement ; ce qui fait retirer encore Cassander dans la Macedoine. Séleucus après la défaite de Démetrius auprès de Gaza, part pour rentrer dans sa Satrapie de Babylone, où conformement à ses espérances, il est reçû avec de grands applaudissemens de la part des peuples qu'il avoit gouvernés avec beaucoup de douceur & de sa-

TABLE.

gesse ; & malgré la resistance du Gouverneur Nicanor placé là par Antigonus, il joint même la Medie, & la Susiane à la première étendue de la Satrapie de Babylone.
189

XXV. Ptolemée de l'avis même de son Conseil, va attendre en Egypte la revanche que Démetrius accompagné alors d'Antigonus son pere, vouloit prendre de la bataille qu'il avoit perduë à Gaza de Syrie. Antigonus avant que de suivre Ptolemée veut porter la guerre aux Arabes Nabathéens, au sujet desquels l'auteur fait une digression très-curieuse. On voit en eux des sauvages qui ont des mœurs, de la sagesse & du courage : Description de la pêche de l'Asphalte, espece de bitume épais qui se forme dans le lac Asphaltide enfermé dans leur territoire. Antigonus envoye Démetrius son fils à Babylone pour reprendre cette Satrapie sur Séleucus qui s'y étoit rétabli par le droit de son premier partage. Patrocle qui en étoit Gouverneur pour Séleucus, & qui ne se voyoit pas alors en état de défendre cette capitale, conseille aux Citoyens

TABLE.

de l'abandonner pour un tems, & de se transporter avec leurs effets dans la Susiane, ou vers l'Ocean meridional; & lui-même se forme un camp au-dehors de la ville, mais sans sortir de la Satrapie. Démetrius fait du pillage dans Babylone; mais pressé par le peu de tems que son pere lui avoit donné, il confie à l'un de ses capitaines l'attaque de quelques forts qui se défendoient encore dans la ville même, & revient du côté de la mer. L'auteur laisse ici pour assez long-tems les affaires de l'Asie. 198

XXVI. *Suite de la guerre des Romains contre les Samnites.* En Sicile les Messinois pour prévenir toute guerre, mettent hors de leur ville les réfugiés de Syracuse, & y reçoivent Agathocle lui-même comme Allié. Il y fait venir & égorger ensuite les Citoyens de Tauromene, qui s'étoient opposés à sa domination. Il part de-là pour aller piller Agrigente. Mais l'aspect des Carthaginois qui se montrent le détourne de cette entreprise. Il fait égorger sur un autre prétexte ceux qu'il croyoit contraires à lui dans Centorippe. Les Carthaginois entrent dans le port de Syracuse, & font couper les mains à tout l'équipage de deux vaisseaux d'Athenes qu'ils y trouvent. Agathocle leur fit rendre la pareille sur la côté des Brutiens. Dinocrate chef des bannis de Syracuse prend du consentement des Citoyens Galarie, ville dépendante d'Agathocle, qui fait punir les auteurs de la révolte. Les Carthaginois prennent le fort d'Ecnome d'où Agathocle n'ayant pu les appeller à un combat dans la plaine, revient à Syracuse. Cassander, Ptolemée & Lysimachus signent un traité avec Antigonus, par lequel le premier doit demeurer Commandant de l'Europe jusqu'à la majorité d'Alexandre fils de Roxane, Antigonus gouverneroit l'Asie; les deux autres demeureroient à leur place, & les villes grecques seroient libres. Cassander fait égorger Alexandre & sa mere de son propre mouvement. Mais cette exécution met en repos les Rois successeurs au sujet de leur partage actuel. En Italie les Romains prennent la ville de Pollitium sur les Marruciniens. 217

TABLE.

XXVII. *En Sicile, les Carthaginois commencent à redouter la puissance d'Agathocle, donnent une flotte formidable à Amilcar le plus grand capitaine qu'ils eussent alors. Elle essuye une tempête horrible, & qui leur causa une si grande perte de leurs Citoyens, qu'ils en firent porter le deuil à leurs murailles mêmes, suivant leur coutume dans les grandes calamités. Amilcar recueille néanmoins ses débris avec tant d'attention qu'il trouve encore le moyen de dresser un camp formidable dans la Sicile, en y joignant les alliés de Carthage nés dans la Sicile même. Agathocle craignant que la ville de Gela ne prit leur parti, fait entrer un à un des gens à lui, & y fait égorger enfin quatre mille Citoyens dont il saisit toutes les richesses, & oblige même les autres de lui livrer tout l'or & l'argent qu'ils ont chez eux. Les Carthaginois saisis du fort d'Ecnome, ancien séjour du tyran Phalaris, font de fréquentes excursions sur les troupes d'Agathocle, qui perdit en différentes reprises plus de sept mille hommes. Le tyran feint de se retirer à Syracuse,*

TABLE.

Syracuse, & il s'enferme secretement dans Gela. Cette feinte attire aux portes de cette derniere ville un corps de troupes Carthaginoises qui s'attendoient à y être reçues comme amies, & qui furent percées de traits. Mais dans la suite le tyran demeure exprès dans Gela pour engager les Carthaginois au siége de cette place, ce qui laisseroit à Syracuse le tems de faire la récolte dont c'étoit alors la saison. Amilcar cependant gagne l'amitié de plusieurs villes considérables de la Sicile au dépens du tyran qui s'y fait haïr de plus en plus, & qui conçoit le dessein de porter la guerre dans l'Afrique même. 225

LIVRE XX.

Avant-propos : dans lequel l'Auteur examine l'usage des Harangues dans l'Histoire. 236

I. Agathocle quoique déja presqu'assiegé dans Syracuse par les Carthaginois, suit le projet qu'il avoit formé de transporter la guerre dans la Libye. Il se flattoit de trouver les

TABLE.

Carthaginois hors de toute défense, par la sécurité où devoient les mettre les succès de leur Général Amilcar dans la Sicile ; & il comptoit sur le mécontentement des Alliés de leur capitale, accablés des services qu'elle exigeoit d'eux. Il laisse donc son frere Antander avec une forte garnison dans Syracuse ; & il se forme une armée composée principalement de cavaliers, qu'il avertit de se fournir de tout l'équipage nécessaire pour les chevaux qu'ils devoient trouver en Afrique. Mais avant que de partir il fait des exactions cruelles sur les plus riches citoyens de Syracuse, dont il fait même égorger un grand nombre. Sa flotte s'échappe en quelque sorte, en profitant de l'écart de la flotte africaine qui va à la rencontre des provisions de vivres qu'on apportoit par mer à Syracuse. La flotte grecque arrive pourtant & débarque en Afrique : & Agathocle pour ôter à ses soldats tout espoir de retraite, & toute autre ressource pour leur subsistance, que le pillage des villes & des campagnes, suppose un vœu qu'il a fait de brûler sa flotte

TABLE.

en l'honneur des Déesses de la Sicile, ce vœu est exécuté par les soldats avec un zéle de fanatiques, dont ils ne se répentent qu'après coup.

239
II. Agathocle pour redonner du courage à ses soldats, les mene à la prise & au pillage de deux villes somptueuses, Megalopolis & le Tunis blanc, qui ne se trouvent aucunement en état de défense. Le Sénat de Carthage averti de tous côtés de l'arrivée de ses ennemis, juge que la flotte qui avoit été conduite à Syracuse par Amilcar étoit détruite. On fait de grandes réprimandes à tous les capitaines de vaisseaux demeurés sur leurs côtes d'avoir laissé aborder la flotte Sicilienne ; & l'on nomme pour Généraux Hannon & Amilcar. Ce dernier aspiroit à se rendre le tyran de sa Patrie. Cependant les deux armées se disposent chacune de son côté à une bataille : Agathocle donne son aîle droite à son fils Archagathus. Au défaut de boucliers dont il manquoit, il en contrefait avec des baquetes couvertes de peaux. Il se prévaut heureusement de la superstí-

TABLE.

tion de ses troupes, pour faire lâcher sur leurs têtes pendant le combat, des hiboux, oiseaux consacrés à Minerve, dont elles crurent avoir la protection: ce qui leur procura réellement l'avantage. Hannon à la tête du bataillon sacré tombe & meurt couvert de blessures. Bomilcar lui-même favorisoit jusqu'à un certain point les progrès d'Agathocle, pour se rendre plus aisément le maître de sa nation, quand elle croiroit avoir besoin de lui. Ainsi battan ten retraite, le reste de l'armée Africaine est obligé de se réfugier sous le murs de Carthage. 251

II. Agathocle revenu au pillage du camp des Carthaginois y trouve des chaînes & des menotes préparées pour les Grecs, que l'on comptoit de faire travailler aux carrieres. Cependant les Carthaginois battus dans leur propre territoire gagnent une bataille devant Syracuse. Leur défaite en Afrique les engage à envoyer des offrandes au temple d'Hercule à Tyr, ville dont ils étoient une colonie, & dont leur prospérité recente leur avoit fait négliger depuis quelque tems le Dieu

TABLE.

tutelaire. Soupçonnant même que Saturne étoit irrité contre eux, de ce qu'ils avoient souffert que l'on substituat des enfans achetés secretement, à ceux des familles distinguées qui devoient être jettés dans le feu en présence de cette divinité, ils en immolent deux cents de cette maniere. Troubles qui arrivent dans Syracuse à l'occasion de la nouvelle du combat d'Agathocle en Afrique mal rendue. On empêche Antander frere d'Agathocle, & qui n'étoit pas brave, de capituler avec Amilcar qui l'assiegeoit, & les Carthaginois réellement battus chez eux, veulent rappeller ce capitaine à leur secours. Il s'éloigne en effet de Syracuse, & renvoye cinq mille hommes à Carthage. Agathocle cependant profitant de sa victoire s'avance dans la Libye où il prend différentes villes, & fait alliance avec Elymas un des Rois du pays, qui lui ayant ensuite manqué de parole, est vaincu, & tué de la propre main d'Agathocle. 260

IV. *Les capitaines successeurs d'Alexandre commencent à s'appercevoir de la trop grande puissance d'Antigo-*

TABLE.

nus. Le capitaine Ptolemée son propre neveu l'abandonne pour s'attacher à Cassander. Mais Antigonus se reserve l'appui de son fils, le jeune Démetrius, qui en effet recouvre plusieurs villes de l'Asie sur les lieutenans du Roi d'Egypte Ptolemée. D'un autre côté Polysperchon ennemi de Cassander fait venir de Pergame Hercule fils d'Alexandre & de Barsine, comme l'héritier légitime & véritable de la couronne de Macedoine, auquel il fait trouver des troupes & de l'argent. Ordres sanglans que le Roi d'Egypte Ptolemée donne à ses lieutenans contre les Rois de l'Isle de Chypre amis d'Antigonus. A cette nouvelle Nicoclés Roi de Paphos se tue lui-même, Axiotée sa femme tue de sa main ses deux filles, avant que de se tuer elle-même, pour les sauver des outrages de leurs ennemis, quoique Ptolemée eut donné ordre de les épargner. Les freres de Nicoclés mettent le feu à leurs Palais & s'y laissant brûler vifs, la famille royale de Paphos finit avec eux. 272

V. *Détail d'une guerre qui suivit la mort de Parysadés Roi de Pont, entre ses trois fils Satyrus, Eumelus & Prytanis, quoique leur pere et*

TABLE.

nommé lui-même l'aîné des trois pour son successeur. Eumelus le second avoit pour soutien Ariopharnés Roi des Thraces, dont la citadelle ou la retraite singuliere est ici décrite. Le Roi Satyrus est tué dans l'attaque qu'il en fait. Prytanis le dernier des trois freres, prend soin de sa sepulture, & prétend lui succeder au préjudice d'Eumelus qui avoit fait la guerre à son aîné. Mais il est tué dans cette entreprise. Eumelus demeuré seul héritier de la couronne, fait des meurtres sans nombre dans la famille de ses deux freres : après quoi il s'établit dans la capitale Panticapée ; & se rend même un Prince équitable, & bienfaisant, non seulement en vers ses sujets, mais à l'égard des peuples voisins, & surtout des Grecs qui ont besoin de son secours : il délivre les mers de Brigans & de Pirates : mais il meurt au bout de six ou sept ans de regne, dans son char versé ; sur quoi l'auteur rapporte les prognostiques dans lesquels on donnoit de son tems. Article des Romains peu considérable. 27(

VI. Le Roi Ptolemée prend dans la

TABLE.

Cilicie quelques villes sur Antigonus, il fait avaler dans une prison un verre de ciguë au capitaine Ptolemée neveu d'Antigonus qui avoit abandonné le parti de son oncle, qui prenoit avec le Roi d'Egypte même un ton trop haut, & cherchoit de plus à se faire un parti dans sa cour. Dans le tems que Polysperchon conduisoit en Macedoine le Prince Hercule fils d'Alexandre & de Barsine, Cassander vient lui-même représenter à ce Général qu'il alloit se donner un maître. Polysperchon gagné par cet avis tue de sa propre main ce jeune Prince. Après cette action trouvant par-tout des obstacles, il est obligé de se retirer dans la Locride. Lysimachus bâtit une ville de son nom dans la Chersonnese de Thrace. 286

VII. Amilcar toujours en Sicile, tente de donner un assaut à Syracuse, à la faveur de la nuit, sur la promesse d'un augure qui lui promet qu'il soupera dans la ville le lendemain : mais n'ayant alors que des troupes ramassées, elles prennent querelle dans l'obscurité. En un mot, Amilcar est pris dans une sortie des assiegés, & mis à mort après beaucoup d'autres outrages de la part des citoyens, qui envoyent sa tête à Agathocle. A cette occasion les Agrigentins prenant pour chef Xenodocus, entreprennent de délivrer de la domination des Carthaginois, aussi-bien que de celle d'Agathocle, toutes les villes de la Sicile qui étoient soumises à l'une ou à l'autre, pour les rendre toutes à leur propre gouvernement. 290

VIII. Pendant qu'Agathocle triomphoit en Afrique de la mort d'Amilcar, il s'éleve dans l'armée grecque un tumulte, au sujet de quelques reproches qu'on avoit faits dans un repas à Archagathus, au sujet du commerce qu'il avoit avec sa belle-mere, & qui lui avoient donné lieu de tuer Lyciscus auteur de cette accusation : les partisans du mort se révoltent & s'emparent de la citadelle de Tunis. Les Carthaginois séduisent d'autres Grecs par des promesses avantageuses ; de sorte qu'Agathocle est réduit à faire le personnage de suppliant à l'égard de ses propres soldats, & à leur offrir même sa vie. Cette soumission les re-

TABLE.

concilie, & diminue considérablement le nombre des déserteurs. Article des Romains dans lequel le consul Marcius agit contre les Samnites, & le Consul Fabius contre les Thyrreniens ou Toscans. Leger détail des grands ouvrages que le Censur Appius Claudius fait faire pour la commodité publique : il affecte de se déclarer partisan de l'état populaire. 298

IX. *Le Roi Ptolemée affranchit un grand nombre de villes grecques du joug d'Antigonus ; & même Sicyone & Corinthe de l'autorité de Cratesipolis veuve d'Alexandre fils de Polysperchon : espérant de tirer de grands secours de la reconnoissance de toute la nation. Mais ensuite mécontent de l'ingratitude de ces mêmes villes, il signe un traité d'alliance avec Cassander, & met lui-même une garnison dans Sicyone & dans Corinthe, après quoi il revient en Egypte : Cleopatre belle sœur d'Olympias s'échappe de Sardis où Antigonus la faisoit garder pour se retirer auprès de Ptolemée. La main de cette Princesse étoit recherchée par tous les capitaines successeurs*

TABLE.

comme un titre à l'empire d'Alexandre. Mais le Gouverneur de Sardis, la poursuit, l'attteint, & la fait mourir par les mains de quelques femmes qu'il fait ensuite punir elles-mêmes. 307

X. Différentes attaques d'Agathocle contre des partis Carthaginois, contre un corps de déserteurs Grecs qui s'étoient donnés à Carthage sous un chef qu'ils avoient nommé, & contre des coureurs Numides, qui s'étoient réfugiés enfin dans un fort qu'Agathocle prit par composition, & dont il ne laissa pas de faire égorger tous les Défenseurs, entre lesquels il n'y avoit pas moins de cinq cents hommes de Syracuse même. Il tente ensuite de gagner Ophellas qui commandoit dans la Cyrenaïque de la part de Ptolemée, & qui aspiroit à une autorité plus indépendante. Agathocle lui persuade que se contentant lui-même de la Sicile, Ophellas demeureroit maître de la Libye, quand ils auroient détruit ensemble l'autorité de Carthage. Ophellas qui avoit acquis le titre de Citoyen d'Athenes, en épousant Eurhydice qui descendoit de l'ancien

TABLE.

Miltiade vainqueur des Perses à Marathon, étoit favorisé des Grecs, qui ne cherchoient qu'à se tirer de l'oppression où les tenoient alors les différens successeurs d'Alexandre : ainsi il reçut de leur part de grands secours d'hommes & d'argent. Il fait faire à son armée une marche terrible par sa longueur, & par la nature d'un terrain rempli de serpens cachés, & qui avoit servi d'habitation à ce monstre fameux que la fable avoit appellé Lamie : de sorte qu'au bout de deux mois il parvient enfin à joindre Agathocle. Le fruit de tant de travaux fut qu'Agathocle lui-même le fait périr, pour demeurer commandant unique de cette armée étrangere, & de la sienne.

310

XI. Bomilcar qui ne perdoit point de vue le dessein de se rendre maître de sa Patrie, est long-tems balancé par des scrupules, & se donne volontiers à lui-même des prétextes de délai. Cependant s'étant enfin saisi de la nouvelle Carthage très-voisine de l'ancienne, il se déclare à cinq cents citoyens, & à mille Soudoyés qu'il charge d'égorger dans l'ancienne

TABLE.

ville tous ceux qu'ils rencontreront sur leurs pas : un projet si mal conçû n'a d'autre suite que celle qu'il méritoit. Les assassins sont repoussés dans la ville neuve, d'où ils étoient partis, & où ils rendirent les armes sur la promesse qu'on leur fit de leur pardonner : mais quoique Bomilcar lui-même fut compris dans cette amnistie, on ne manqua de parole qu'à son égard, & il est égorgé à la suite de mille outrages. 321

XII. Démetrius envoyé par Antigonus son pere pour délivrer toutes les villes de la Grece, va d'abord à Athenes, où il dépossede en effet par un siége Denys du fort de Munychic, & exclut Démetrius de Phalere du gouvernement de la ville, places qu'ils occupoient l'un & l'autre de la part de Cassander. Démetrius de Phalere qui avoit rempli sa fonction avec honneur & au gré des citoyens mêmes, se retire en Egypte auprès de Ptolemée : mais Denys qui se défendoit dans son fort s'y fait prendre vivant. Les Atheniens décernent des honneurs extraordinaires à Antigonus & à son fils Démetrius qui leur envoye des blés dont ils avoient un grand besoin, & des bois pour une flotte de cent vaisseaux, & leur céde même la capitale de l'Isle d'Imbrus à la pointe de la Chersonnese de Thrace. Mais il est bientôt mécontent d'eux, sur le refus qu'ils font de s'unir à lui contre le Roi Ptolemée. Cependant Antigonus fait partir son fils pour l'Isle de Chypre, où celui-ci, après la prise de quelques villes, forme le siége de Salamine. A l'occasion de ce siége il invente cette fameuse machine qu'il nomma Helepole, dont l'auteur donne la description & les usages. Ménélas lieutenant de Ptolemée parvient à y mettre le feu, & Ptolemée lui-même part pour la défense de cette place. Il se donne un combat naval où Démétrius demeure vainqueur, & Ptolemée revient en Egypte. A la nouvelle de cette victoire Antigonus prend le titre de Roi & le fait prendre à son fils. Mais sur cet exemple Ptolemée le prend aussi; & tous les successeurs d'Alexandre se déclarent souverains dans leurs provinces ou Satrapies. 326

XIII. A l'imitation de ces nouveaux Rois, Agathocle en prend lui-même le titre, mais sans le diadême;

TABLE.

d'autant plus qu'il portoit déja une couronne sous le prétexte du sacerdoce de quelque Divinité. Il s'arme contre les habitans d'Utique révoltés, quoique l'Historien n'ait pas énoncé la prise de cette ville par Agathocle. Il fait dresser contre les murs une machine sur laquelle ses soldats devoient monter pour combattre les assiegés. Mais il la fait environner d'un assez grand nombre de citoyens déja pris dans la campagne & suspendus à des cordes, afin que les assiegés ne pussent tirer contre ses soldats, sans courir risque de percer leurs amis & leurs parens. Malgré ce cruel inconvenient, les Citoyens ne laissent pas de se défendre, & Agathocle vainqueur fait à son ordinaire un massacre effroyable dans la ville. Ici l'auteur partage l'Afrique en quatre nations alors connues. 346

XIV. Agathocle revient en Sicile, où Dinocrate chef des bannis a l'avantage de faire baisser insensiblement la fortune du tyran : pendant que son fils Archagathus qu'il avoit laissé en Afrique, y faisoit encore du pillage, & essuyoit aussi des pertes.

TABLE.

L'auteur parle à cette occasion de quelques provinces de cette partie du monde qui sont couvertes de chats sauvages, & de quelques formes de villes qu'on appelle les Pithecuses, où les singes sont adorés malgré le désordre qu'ils font dans les maisons, où l'on se croit obligé de tout souffrir de leur part. Cependant les Carthaginois Hannon & Imilcon entreprennent, & viennent à bout d'abattre les forces d'Archagathus, qui enfermé dans Tunis y est réduit à la famine, & fait sçavoir à son pere le besoin qu'il a de toutes sortes de secours. Agathocle se met aussi-tôt en mer, & gagne même une bataille navale sur les Carthaginois, par le secours de dix-sept vaisseaux Toscans qui les prennent en queue pendant le combat. Le commandant Carthaginois se tue lui-même trop-tôt dans son vaisseau pris, qui échappe un moment après. 351

XV. *Agathocle revenu à terre, avant que de poursuivre sa route en Afrique, envoye Leptine son lieutenant contre Xenodocus capitaine des Agrigentins qui commençoit à baisser de réputation, & qui en effet* perd la bataille. Agathocle en fait éclater sa joye dans des repas, où il fait valoir le talent comique qu'il avoit reçû de la nature, & par le moyen duquel il découvroit aussi les pensées des convives sur son sujet. Car plus méchant que Denys il étoit moins timide, moins reservé, & moins glorieux; & la découverte qu'il fit en cette derniere occasion couta la vie à cinq cents citoyens de Syracuse. Agathocle retourne enfin dans la Libye, où il trouve son armée dans une indigence complete, & ayant besoin d'attaquer & de vaincre incessamment les ennemis pour avoir du pain. Les Carthaginois par cette raison même se pressoient peu d'en venir aux mains; mais les Soudoyez Libyens d'Agathocle se disposant à passer dans le parti de Carthage, sont pris pour ennemis, & cette erreur devient funeste aux uns & aux autres. Les Afriquains eux-mêmes voulant sacrifier à leurs Dieux dans la nuit suivante leurs prisonniers Grecs, mettent le feu à leur propre camp. Et Carthage victorieuse sans le savoir, croit jusqu'au lendemain recueillir le reste d'une

TABLE.

bataille perdue, & qui dans le fond ne s'étoit point donnée : cependant Agathocle songe à revenir secretement en Sicile ; sur quoi il est arrêté & mis dans les fers par les soldats de ses deux fils Archagathus & Heraclidés. Au bruit qui s'éleva la nuit suivante que les ennemis s'avançoient on l'amene lui-même lié, & la soldatesque demande & obtient sa liberté. Il en profite, non pour commander, mais pour se jetter dans une frégate qui le ramene en Sicile. Ses deux fils sont égorgés d'abord après son départ, & tous ses soldats tombant au pouvoir des Carthaginois sont tués ou forcés de réparer par leurs travaux les dégats de la guerre. Arrivé en Sicile, il envoye dans la ville d'Ægeste demander aux citoyens l'argent monnoyé qu'ils avoient chez eux ; & sur le refus qu'on lui en fait, il imagine des tourmens effroyables, dont l'auteur donne ici une description qui fait fremir. Il comprend dans ces exécutions tous les parens de ceux qu'il avoit laissés en Afrique, & que sa fuite forcée lui avoit fait prendre en haine. 363

XVI. *Antigonus rappelle de Chypre*

TABLE.

son fils Démetrius pour apporter par mer à Ptolemée la guerre qu'il lui portoit lui-même par terre. L'armée du pere est de quatre-vingt mille hommes de pié, de huit mille hommes de cheval, & de quatre-vingts-trois élephans, & la flotte du fils monte à cent cinquante vaisseaux de guerre, sans parler des vaisseaux chargés de munitions & d'armes de toute espece. Cette flotte est d'abord assaillie par une tempête qui la met en grand danger. Elle est un peu soulagée par l'aspect de l'armée de terre qui paroît sur le rivage. Mais d'un autre côté Ptolemée fait des tentatives pour gagner par de grandes promesses les Soudoyés abordés ou échoués sur sa côte; & Antigonus n'en arrête l'effet, que par des supplices cruels exercés sur ceux qui paroissoient déja rendus. Enfin pourtant la hauteur des eaux du Nil en cette saison, & la présence de Ptolemée, arrivé lui-même à la défense de son rivage, font retirer l'ennemi.

XVII. *Pasiphile qui avoit été un des officiers de guerre d'Agathocle, apprenant les mauvais succès qu'il avoit*

TABLE.

eus en *Afrique*, vient à le mépriser & s'attache à *Dinocrate* toujours chef des bannis de *Syracuse*. *Agathocle* frappé de cette désertion jointe à ses autres malheurs, veut renoncer à sa tyrannie. Mais il est détourné de ce projet par *Dinocrate* luimême qui songeoit à hériter de son pouvoir, qu'il avoit combattu jusqu'alors. *Agathocle* ne manque point de faire avertir les bannis du procedé & des intentions de leur chef. Et tendant alors au repos, il fait offrir aux *Carthaginois* toutes les villes qu'ils possedoient auparavant dans la *Sicile*, pour une somme d'argent. Article des *Romains* où il s'agit d'une guerre très-cruelle qu'ils font aux *Samnites*. 388

XVIII. *Antigonus* par des motifs aussi injustes qu'ambitieux engage son fils *Démetrius* au siége de *Rhode*. Cette ville étoit pleine d'égards pour tous les successeurs d'*Alexandre*; & *Antigonus* ne la prend en haine que parce qu'elle ne veut pas se déclarer contre *Ptolemée* Roi d'*Egypte*, & par conséquent du pays du monde, avec lequel *Rhode* avoit le plus besoin d'entretenir un commerce libre

TABLE.

& volontaire. Démetrius pour obéir à son pere entreprend & conduit ce siége, avec toute l'intelligence & tout le courage dont il étoit doué, sur-tout dans cette partie de la guerre qui lui fit donner le surnom de Poliorcete ou preneur des villes. Cet article est un des plus longs dans l'auteur, qui le reprendra encore, pour arriver à la levée de ce fameux siége. Suite de quelques demêlés & de quelques réconciliations entre Agathocle & Dinocrate dont le dernier paroît n'agir désormais que pour augmenter la puissance de celui dont on a déja vu qu'il vouloit être le successeur. Article des Romains, ou progrès toujours nouveaux de la Republique contre les Samnites. 394

XIX. Continuation du siége de Rhode, Description circonstantiée de la nouvelle Helepole que Démetrius fait construire, à l'occasion de laquelle l'Auteur passe à un portrait avantageux & singulier du Prince même. Défense non moins courageuse des Rhodiens qui employent à de nouvelles fortifications les pierres de leurs temples mêmes en en vouant de plus beaux aux Dieux; & font partir

TABLE.

d'un autre côté des flottes pour arrêter ou enlever, en différents ports les provisions de vivres destinées à l'armée qui les assiegeoit. Ils saisissent en particulier un vaisseau chargé des habits magnifiques que la Princesse Phila fille d'Antipater envoyoit à Démetrius son époux. Cependant le peuple de Rhode resiste à l'avis de ceux qui proposoient de renverser tous les monumens d'honneur qu'on avoit en d'autres tems dressés dans la ville au nom d'Antigonus & de son fils, générosité qui contribua beaucoup à la gloire des citoyens. On couronne cependant le Gouverneur de la ville Athenagoras, pour avoir fait tomber dans un piége Démetrius qui croyoit l'avoir séduit. Après quelques suspensions d'armes procurées par les Ambassadeurs de quelques nations ou Republiques qui s'interessoient aux Rhodiens, le siége recommence avec une nouvelle vigueur. Effroyable jeu de l'Helepole accompagnée d'autres machines ausquelles résistent les Rhodiens, qui avoient reçu de plusieurs villes dont ils étoient aimés des secours d'armes & de vivres. Enfin

TABLE.

Antigonus mande lui-même à son fils de faire sa paix avec eux; & la ville qui pendant toute la durée du siége avoit été principalement aidée de la part du Roi d'Egypte Ptolemée, obtient de l'oracle de Jupiter Ammon, la permission de lui dédier un temple comme à un Dieu. Démetrius de son côté passe dans la Grece, où il s'occupe à rendre la liberté à toutes les villes alors vexées par Polysperchon ou par Cassander. 414

XX. Agathocle portant une guerre injuste aux habitans de l'Isle de Lipare voisine de la Sicile, exige d'eux cinquante talens d'argent, quoiqu'ils lui eussent déclaré qu'ils ne pouvoient faire cette somme qu'en touchant au thrésor de leurs Dieux Æole & Vulcain. L'Auteur attribue à la vengeance du Dieu Æole une tempête violente dont le tyran fut assailli, & à celle du Dieu Vulcain le feu qui lui dévora les entrailles au tems de sa mort qui se trouve dans les Fragmens du Livre suivant. Article des Romains, où il s'agit de leur paix avec les Samnites après une guerre de 22. ans, & de la réduction des Æques par le Consul

TABLE.

Sempronius, auquel ce succès procure le triomphe. *Démetrius* porte la guerre à *Cassander* pour la délivrance des villes grecques. Il commence par *Sicyone*, qui en reconnoissance de ce bienfait se nomme elle-même *Démetriade*, & se transporte ensuite par sa protection & par son secours sur un terrain plus avantageux. Le même *Démetrius* passe de là à *Corinthe*, où il dépossede les officiers de *Cassander* de deux forts très-considérables, le *Sisyphion* & l'*Acrocorinthe*, & rend de même la liberté à cette ville, & à plusieurs autres qui étoient occupées par les garnisons de *Cassander* ou de *Polysperchon*. 435

XXI. *En Italie*, les *Tarentins* en guerre avec les *Romains*, & les *Lucaniens* en même-tems envoyent demander un chef à *Sparte*, & nommément le capitaine *Cleonyme*. Celui-ci à l'exemple du Spartiate *Acrotatus* du Livre précédent, paroît n'agir que pour satisfaire à ses débauches : mais plus brave & plus entendu, il prend des villes, dont il extorque de grosses sommes d'argent & fait rechercher son alliance par les hommes les plus illustres de ce tems-là, tels par exemple

TABLE.

ple que Démetrius & Cassander. Il assiége & prend des villes dont il fait vendre les citoyens, mais enfin les païsans rassemblés assiégent son propre camp & une tempête endommage la flotte qui le côtoyoit dans ses expéditions & l'obligent de se renfermer dans l'Isle de Corcyre. 441

XXII. Cassander voyant la Grece ranimée par la liberté que les deux Rois Ptolemée & Séleucus lui avoient procurée, fait faire à Antigonus des propositions de paix qui sont reçues avec hauteur ; de sorte que pour conserver la Macedoine, dont il se nommoit Roi, il s'adresse à Lysimachus, qui se disoit aussi Roi de Thrace ; & tous deux offrent leur alliance à Ptolemée Roi d'Egypte qui ne la refuse pas. Divers succès de Lysimachus passé de Thrace en Asie, & aidé de Prépélas lieutenant de Cassander. Ayant même gagné Docimus officier d'Antigonus, ils se saisissent de Synada où Antigonus avoit déposé une partie de ses thrésors. Lysimachus prend Ephese, d'où il renvoye à Rhodes, des Rhodiens qui y étoient en ôtage ; & brule une flotte qu'Antigonus tenoit-là comme en dépôt ; mais

TABLE.

il rend la liberté aux Ephesiens mêmes. Il lui débauche enfin dans Sardis les officiers qui gardoient cette ville de sa part, à l'exception néanmoins de celui qui défendoit la citadelle. Antigonus qui faisoit alors célébrer des jeux dans la ville à laquelle il avoit donné son nom, en part pour s'opposer aux progrès de Lysimachus. Celui-ci qui n'avoit pas reçu encore les secours qu'il attendoit de Séleucus qui s'étoit joint aussi au parti de Cassander, juge à propos de changer de camp & arrive à Dorylée de Phrygie. Antigonus qui l'y poursuivoit souffre beaucoup dans sa marche, & abandonne les fuyards, d'autant plus qu'il n'en vouloit venir à aucune bataille reglée, sans Demetrius son fils qui étoit encore en Europe & dans la Grece. Lysimachus de son côté prend ses quartiers d'hyver dans le voisinage d'Heraclée dont il avoit épousé la souveraine, qui étoit Amestris, niece de Darius, qu'Alexandre avoit donnée auparavant en mariage à Craterus. 444.

XXIII. Démetrius qui se trouvoit alors à Athenes obtient des citoyens de cette ville d'être initié, quoique hors

TABLE.

de tems, aux mysteres d'Eleusine. Il se transporte de-là en Eubée où il fait assembler sa flotte & une forte armée de terre, & délivre différentes villes des garnisons que Cassander y avoit posées. Il vient ensuite à Ephese qu'il fait rentrer sous la domination de son pere. Mais à mesure qu'il s'éloigne pour joindre Antigonus, la pluspart ou de ces villes reviennent à Cassander ou à Lysimachus. Pleistarque lieutenant de ceux-ci, essuye de son côté une grande tempête dont il se sauve lui-même à la nage auprès d'Heraclée. Le Roi Ptolemée leve le siége de Sidon sur la fausse nouvelle qu'on lui apporte que Lysimachus & Séleucus avoient été défaits par Antigonus. Mais Seleucus qui n'étoit pas arrivé alors, arrive enfin dans la Cappadoce: & l'on se prépare de part & d'autre pour l'ouverture de la campagne, à un combat qui commençoit le Livre 21, perdu avec les 20 derniers de notre Historien. Mais on sait par les Fragmens qui suivront, que ce combat couta la vie à Antigonus lui-même qui y fut percé de fléches 452

Fin de la Table des Sommaires du Tome VI.

HISTOIRE
UNIVERSELLE
DE
DIODORE DE SICILE.

LIVRE DIX-NEUVIE'ME.

L y a long-tems qu'on a remarqué que les Gouvernemens démocratiques ou populaires n'avoient jamais été détruits que par des hommes puissans & distingués dans une Ville. C'est pour cela aussi que celles qui sont jalouses de leur liberté s'efforcent de réprimer tous ceux qui s'arrogent quelque prérogative, ou qui affectent

quelque supériorité sur leurs concitoyens. En effet pour peu que l'autorité d'une fonction publique demeure long-tems entre les mains de la même personne, il est bien difficile qu'elle n'en souhaite la continuation, & que le goût d'un gouvernement perpétuel & Monarchique ne se glisse dans son ame. Il est de la nature de l'homme d'aspirer toujours à quelque chose de plus grand que son état actuel, & de souhaiter que son pouvoir croisse au lieu de finir. C'est pour cela que les Atheniens imaginerent l'ostracisme, (a) ou une sentence d'exil contre ceux qui se distinguoient trop parmi eux. Cet exil n'étoit point la punition d'un crime commis : c'étoit un obstacle que l'on mettoit au crime de la tyrannie, dont un citoyen trop puissant pourroit être tenté contre sa Patrie. On se ressouvenoit, comme d'un oracle, de ce distique de Solon, (b) par lequel il annonçoit aux Atheniens la tyrannie prochaine de Pisistrate.

(a) Il en est parlé liv. XI. p. 41. de Rhod. & de cette traduction. tom. 3. p. 102.

(b) Son histoire & celle de Pisistate se trouvoit dans les Livres de Diodore ; perdus entre le V. & le XI. Nous l'avons dans Herodote. liv. I.

Livre XIX.

Nos Grands Hommes perdront Athenes,
Et la jetteront dans les chaînes.

Mais l'envie de dominer ne s'étoit manifestée nulle part plus que dans la Sicile, avant que les Romains se fussent emparés de cette Isle. Car toutes ses Villes trompées par les flatteries de leurs Orateurs, ne cherchoient qu'à mettre dans les fonctions publiques les hommes les plus vils, qui exerçoient ensuite un pouvoir tyrannique sur les citoyens qui avoient la bassesse de se soumettre à eux.

Chifres des pag.de Rhod.
651.

I.

C'est par un exemple singulier de ce mauvais choix, qu'Agathocle devint maître & tyran de Syracuse. C'étoit un homme de la plus basse naissance, qui jetta dans les plus grands malheurs non-seulement Syracuse, mais toute la Sicile, & même cette partie de l'Afrique qu'on nomme la Libye. Réduit pour gagner sa vie à exercer la profession de Potier de terre, il s'éleva par les cruautés & par les meurtres à un si haut dégré de puissance, qu'il mit en esclavage la plus florissante de toutes les Isles de l'Europe, qu'il se vit maître pendant quel-

A ij

que tems d'une partie considérable de l'Afrique & de l'Italie même, & qu'il parvint enfin à désoler sa propre Patrie. Aucun tyran avant lui n'avoit donné de pareils exemples de fureur contre ses propres sujets. Il punissoit un particulier en exterminant toute sa famille. Il châtioit une Ville dont il avoit reçu quelque mécontentement, en y faisant égorger toute la jeunesse. Il enveloppoit dans la vengeance qu'il prenoit d'un seul accusé, un grand nombre de gens qui n'avoient eu aucune part à son action; & il lui est arrivé de condamner à la mort des Villes entieres pour la désobéissance d'un seul de leurs citoyens. Mais comme le Livre où nous entrons doit comprendre, outre la tyrannie d'Agathocle, la suite de notre Histoire Universelle: nous ferons d'abord la liaison de ce que nous en avons écrit jusqu'à présent avec ce qui suit. Dans les dix-huit livres précédens, nous avons rapporté aussi fidellement qu'il nous a été possible, ce qui s'est passé dans les principales parties de la terre connue depuis les tems où l'histoire peut atteindre, jusqu'à la premiere année de la tyrannie d'Agathocle : ce qui fait un espace de huit cens soixante ans depuis la guerre de Troye. Le Livre présent comprendra les sept ans écoulés depuis le commencement de cette même tyrannie jusqu'à la bataille donnée à Himere par le même Agathocle, contre les Carthaginois. (*a*)

Démogene étant Archonte d'Athenes, les Romains firent Consuls L. Plotius & M. Foslius. Agathocle de Syracuse devint le tyran de cette Ville : Pour faire mieux connoître un personnage dont il s'agira beaucoup dans la suite, il est à propos d'exposer d'abord son origine. Un nommé Carcinus de Rhege, étant chassé de sa Patrie vint s'établir à Thermes de Sicile, qui étoit une Ville alors soumise aux Carthaginois. Il épousa là une femme qui devint grosse : mais lui-même étoit tourmenté toutes les nuits par des songes funestes. Là-dessus il chargea des Devins Carthaginois qui partoient pour Delphes, de consulter l'Oracle sur l'enfant que sa femme portoit. Ces Devins exécutant

Olympiad. 115. ans 4. 317. ans av. l'Ere Chrét. An de Rome 436.

___

(*a*) Agathocle lui-même vivra encore dans tout le cours du 20. l. | & sa mort ne sera racontée que dans les fragmens du 21.

leur commission, il leur fut répondu que cet enfant causeroit de grands maux aux Carthaginois & à toute la Sicile. Le Pere effrayé de cette menace, exposa cet enfant au vû & au sçû de tout le monde, en chargeant néanmoins quelques personnes d'observer ce qu'il deviendroit. Il passa quelques jours en la même place sans mourir ; mais comme les sentinelles qu'on lui avoit données se relâchoient beaucoup sur leur fonction, la mere profitant de leur négligence, alla elle-même de nuit reprendre son enfant. Elle ne le rapporta pas à la maison, par la crainte qu'elle avoit de son mari ; mais le déposant chez son frere Heraclide, elle lui donna le nom d'Agathocle, qui étoit celui de son pere à elle-même, & Heraclide se chargea de son éducation. L'enfant devint beau & d'une force de corps qui passoit son âge. Il avoit sept ans lorsque Heraclide invita à un sacrifice Carcinus, pere d'Agathocle, qui le voyant jouer avec des enfans de son âge, admira sa beauté & sa force : de sorte que sa femme lui ayant dit que leur fils, si on l'avoit élevé seroit du même âge & peut-être de la même figure, le pere témoigna son repentir par des larmes qui ne tariſſoient point. La mere voyant ſon mari entrer dan ſon ſens, lui découvrit la vérité du fait. Carcinus charmé de l'apprendre, recouvra ſon fils avec joye, & par la crainte qu'il avoit des Carthaginois, il vint inceſſamment avec lui à Syracuſe. Mais comme il étoit pauvre, il apprit lui-même à cet enfant ſon métier de Potier de terre. Cela ſe paſſoit dans le tems, ou Timoleon de Corinthe ayant gagné ſur les Carthaginois la bataille de Cremiſſe (a) donna le droit de bourgeoiſie dans Syracuſe à tous ceux qui ſe préſentoient pour l'avoir. Ce fut par ce privilege que Carcinus & ſon fils furent regardés comme citoyens de cette Ville. Le pere mourut peu de tems après ; & la mere ayant fait faire une ſtatue de pierre qui répréſentoit ſon fils, on fut ſurpris de voir quelque tems après un eſſain d'abeilles qui étoit venu ſe loger entre ſes cuiſſes, comme dans une ruche. Cet évenement ayant été rapporté à

(a) C'eſt ſans doute ſa bataille racontée au L. 16. p. 470. de Rhod. en l'Olymp. 111. an. 1. Ce qui fait 20. ans d'intervalle. Cremiſſe eſt nommée dans le Timoleon de Plutarque.

ceux qui se mêloient de l'explication des prodiges; ils répondirent tous que celui-ci annonçoit à l'enfant une réputation extraordinaire, ce qui fut bien-tôt confirmé par l'évenement.

Un des citoyens les plus considérables de Syracuse, nommé Damas, devint amoureux de lui, & lui donna lieu par ses présens, de faire dès lors un petit fond. Ce même Damas nommé ensuite chef de la Milice d'Agrigente, lui donna le commandement d'une Compagnie de mille hommes, vacante par la mort de son Capitaine. Agathocle se distingua d'abord par la mesure extraordinaire des armes dont il s'étoit pourvu; car elles étoient si grandes que tout autre que lui auroit eu beaucoup de peine à les porter. Il se rendit encore plus recommandable dans sa fonction de Chiliarque, où il s'exposoit le premier aux coups, & sembloit chercher le péril: Mais d'ailleurs il étoit violent & emporté dans les assemblées publiques. Damas étant mort quelque tems après, & ayant laissé tout son bien à sa femme; Agathocle l'épousa, & devint par-là un des plus riches citoyens d'Agrigente.

LIVRE XIX.

II. Les Crotoniates étant assiégés par les Brutiens, la Ville de Syracuse envoya aux premiers un secours considérable sous la conduite de quelques chefs, & entr'autre d'Antander frere d'Agathocle. Cette république étoit alors gouvernée par Heraclide & Sosistrate, deux hommes qui avoient passé leur vie dans les meurtres, dans les trahisons, & dans toutes sortes d'impiétés & d'injustices, dont nous avons fait le détail dans le livre précédent. (*a*) Le peuple avoit associé à leurs fonctions Agathocle, comme Chiliarque, ou Commandant de mille hommes. Celui-ci, quoiqu'il se fut déja distingué dans les combats donnés contre les Barbares de l'Afrique, se vit frustré par la jalousie de Sosistrate, des distinctions qui lui étoient dues : de sorte que pour s'en venger il l'accusa devant le peuple assemblé d'aspirer à la tyrannie. Mais comme cette accusation ne fut point admise, Sosistrate à son retour de Crotone obtint le gouvernement de Syracuse.

(*a*) Ce détail qui ne se trouve point dans le Livre 18. indique une lacune considérable que Rhod. dans ses notes, juge être celle des deux années dont nous avons parlé sur la p. 633. de son texte.

Agathocle outré du succès de son adversaire, prit d'abord le parti de demeurer en Italie avec ses adhérans ; & ayant entrepris mal à propos de surprendre Crotone, il manqua son coup, & se sauva avec sa compagnie à Tarente. Ils y furent reçus sur le pied de Soudoyés étrangers : & comme ils s'y comporterent assez mal, leur chef fut soupçonné de vouloir innover quelque chose dans le gouvernement de la Ville. Ainsi déchu du titre qu'on lui avoit accordé, il fit quelque recrues de bandits dans l'Italie, & porta du secours à ceux de Rheges, à qui Heraclide & Sosistrate faisoient la guerre. Dans la suite Syracuse ayant dépossedé Heraclide & Sosistrate de leur titre & de leurs fonctions, Agathocle revint dans sa Patrie. Enfin comme le gouvernement Oligarchique, composé d'environ six cens personnes des plus considérables de Syracuse venoit d'être détruit, il s'éleva une guerre entre les exilés & les partisans du gouvernement populaire : & les Carthaginois ayant pris le parti de Sosistrate & de ses adhérans ; il y eut de fréquentes attaques de part & d'autre, dans lesquelles Agathocle, tant-tôt comme Soldat, tant-tôt comme Capitaine, se montra également homme de main & homme de tête selon l'occasion & le besoin : de quoi même il donna dès-lors un exemple digne de mémoire.

Les Syracusains étant campés auprès de Gela qu'ils assiégeoient, Agathocle à la tête de mille hommes entreprit d'entrer de nuit dans la Ville. Sosistrate qui y étoit s'avança suivi d'une Cohorte nombreuse & bien arrangée, & tomba avec tant de vigueur sur ce détachement commandé par Agathocle, qu'il lui tua près de trois cens hommes. Le reste prit la fuite par un sentier étroit ; & dans le moment même où ils se croyoient perdus, Agathocle les tira de ce péril contre leur propre espérance par une ruse qui lui réussit. Il soutint d'abord l'attaque des Citoyens rassemblés, avec tant de persévérance, qu'il reçut consécutivement sept blessures, & que la perte de son sang le fit enfin tomber par terre. Mais dans cet état même & environné d'ennemis, il eut la présence d'esprit de donner ordre aux troupes qui l'avoient suivi d'aller séparément & en même tems aux deux extrêmités des remparts ; comme à la tête d'une double attaque, qui alloit tomber fur les afsiégés. Les ténébres de la nuit empêcherent les habitans de Gela de vérifier le fait ; & la crainte des ennemis du dehors leur fit abandonner ceux du dedans qu'ils avoient même abbatus ou mis en fuite. Ainsi se séparant en deux bandes ils allerent aux deux extrêmités de leurs remparts où le bruit des trompétes les appelloient, & les foldats d'Agathocle profitant de leur erreur & de leur abfence eurent le tems de s'échaper par le foffé : c'eft par ce Stratagême qu'Agathocle fe fauvant lui-même fauva avec lui plus de fept cens hommes.

Dans la fuite Aceftoridés de Corinthe ayant été nommé Gouverneur de Syracufe, Agathocle foupçonné d'afpirer à la tyrannie par la fupériorité d'intelligence qu'on remarquoit en lui, fe fauva encore du danger où ce foupçon mettoit fa vie. Car le Gouverneur ne voulant pas le faire expédier dans la Ville même, par la crainte de quelque révolte, lui ordonna feulement d'en fortir à l'heure même, comptant de le faire égorger fur fa route dès la nuit fuivante. Agathocle qui se douta de son intention, choisit entre ses esclaves celui dont la figure approchoit le plus de la sienne. Il le revêtit de ses habits & de ses armes, le fit monter sur son cheval, & lui ordonna d'aller par le grand chemin en un lieu marqué. Pour lui couvert d'un haillon, il prit une route différente ; de sorte que les assassins la nuit suivante exécutant l'ordre qui leur avoit été donné, se méprirent dans les ténébres sur la personne, & manquerent leur coup en tuant un homme. Peu de tems après les Syracusains ayant reçû dans leur ville Sosistrate & les compagnons de son exil, & de plus ayant signé la paix avec les Carthaginois ; Agathocle qui n'avoit pas encore fait la sienne dressa son camp au milieu des possessions des uns & des autres, & se rendit par-là suspect & odieux aux deux nations ; ainsi on lui conseilla de se reconcilier avec sa patrie. S'étant présenté dans cette vûe, on le conduisit au Temple de Cerés, où il jura de ne s'opposer jamais à la Démocratie. Faisant semblant de suivre ce projet, & convoquant le peuple sous ce prétexte, il fut nommé Gardien & Défenseur de la paix, jusqu'à ce que tous les partis mécontens fussent rentrés dans la ville pour se reünir. Car il s'étoit élevé en ce tems-là des divisions considérables entre les Citoyens, & les différentes opinions avoient formé plusieurs partis très-opposés les uns aux autres. Le plus contraire de tous à Agathocle étoit le Conseil des Six-cents, qui avoit succedé à l'Oligarchie : Car ce Corps étoit composé de ce qu'il y avoit de plus considérable à Syracuse en mérite & en richesse.

III. Agathocle qui vouloit attirer à lui toute la puissance, trouvoit dans ce nombre même d'idées & de formes de gouvernement une grande facilité pour arriver à son but. Non seulement il avoit déja souslui, comme principal Officier de guerre, une grosse compagnie de gens armés : mais de plus comme on avoit appris qu'un certain nombre de mécontens s'assembloient en armes auprès d'Erbite, on lui donna pouvoir de lever autant de soldats qu'il le jugeroit à propos, pour dissiper cette faction. Ainsi sous ce prétexte, il fit de nouvelles recrües jusques dans Morgantine & dans tous les lieux qui lui avoient fourni des troupes contre les Carthaginois. On se rangeoit volontiers sous ses drapeaux, parce qu'il avoit toujours bien traité les gens de guerre. Ils étoient animés au contraire contre les Six cents qui n'étoient au fond qu'une continuation de l'Oligarchie, & qui de leur côté haïssoient le peuple, parce que ce Sénat étoit d'ailleurs obligé de prendre son ordre.

Le nombre des soldats qui furent levés en cette occasion par Agathocle monta à trois mille hommes, grands ennemis d'ailleurs du gouvernement populaire, & que leur indigence rendoit aussi extrémement contraires à la domination des Puissans & des riches. (*a*) Ainsi toutes les circonstances lui étant favorables, il donna rendez-vous à toute cette Milice au Tombeau de Timoleon. De là il envoya demander Pisarque & Declés, qui étoient en quelque sorte les deux chefs des Six-cents, sous prétexte de conferer avec eux sur des articles qui concernoient le bien public. Ceux-ci étant venus accompagnés d'environ quarante de leurs amis, il leur supposa de mauvais desseins contre sa personne, & les fit tous arrêter; en disant à ses soldats

Ils se réduisoient par-là au gouvernement d'un | seul, ce qui étoit aussi l'objet d'Agathocle.

que les bonnes intentions qu'il avoit pour le peuple lui attiroit la haine des Sixcents. Ayant aigri la foldatefque par fes complaintes, il ajoûta qu'il ne falloit point différer à prendre vengeance de l'injuftice; & faifant auffi-tôt donner le fignal par les trompétes, il livra les prétendus coupables à fes foldats & leur ordonna le meurtre des Sixcents & de tous leurs Adhérans, & le pillage de leurs maifons. Cet ordre exécuté avec toute la fureur dont on peut fe former l'image, fit de toute la ville un Théatre affreux des plus horribles calamités. Les Citoyens qui ne favoient pas d'abord l'Arrêt fanglant porté contre eux, fortoient de leurs portes pour demander la caufe de ce tumulte; & les foldats non moins animés par l'avidité du gain, que par une colére mal fondée, donnoient la mort pour toute réponfe à des gens qui ne s'étoient pourvûs d'aucune arme pour fe défendre. Toutes les entrées des ruës étant gardées; les uns étoient tués dans les ruës mêmes, & les autres dans leurs maifons. Plufieurs de ceux qui ne s'étoient jamais mêlés d'aucune affaire publique étoient égorgés, en demandant de quoi il s'agiffoit. Le pouvoir n'étant alors que dans les armes, on ne connoiffoit ni ami ni ennemi ; & l'Affaffin ne fe déterminoit que par l'efpoir d'une plus riche dépoüille. En un mot toute la ville devint alors un théatre de cruautés extravagantes, & les vieilles inimitiés trouvoient là de quoi affouvir leur rage: Quelques-uns mêmes de ceux qui n'avoient d'autre paffion que celle de l'or & de l'argent imaginoient toutes fortes d'expédiens pour forcer pendant ce défordre les maifons des riches. Les uns mettoient leurs portes à bas, les autres tentoient avec des échelles de gagner le haut de leurs toits, fur lefquels les poffeffeurs de leur côté fe défendoient comme dans un fiége. Les Temples même ne furent pas un azile contre ceux qui s'y refugioient, & l'impieté des hommes l'emporta fur toute la révérence dûë aux Dieux.

Ce fut là l'étrange fpectacle qui fut donné en pleine paix, par des Grecs contre des Grecs, par des parens même contre des parens ; fans aucun égard ni pour la nature, ni pour les alliances, ni pour les Dieux mêmes. Spectacle à faire fremir, je ne dis pas un ami, mais même un ennemi déclaré, pour peu qu'il eut dans l'ame quelque sentiment d'humanité. On avoit fermé toutes les portes de la Ville, de sorte qu'il périt dans cette journée plus de quatre mille personnes, ausquelles on ne pouvoit reprocher que d'être plus agréables au peuple que les autres. Quelques-uns de ceux qui prenoient le parti de la fuite furent arrêtes par les Gardes des portes, quelques-autres plus hardis sautant pardessus les murs dans le fossé se refugierent dans les Villes voisines ; mais le plus grand nombre fut de ceux qui se tuerent dans leur chute. Les fugitifs ne laisserent pas de monter à plus de six mille personnes, dont la plus grande partie cherchant un azile à Agrigente, y fut reçûë avec toute sorte d'humanité & de bienveillance. Les Satellites d'Agathocle continuant leurs cruautés dans Syracuse n'y épargnerent pas l'honneur des femmes : & ils se vengeoient sur ceux qui étoient restés dans la Ville, du tort que la retraite de leurs parens ou de leurs amis sembloit leur avoir fait. (a) Toutes les familles eurent à essuyer les violen-

---

(a) Le texte est rendu ici, & jusqu'à la fin de la periode par quelques équivalens.

Livre XIX.

ces exercées en préfence des maris & des peres fur leurs femmes & fur leurs filles : fpectacle plus terrible pour des parens, que la mort même des perfonnes outragées, ou la leur propre. Mais nous ne devons pas arrêter l'attention du Lecteur plus long-tems fur une Tragédie que d'autres Hiftoriens pourroient regarder comme une occafion avantageufe d'étaler leur éloquence. Pour moi je crois que la compaffion même de mes Lecteurs pour ces malheureux Citoyens m'oblige d'abreger le détail de tout ce qu'ils eurent à fouffrir dans cette nuit funefte, après ce qu'ils avoient fouffert pendant le jour ; & me difpenfe de raconter ce que devinrent les femmes & les filles de ceux qui s'étoient fauvés ou tués en fautant par-deffus les murailles.

Agathocle s'étant baigné dans le fang des Citoyens pendant deux jours entiers, fit amener comme des captifs ce qui en reftoit de vivans : il donna la vie à Dinocrate qui avoit été fon ami ; & entre tous ceux qui lui avoient été contraires il en fit encore mourir quelques-uns & condamna les autres à l'exil. Faifant enfuite affembler le peuple, il appella en jugement les Sixcents, & tous ceux qui avoient favorisé l'Oligarchie ; & se vantant d'avoir purgé la ville de ceux qui vouloient y dominer, il déclara qu'il rendoit au peuple toute sa liberté & tout son pouvoir; & que pour lui son dessein étoit de se reposer de ses travaux & de rentrer dans l'égalité avec tous les autres Citoyens. En parlant ainsi il se dépoüilla lui-même de ses habits de guerre, & ne prit sur lui qu'une casaque pour paroître vêtu comme un simple Citoyen. Son dessein étoit de se montrer populaire, sachant bien d'ailleurs qu'un grand nombre des assistans qui avoient participé à ses crimes, & à ses concussions ne souffriroit jamais qu'on donnât l'autorité Militaire à d'autres qu'à lui. Aussi tous ceux-là se mirent-ils à crier qu'il ne les abandonnât pas ; mais qu'il se chargeat lui-même de l'intérêt public. D'abord il demeura muet : mais les instances redoublant, il répondit qu'il acceptoit le commandement militaire pourvû qu'on ne lui donnât aucun Associé, ne voulant point répondre en son nom des fautes que les autres pourroient faire. La multitude lui accorda donc le pouvoir souverain ; & en effet dans toute la suite il

658.

LIVRE XIX.

agit en maître absolu; & réünit même en lui seul toutes les parties du gouvernement. Entre les Citoyens qui consentoient peu à un pareil choix, les uns s'y rendirent par timidité, & les autres forcés par la multitude n'oserent pas manifester une haine qui n'auroit été nuisible qu'à eux. Plusieurs mêmes de ceux qui étoient pauvres ou obérez de dettes, furent charmés de ce changement. Car on disoit partout qu'Agathocle alloit publier une abolition générale en cette partie, ou une distribution de terres aux pauvres. Il est vrai qu'au sortir de cette assemblée, il y eut une surséance de meurtres; & même l'ennemi public paroissant absolument changé se montroit gracieux à 'a multitude : faisant même des présens à quelques-uns, en promettant à plusieurs, & parlant gracieusement à tous, il commençoit à s'attirer de la consideration & de l'estime. Quoiqu'il se vît en possession de la souveraine Puissance, il ne prit point le Diadême, il ne se fit point une garde, & ne se rendit pas même d'un accès difficile, comme font tous les Tyrans. Il prit soin des revenus publics aussi-bien que de ce qui concernoit la Milice, & il augmenta même le nombre des vaisseaux de guerre. Il joignit enfin au Territoire de Syracuse plusieurs Villes & plusieurs Campagnes des environs. Voilà le point où nous laissons actuellement les affaires de la Sicile.

En Italie, les Romains en étoient à la neuviéme année de leur guerre contre les Samnites. On avoit fait jusqu'alors de grands efforts de part & d'autre. Mais depuis quelque tems il ne s'agissoit que de quelques incursions sur les terres des uns ou des autres, ou d'attaques reciproques de quelques forts, ce qui ne fournit aucun évenement digne de remarque. Dans la Pouille cependant les Romains avoient ravagé toute la Daunie; (*a*) & ayant battu les Canusiens, (*b*) ils reçurent d'eux des Otages. A cette occasion même ils augmenterent les classes populaires de deux Tribus, la Falerne (*c*) & l'Ufentine. Pendant que ces choses se passoient les Crotoniates firent un traité de paix avec les Brutiens. Mais con-

(*a*) C'étoit le pays des Rutules de Virgile & autres Auteurs.

(*b*) C'étoit la même que se trouvoit le Village de Cannes, si célébre depuis par la victoire d'Annibal sur les Romains.

(*c*) T. Live L. 9. c. 20. Edit de Gronov. Amstelod. an. 1679.

tinuant la guerre contre ceux d'entre leurs propres Citoyens, qui favorisant Heraclide & Sosistrate vouloient détruire parmi eux la Démocratie, ils élûrent à la pluralité des voix pour leurs Commandans, deux excellens Capitaines Paron & Menedeme, comme nous l'avons dit plus au long dans le livre précédent.(a) Et les mécontens qui s'étoient refugiés à Thurium trouverent moyen de lever encore trois cens Soudoyez, avec lesquels ils tenterent d'entrer de nuit dans Crotone. Mais les Crotoniates les ayant repoussés, les réduisirent à camper sur le Territoire des Brutiens; & bientôt après venant tomber sur eux en plus grand nombre, ils extérminerent jusqu'au dernier de ces mécontens. Pour nous après cette digression sur les intérêts particuliers de la Sicile & de l'Italie; nous reviendrons aux affaires plus considérables qui occupoient alors l'Europe entiere.

En Macedoine Eurydice femme d'Arrhidée qui gouvernoit tout, ap-

IV.

(a) Selon les remarques de Rhod. sur ce L. 19. Ce détail dont on ne trouve pas un seul mot dans le Livre précédent, doit être rapporté à cette lacune de deux ans entiers, dont nous avons parlé sur la p. 633. de son texte.

prenant qu'Olympias (*a*) se disposoit à revenir, envoya incessamment un courrier à Cassander qui étoit alors dans le Peloponnese pour le prier de venir à son secours. Tachant d'ailleurs de gagner par des présens, & par des caresses les plus puissans & les plus habiles d'entre les Macedoniens, elle en attira plusieurs dans son parti. D'un autre côté Polysperchon assemblant des troupes & soutenu par Æacidas Roi d'Epire, ramena dans la Macédoine Olympias avec le fils d'Alexandre. (*b*) Apprenant qu'Eurydice campoit à Evie de Macédoine, il marcha contre elle avec toutes ses forces dans le dessein de terminer cette querelle par un combat. Dès que les deux armées furent en présence, les Macedoniens respectant le seul nom d'Olympias, & rappellant la mémoire & les bienfaits d'Alexandre, mirent aussi-tôt les armes bas ; & Philippe (*c*) fût fait prisonnier avec toutes ses troupes. Eurydice elle-même qui s'étoit retirée à Amphipolis avec Polyclès le

(*a*) Elle s'étoit retirée en Epire auprès du Roi Æacidas son frere.

(*b*) Et de Roxane.

(*c*) Arrhidée s'appelloit aussi Philippe ci-dessus. L. 18. p. 587. de Rhod.

principal

principal de ses confidens y fut faite aussi prisonniere. Olympias ainsi maîtresse de la personne même de sa Rivale, & en pleine possession du Trône n'usa pas génereusement de sa victoire & de sa fortune. Elle fit mettre d'abord en prison cette Princesse & son Epoux ; & les faisant enfermer l'un avec l'autre dans un lieu si étroit, qu'à peine pouvoient-ils s'y tourner, on leur y portoit leur nourriture par une petite fenêtre. Apprenant ensuite que les Macedoniens étoient indignés contre elle des mauvais traitemens qu'elle faisoit souffrir à ses prisonniers, elle donna commission à quelques Thraces de faire mourir Philippe à coups de fléches. Ce malheureux Prince avoit regné six ans & quatre mois. Mais à l'égard d'Eurydice qui parloit d'un ton plus haut, & qui soutenoit toujours qu'elle avoit plus de droit au Thrône qu'Olympias, elle imagina un autre supplice ; elle lui envoya un poignard, une corde & du poison, en lui laissant le choix de l'un de ces trois genres de mort. C'est ainsi qu'elle traita ces malheureux Epoux sans égard ni à leur dignité passée, ni à leur infortune présente. Eurydice priant les

660.

Tom. VI. B

Dieux qu'Olympias reçût bien-tôt elle-même des préfens femblables, ferma d'abord les playes de fon mari du mieux qu'il lui fut poffible ; après quoi fe pendant elle-même avec fa ceinture fans jetter une feule larme, & fans fe laiffer abattre par fon malheur, elle termina fa vie. A la fuite de ces meurtres Olympias fit encore périr Nicanor frere de Caffander, & détruifit le Tombeau d'Iollas (*a*) pour venger, difoit-elle, la mort d'Alexandre. Elle fit maffacrer enfuite jufqu'à cent Macedoniens amis de Caffander. En fatisfaifant fa haine ou fa vengeance par tant de meurtres, elle fe rendit odieufe à la nation entiere ; qui fe reffouvint alors des dernieres paroles d'Antipater. Ils interpréterent à prophétie l'avis qu'il avoit donné à la nation entiere de ne recevoir jamais une femme fur leur Thrône. Et tous ces défaftres annonçoient un changement prochain de gouvernement.

(*a*) Arrien de Expedit. Alexandre. L. VII. p. 309. de l'Edit. de Gronovius, parle de cet Jollas frere cadet de Caffander, & rapporte comme un bruit qui courut alors que ce jeune homme Echanfon d'Alexandre, lui préfenta au tems de fa mort, un poifon envoyé par Antipater. Diodore racontant cette mort. L. X. p. 583. de Rhod. ne nomme point Jollas en cet endroit là, & ne parle pas même de poifon.

En Asie Eumenès qui disposoit alors des Argyraspides Compagnie Macedonienne, sous le commandement d'Antigene, leur avoit fait prendre leur quartier d'hyver dans le bourg de Babylone appellé les Carres. De-là il envoya des Ambassadeurs à Seleucus & à Pithon pour les inviter à prendre le parti des Rois, & à se joindre à lui contre Antigonus. Pithon se trouvoit Satrape de la Medie, & Seleucus de la Babylonie, par la seconde répartition des satrapies, qui s'étoit faite à Triparadis (*a*). Seleucus répondit qu'il étoit prêt de fournir aux Rois tout ce qui seroit en son pouvoir; mais qu'il ne prétendoit recevoir aucun ordre de la part d'Eumenés contre lequel les Macedoniens avoient porté un Arrêt de mort (*b*). En conséquence de ce discours & de quelques autres semblables, Seleucus adressa un deputé à Antigene & aux Argyraspides, par lequel il leur conseilloit de se soustraire au commandement d'Eumenés. Les Macedoniens n'ayant tenu aucun compte de cet avis, Eumenés les loua dabord de leur résolu-

(*a*) Ci-dessus L. 18. p. 618. de Rhod.

(*a*) Dans le même L. p. 617. de Rhod.

B ij

tion & de leur fidélité ; & se mettant ensuite à leur tête, il les amena sur le bord du Tygre où ils dresserent leur camp, à trois cens stades de Babylone. Son dessein étoit d'aller delà à Suse, pour tirer du secours des Satrapies supérieures, & se servir des Trésors qu'on y avoit amassés pour les Rois. Mais il falloit traverser le fleuve, parce que tout le pays de son côté étoit épuisé ; au lieu que les Provinces ultérieures n'ayant point encore essuyé le passage des troupes, avoient de quoi fournir amplément des vivres aux siennes. Pendant qu'il assembloit des barques de tous côtés pour ce passage, Seleucus & Python assemblerent sur ce même fleuve deux vaisseaux à rames & un grand nombre d'autres barques : car ils avoient en leur pouvoir toutes celles qu'Alexandre avoit fait faire pendant qu'il séjournoit aux environs de Babylone, & qui étoient demeurées à terre. Avant que de s'opposer à l'embarquement d'Eumenés, ils tenterent une fois de révolter les Macedoniens contre lui : en leur faisant représenter qu'il se soumettoient à un étranger, qui même avoit fait périr plusieurs d'entr'eux. Mais comme leur chef Antigene ne se prétoit point à ces discours, Seleucus pour se venger d'eux fit détruire une ancienne bute de terre, ouvrage de la nature & du tems qui soutenoit l'eau d'une grande mare, voisine du camp d'Eumenés. Cette rupture fit inonder tout le camp des Macedoniens & un grand terrain aux environs; ce qui les mit en péril d'être submergés. Ils passerent tou. un jour à ne savoir quel remède apporter à cet accident. Mais le lendemain ils ramasserent tout ce qu'ils purent trouver de petites barques, de sorte qu'elles monterent jusqu'au nombre de trois cens; par le moyen desquelles ils sortirent de cet étang & aborderent à l'autre rivage sans être seulement attaqués : car Seleucus n'avoit que de la cavalerie & même très-inférieure en nombre aux troupes de son Adversaire. Eumenés arrivé à l'autre bord ne fut plus en peine que de son bagage, & il renvoya un certain nombre de Macedoniens pour le chercher. Ceux-ci rencontrerent heureusement un habitant du lieu qui leur indiqua un ravin fort creux dans lequel il étoit aisé de conduire cette quantité d'eau débordée;

& d'en délivrer toute la plaine. Seleucus ayant vû le succès de cet avis, ne songea plus qu'à débarasser par un traité & de bonne grace sa Satrapie de ces hôtes trop heureux & trop dangereux. C'est pourquoi il leur envoya incessamment des députés par lesquels ils leur proposoit une treve, & leur accordoit un libre passage par les terres de sa domination. Mais en même tems, il envoya secretement à Antigonus dans la Mesopotamie d'autres députés, qui l'inviterent de sa part à venir incessamment à son secours avec une armée, avant que les Satrapes se fussent assemblés pour venir eux-mêmes au secours d'Eumenès.

Celui-ci cependant ayant traversé le Tygre, & se trouvant dans la Susiane, partagea son armée en trois corps pour la facilité des vivres; & malgré cette précaution, il ne laissa pas d'éprouver une grande disette de blez. Il fut réduit à distribuer à ses Soldats du ris, du sesame, des dattes & de pareilles especes de fruits qui abondent en ces cantons. Or quoiqu'il eut déja fait tenir à tous les chefs des Satrapies superieures, des lettres signées de la main des Rois, par lesquelles il leur étoit enjoint d'obéir en tout à Eumenés ; il leur envoya encore des députés en son propre nom pour les inviter à se rendre tous dans la Susiane à la tête de leur troupes. Il se trouva même pour lors qu'ils étoient déja rassemblés pour un autre sujet. Python satrape de la Medie en particulier, mais nommé d'ailleurs Général des armées de toutes les Satrapies supérieures, étoit Parthe d'origine, & chef de toutes les provinces de la haute Asie. C'est lui-même qui avoit fait mourir le Général Philotas (*a*) pour mettre à sa place Eudamus frere de Python même. Cet exemple avoit excité l'indignation des autres Satrapes, qui redoutoient déja cet esprit féroce & capable des violences les plus injustes. Aussi se réunirent-ils tous contre lui pour se garantir eux-mêmes de ses entreprises & de ses ruses. L'ayant attaqué dans un combat où ils lui tuerent un grand

___

(*a*) Philotas différent du fils de Parmenion, qui avoit été exécuté du vivant même d'Alexandre, sur le soupçon de trahison à l'égard du Roi. l. 17. p. 551. de Rhod. Le second Philotas avoit été Satrape de la Phrygie sur l'Helespont, & Antipater lui avoit demandé du secours. p. 595. de Rhod.

nombre de soldats, ils le pousserent hors du pays des Parthes. Il se retira d'abord dans la Medie, d'où étant venu à Babylone, il invita Seleucus à prendre son parti, en partageant dès lors avec lui ses espérances.

V. Cependant tous les Satrapes de la haute Asie, étant déja rassemblés en corps d'armée, reçurent des lettres de la part d'Eumenés. Le chef de l'Ambassade étoit Peucestés, le plus noble & le plus illustre des Officiers de guerre qui eussent servi sous Alexandre. Il avoit été Capitaine de ses Gardes du Corps, & Alexandre l'avoit élevé à de grands postes en récompense de sa valeur. Il avoit eu depuis dans le partage des Satrapies, (a) une grande partie de la Perse, & il étoit extrêmement estimé dans toute l'étendue de sa domination. Il étoit le seul des Macedoniens auquel Alexandre eût permis de porter une robe à la mode des Perses, pour s'attirer à lui-même la bien-veillance de la nation, & la maintenir dans une obéissance plus tranquille. Il amenoit avec

(a) Peucestés est nommé Satrape de Perse l. 18. p. 588. & 612. de Rhod.

lui dix mille Perses, Archers ou Frondeurs, & environ trois mille hommes de différentes nations, armés & exercés à la Macedonienne, six Cavaliers Grecs ou Thraces, & plus de quatre cens Soldats Perses. Avec lui étoit encore Polemon de Macedoine, déclaré Satrape de la Caramanie, & qui fournissoit quinze cens hommes de pié & six cens hommes de cheval, Sibyrite Gouverneur de l'Arachosie, à la tête de mille hommes de pié, & de cent seize Cavaliers. Oxyarte Satrape des Paropamisades envoyoit Amdrobuse accompagné de douze cens hommes d'Infanterie, & de quatre cens Cavaliers. Stasander Satrape (*a*) de l'Arie & de la Drangine, ayant joint à ses troupes celles de la Bactriane, s'étoit fait un corps de quinze cens hommes d'Infanterie, & de mille hommes de cheval. Eudamus amenoit de l'Inde cinq cens chevaux, trois mille hommes de pié, & six vingts Eléphans dont il s'étoit mis en possession depuis la mort d'Alexandre, par le meurtre du Roi Porus qu'il avoit tué en trahison. Toutes ces troupes arrivées & réunies

(*a*) Ci-devant l. 18-| pag. 587. de Rhod.

dans la Susiane, formerent ensemble une armée de plus de dix-huit mille sept cens hommes de pié, & de quatre mille hommes de cheval. Mais dans le conseil général qui se tint à cette occasion dans la tente même d'Eumenès, il y eut une grande dispute au sujet du commandement. Peucestés qui fournissoit la plus grande partie de ce corps d'armée, s'appuyoit encore du rang qu'il avoit tenu auprès d'Alexandre, pour en être nommé Général. Antigene, chef des Argyraspides Macedoniens, prétendoit que c'étoit à ce corps illustre, toujours invincible & qui avoit aidé Alexandre à conquérir l'Asie, qu'il appartenoit de choisir un Commandant pour une bataille.

Mais Eumenès qui craignoit uniquement que cette division ne donnat un furieux avantage à Antigonus, opina à ne s'en point tenir à un chef unique; & il proposa de former un Conseil, composé des Satrapes & des Commandans de chaque corps, qui s'assembleroient chaque jour, dans la tente qui portoit le nom du Roi, pour y regler en commun toutes les affaires qui pourroient se présenter.

Car depuis la mort d'Alexandre on avoit conſtruit une eſpece de pavillon (*a*) ou de tabernacle au milieu duquel étoit un thrône : & c'étoit-là qu'après un ſacrifice adreſſé à ce Roi, on délibéroit ſur les affaires courantes à peu près comme on auroit pu faire dans une République. La choſe ſe pratiqua ainſi dans cette occaſion. Mais Eumenés ſeul tira du Thréſor Royal les ſommes dont il avoit beſoin ; parce que les gardes de ce Thréſor avoient reçu un ordre exprès de la part des Rois, de ne délivrer l'argent qu'à lui ſeul. Il commença donc par payer ſix mois d'avance aux Macedoniens, après quoi il fit compter deux cens talens à Eudamus qui avoit amené les Elephans, ſous le prétexte des frais qu'il falloit faire pour la nourriture de ces animaux ; mais dans la vérité du fait, il vouloit l'attacher à lui-même par cette préférence. Car l'uſage & l'emploi qu'Eudamus pouvoit faire de ſes Eléphans dans une querelle entre les chefs, rendoit celui-ci très-redoutable. A l'égard des

664.

(*a*) L'Auteur a déja fait mention de cette idée d'Eumenès, au l. précédent p. 636. de Rhod.

autres Satrapes, chacun d'eux étoit chargé d'entretenir les soldats qu'il amenoit de sa province. C'est ainsi qu'Eumenés laissoit rafraichir ses troupes dans la Susiane en y attendant l'ennemi.

A l'égard d'Antigonus après avoir hyverné dans la Mésopotamie, son dessein étoit de venir attaquer Eumenés, avant qu'il eut rassemblé ses alliés. Mais apprenant que tous les Gouverneurs de l'Asie s'étoient unis aux Macedoniens, il modéra son impatience : & laissant reposer ses anciennes troupes, il en fit lever de nouvelles. Car il se voyoit à la veille d'une guerre de conséquence, & qui demandoit les plus grands préparatifs. Dans ces entrefaites Attalus, Polemon, Docimus, Antipater (*a*) & Philotas qui étoient tombés entre les mains d'Antigonus, dans le desastre d'Alcetas (*b*), & étoient toujours gardés très-étroitement dans un château imprenable, crurent pouvoir profiter pour leur évasion du voyage

(*a*) Le grand Antipater, tuteur des Rois, est mort, au l. 18. p. 625. de Rhod.

(*b*) C'est l'affaire de Termesse l. 18. p. 623. & 624. de Rhod.

qu'Antigonus étoit obligé de faire dans les Satrapies supérieures, pour y lever des troupes dont il avoit besoin. Ils gagnerent en effet quelques-uns de leurs gardes qu'ils engagerent à délier leurs chaînes ; & ayant retrouvé leurs propres armes, eux-seuls au nombre de huit qu'ils étoient, se jetterent vers le milieu de la nuit sur la garnison, composée de quatre cens hommes. S'animant eux-mêmes de la seule pensée qu'ils avoient eu l'honneur de contribuer aux conquêtes d'Alexandre, ils commencerent par jetter du haut de la citadelle en bas, c'est-à-dire d'un stade de hauteur, le Commandant Xenopithès : après quoi massacrant les uns ; & faisant fuir tout le reste, ils mirent le feu à toutes les maisons de la citadelle, & reçurent une cinquantaine d'hommes du dehors qui paroissoient s'intéresser à eux. Comme le Fort étoit pourvu de toutes les munitions nécessaires à leur subsistance & à leur sureté, il consulterent entr'eux s'il étoit plus à propos d'attendre qu'Eumenés vint les joindre là; ou s'ils feroient mieux de se mettre en liberté dans la campagne, pour se joindre eux-mêmes au parti que la fortune paroîtroit favoriser. Les avis se partageant sur cette question ; Docimus opinoit pour sortir ; Attalus disoit qu'ils avoient trop souffert dans les chaînes, pour s'exposer encore aux travaux d'une vie errante & incertaine. Mais pendant qu'ils en étoient à discuter cette alternative, il s'assembla des forteresses voisines une espece d'armée de cinq cens hommes de pié au moins, & de quatre cens hommes de cheval ; & outre cela, plus de trois milles hommes des gens du pays de toute espece qui se donnant pour chef un d'entr'eux, formerent d'eux-mêmes le siége du fort. Ainsi nos prisonniers se voyant enfermés tout de nouveau, Docimus fit la découverte d'un sentier inconnu aux assiégeans ; par lequel il fit échaper un homme pour traiter de sa part avec la femme d'Antigonus, nommée Stratonice, qui demeuroit assez près de là ; après quoi il sortit lui-même du fort accompagné d'un seul d'entre les siens. Mais on le trahit de tous les côtés. Stratonice violant la parole qu'elle lui avoit donnée, le fit mettre en prison ; & l'homme avec lequel il étoit sorti du fort, se donna lui-même pour guide aux ennemis, qui s'y emparerent en affez grand nombre d'une des tours. A l'égard d'Attalus, quoique ſes troupes fuſſent très-diminuées, elles ſoutenoient avec le même courage les aſſauts qu'on leur donnoit tous les jours: de ſorte qu'après avoir eſſuyé toutes les allarmes & toutes les fatigues d'un ſiége de ſeize mois. Ils eurent enfin le malheur d'être pris d'aſſaut & faits priſonniers de guerre.

Democlide étant Archonte d'Athenes, les Romains firent Conſuls C. Junius & Q. Æmilius, on célébra la 116. Olympiade, où Dinomene de Laconie emporta le prix de la courſe. En ce tems-là Antigonus partant de la Méſopotamie vint dans la Babylonie où il fit alliance d'armes avec Seleucus & Pithon. Empruntant même de leurs troupes, il traverſa le Tygre ſur des Barques, pour tomber ſur ſes ennemis. Eumenès averti de ce paſſage, manda ſur le champ à Xenophile, Gouverneur de la citadelle de Suſe, de ne fournir aucun argent à Antigonus, & même de n'entrer avec lui en aucune conférence. Lui-même à la tête de ſon ar-

Olymp. 116. *an.* 1. 316. *ans avant l'Ere Chrétienne.*

VI.

mée marcha vers le Tygre, qui est à une journé de Suse, & arriva sur un terrain élevé & habité par un peuple libre, qu'on appelle les Uxiens. La largeur du Fleuve est presque partout de trois stades & en quelqu'endroits de quatre, & sa profondeur dans son milieu est de la hauteur ordinaire des Eléphans. Ce fleuve après avoir parcouru sept cens stades depuis la montagne d'où il sort, se rend enfin dans la mer rouge. (*a*) On trouve dans le Tygre des poissons & même des monstres marins, qui y paroissoient sur tout vers le lever de la canicule. (*b*) Eumenès se fit une barriere de ce fleuve depuis sa source jusqu'à la mer : & exposant des corps de garde en divers endroits du rivage, son dessein étoit d'attendre là les ennemis. Mais comme la ligne qu'il s'agissoit de garder étoit longue, Eumenès & Antigene (*c*) prierent

(*a*) Le Tygre se rend d'abord dans le Golphe Persique, & de-là dans la mer des Indes, qu'on appelloit autrefois mer Rouge. Cette derniere circonstance a déja été remarquée.

(*b*) Le lever de la canicule s'entend de son lever avec le soleil, qu'on appelle en Astronomie lever cosmique d'une constellation ou d'une étoile.

(*c*) Antigene chef des Argyraspides, ci-dessus p. 637. de Rhod. Pencestès, Garde du Corps du feu Roi, nommé en dernier lieu. p. 662. du même.

LIVRE XIX. 41

Peucestès de leur envoyer de la Perse dix mille archers. Peucestès leur refusa d'abord ce secours, en se plaignant de n'avoir aucun commandement dans leur armée, mais il le leur accorda ensuite après avoir fait réflexion que si Antigonus avoit le dessus, il perdroit lui-même son gouvernement, & courroit risque encore de la liberté ou de la vie. Ainsi voyant que par le nombre d'hommes qu'il étoit en état de fournir, il seroit au fond le vrai Commandant de cette armée, il alla lui-même la joindre à la tête de dix mille archers. Or quoique plusieurs des Perses qu'il menoit avec lui habitassent à trente journées de distance du lieu de sa résidence, ils avoient reçu son ordre dès le jour même qu'il le donna, par la position industrieuse & avantageuse des sentinelles dans la Perse : singularité qu'on sera bien aise d'apprendre. La Perse étant un pays d'un terrain fort inégal, & fourni d'un très-grand nombre de hautes pointes de montagnes, d'où les cris se peuvent entendre réciproquement, on place sur toutes ces pointes des hommes de la plus forte voix, de sorte qu'un avis ou un ordre qui est porté à une de ces sentinelles, se communique bien-tôt à la ronde & au loin à toutes les autres, qui le font passer avec une vitesse incroyable jusqu'aux extrémités du gouvernement ou de la Satrapie.

Eumenès & Peucestès ayant pris ces mesures ensemble, Antigonus qui étoit venu avec de grandes forces dans la ville royale de Suse, nomma Seleucus Satrape de la province, & lui ordonna d'assiéger la citadelle. Mais Xenophile, garde du Trésor, ayant détourné celui-ci de cette entreprise, Antigonus vint lui-même à ses ennemis par des chemins exposés à toutes les ardeurs du soleil, & très-dangereux d'ailleurs pour des troupes étrangeres. C'est pour cela qu'ils étoient obligés de marcher la nuit, & ensuite, de prendre du tems pour dresser leur tentes le long du fleuve, avant le lever du soleil. Il ne put pourtant pas encore éviter tous les maux attachés à une marche si fâcheuse; & de quoiqu'il se fut avisé pour en adoucir le travail, il perdit un grand nombre de soldats par l'excès de la chaleur; car on étoit alors au lever de la canicule. Quand il se vit arrivé au fleuve Copratez, il se reposa quelque tems, & se prépara à traverser ce fleuve, qui sort du pié d'une montagne & se rend dans le Tygre. Il a environ quatre arpens de large; & comme il est d'une rapidité prodigieuse, on ne peut le passer que sur des trains de bateaux plats liés ensemble, & que l'on conduit ensuite avec des crocs. Antigonus fit d'abord transporter sur ces trains quelques fantassins, ausquels il ordonna de faire un fossé sur l'autre bord, & d'y préparer un camp pour le reste de son armée qu'Eumenès attendoit à quatre-vingts stades ou environ du rivage.

Eumenès instruit par ses coureurs de toute cette manœuvre, passa sur le pont du Tygre avec quatre mille hommes de pié, & environ treize cens hommes de cheval, & rencontra un corps d'Infanterie de plus de trois mille hommes des ennemis, de trois cens cavaliers, & de six mille de ces coureurs qu'on envoye à la découverte des paturages & du fourage. Tombant sur eux avant qu'ils eussent pu former un corps de défense, il leur fit tourner le dos en désordre; & à l'égard des Macedoniens qui entreprenoient de lui résister, il les fit bientôt céder aux efforts & au nombre de ses soldats, & les repoussa vivement jusqu'au fleuve. Comme ils s'efforçoient tous ensemble de rentrer dans leur barques, plusieurs de celles-ci enfoncerent sous le trop grand nombre de ceux qui se jettoient confusément dans la même ; & la violence de l'eau emporta presque tous ceux qui y étoient tombés. Il n'y eut de salut que pour un petit nombre d'entr'eux, qui ne sçachant pas nager, aimerent mieux se laisser prendre sur le bord que de risquer le passage ; & le nombre de ces derniers monta à quatre mille hommes. Antigonus témoin d'une perte si considérable, ne pouvoit y apporter aucun remede, faute d'avoir lui-même des barques. Ainsi il prit le parti de reculer du côté de Badaque, ville située sur le fleuve Eulæe. Mais comme cette route étoit exposée à toutes les ardeurs du soleil, plusieurs de ses soldats tomberent morts, & le reste de son armée se laissa aller au dernier découragement. Cependant ayant demeuré quelques jours dans la ville que nous venons de nommer, les rafraichissement qu'il procura à ses soldats les fit un peu revenir; après quoi il jugea à propos de passer à Ecbatane de Medie, d'où il veilleroit de plus près sur les Satrapies supérieures, qu'il avoit envie de réunir à la sienne.

Mais les deux routes différentes par lesquelles on pouvoit gagner la Medie, avoient chacune leurs difficultés particulieres. Celle qui prenoit par les hauteurs étoit large & faisoit un chemin royal; mais exposée à toutes les ardeurs du soleil, elle étoit encore de quarante jours de marche. Celle qui passoit par le pays des Cosses étoit inégale, étroite, bordée de précipices, environnée de nations ennemies, mal fournie de vivres; mais elle étoit courte, & plus exposée au froid qu'au chaud. Il étoit très-difficile de mener par-là une armée, à moins de s'entendre avec les Barbares du pays. Ce sont des hommes qui n'ont jamais connu de maître, & qui habitent dans des cavernes. Ils vivent de glands, de champignons, & de chair salée de bêtes féroces. Antigonus jugeoit indigne de lui de traiter avec eux, à la tête d'une armée comme la sienne. Ainsi choisissant les plus braves d'entre ses Portes-boucliers, ses frondeurs, & autres armés à la légere; & mettant Néarque à leur tête, il les fit marcher les premiers, & les chargea de se saisir des passages les plus difficiles ou les plus suspects. Faisant ensuite filer toute son armée en bon ordre, il se mit à la tête de sa phalange, & confia son arriere garde à Pithon. Ceux qui avoient passé les premiers avec Nearque, s'emparerent de quelques postes d'où l'on pouvoit découvrir au loin. Mais n'ayant pas tout vû, ni même ce qui étoit le plus près d'eux, ils furent surpris par les Barbares qui leur tuerent beaucoup de monde, & des mains desquels le reste eut bien de la peine à se sauver. Ceux qui étoient demeurés auprès d'Antigonus tomberent dans un désastre encore plus grand. Car les habitans du lieu s'étant saisis des hauteurs, faisoient rouler sur lui & sur ses soldats des quartiers de roches énormes & en très-grand nombre. Ne s'en tenant pas même à cette espece d'armes, ils lançoient continuellement des traits sur des gens que la difficulté du chemin empêchoit de se tenir fermes sur leurs pieds, & de faire quelques pas sans tomber. Les Elephans & les chevaux souffroient beaucoup par le travail seul de la marche, indépendamment du désordre où les mettoit une attaque très-vive. Antigonus commença pour lors à se repentir de n'avoir pas déféré à l'avis de Python, qui lui avoit conseillé d'acheter le passage à prix d'argent. Quoiqu'il en soit néanmoins; après avoir perdu bien des soldats & leur avoir fait essuyer à tous les fatigues & les dangers les plus terribles, il arriva le neuviéme jour de sa marche dans la partie habitable de la Medie.

Mais son armée irritée alors des travaux & des périls effroyables auxquels il l'avoit exposée, commençoit à se répandre en plaintes contre lui, & chargeoit d'opprobres le nom d'Antigonus. Et pour dire le vrai, ils avoient passé en moins de quarante jours de tems par des épreuves terribles. Cependant en les prévenant de propos gratieux, & leur fournissant d'ailleurs tous les soulagemens qu'il pouvoit imaginer aux souffrances dont ils sortoient, il les ramena bien-tôt à leur ancienne disposition à son égard.

Ainsi il chargea Python de parcourir toute la Medie, pour en tirer tout ce qu'il lui seroit possible de chevaux de guerre & de chevaux de bât. Comme le pays est amplement pourvu de ces animaux, Pithon revint bien-tôt menant à sa suite deux mille cavaliers, plus de mille chevaux & autres bêtes de charge, propres à porter l'équipage d'une armée entiere, & qui d'avance apportoient au camp cinq cens talens du Thrésor Royal. Antigonus distribua les cavaliers dans les escadrons qui n'étoient pas complets, & remplaça les chevaux de ceux qui avoient perdu les leurs. Il regagna par toutes ces attentions la bien-veillance générale de ses troupes.

869.

VII. Du côté d'Eumenès les Satrapes de son parti & les Officiers de son armée apprenant que les ennemis campoient dans la Medie, se trouverent d'avis différent sur ce qu'ils avoient à faire en cette circonstance. Eumenès, Antigène chef des Argyraspides, & tous ceux qui venoient du côté des mers Occidentales, jugeoient à propos de s'en rapprocher. Mais ceux qui s'étoient rendus-là des Satrapies supérieures,

supérieures, inquiets de leur poffeffions opinoient à les aller défendre. Chacun demeurant ferme dans fon avis, fondé fur un intérêt femblable de part & d'autre, Eumenès qui regardoit la féparation de fon armée en deux parts, comme le plus pernicieux de tous, conclut pour les Satrapes de l'Afie. Ainfi décampant des bords du Pafitigris, il vint à Perfépolis, capitale des Rois de Perfe, en vingt-quatre jours de marche. La premiere partie de cette route qui aboutit à un lieu qu'on appelle les Echelles, fe fait par des chemins creux où l'on éprouve de grandes chaleurs, & où les vivres font rares. L'autre partie fe fait fur un terrain plus élevé, plus fain, & fourni abondamment de toutes les productions de la nature. On y voit des vallons couverts d'ombrages, des jardins naturels de toutes formes, des arbres de toute efpece, & des fources d'eau vive, de forte que les voyageurs font portés à rallentir leur marche, pour jouir plus long-tems d'un fi beau pays. La chaffe y eft abondante ; & Peuceftès pour gagner le cœur de fes foldats, leur en diftribua une quantité prodigieufe

Tome VI. C

qu'il avoit achetée des habitans. Ceux-ci fournissoient d'ailleurs la meilleure milice de toute la Perse, surtout pour les Archers & pour les Frondeurs, & la Satrapie dont ils dépendoient étoit la plus peuplée de toute l'Asie.

Quand on fut arrivé à Persépolis, Peucestés qui en étoit Satrape lui-même, offrit un grand sacrifice aux Dieux, au nombre desquels il comprenoit Alexandre & Philippe, & faisant venir de tous les endroits de la Perse tout ce qui pouvoit contribuer à la magnificence d'un festin religieux, il traita son armée entiere. Il avoit d'abord fait tracer quatre cercles dont le premier qui enfermoit les trois autres étoit d'une étenduë énorme. Sa circonférence alloit à dix stades de tour. Et c'est à cette table qu'il fit mettre les Soudoyez & les troupes auxiliaires. La seconde table qui étoit de huit stades fut destinée aux Argyraspides & à tous ceux qui avoient servi sous Alexandre. La troisiéme étoit de quatre stades. Il y plaça les Officiers du second ordre, les surnumeraires, ses amis, les simples Capitaines & les Cavaliers. Enfin la table intérieure qui n'avoit plus que deux stades de tour fervit aux principaux Chefs qui étoient les Capitaines de Cavalerie aufquels il joignit les plus confidérables d'entre les Perfes. Dans le centre il fit élever deux Autels, l'un pour Alexandre & l'autre pour Philippe. Les lits où l'on devoit fe pofer étoient formés de feuilles d'arbres entaffées, & couvertes enfuite de tapis précieux de toute efpéce, & de toute forte de meubles que la magnificence & la molleffe rend communs chez les Perfes. Les cercles dont nous avons parlé étoient pofés à une telle diftance les uns des autres, que d'une part les Conviez fuffent extrêmement au large & à leur aife, & que de l'autre les Officiers fervans trouvaffent tout fous leur main. Le fuccès de toutes ces précautions fut tel auffi que tout le monde applaudit à la magnificence de Peuceftés, & lui-même parut auffi avoir eu principalement en vûe de s'attirer la bienveillance publique. Eumenés qui s'apperçut en effet que Peuceftés tendoit par-là à fe faire nommer Général par toute l'armée, imagina de fauffes lettres adreffées à lui-même, par le moyen defquelles il anima le courage des foldats, il reprima l'orgueil & les prétentions de Peucestés, & se procura en même-tems un très-grand crédit dans toute l'armée.

Ces lettres portoient qu'Olympias étoit revenuë & avoit ramené avec elle le fils d'Alexandre dans la Macedoine dont elle avoit pleinement recouvré le thrône, en faisant périr Cassander (*a*). Et que Polysperchon actuellement passé en Asie pour y combattre Antigonus, y faisoit marcher contre lui la plus forte partie de l'armée royale précédée par des Elephans, & déjà prête à entrer dans la Cappadoce. Cette lettre étoit écrite en caracteres Syriaques, & elle étoit adressée à Eumenés par Oronte Satrape de l'Armenie & ami de Peucestés. On y ajoûta foi à cause de la liaison d'Eumenés avec tous les Satrapes; & ce dernier prit soin qu'on la répandit dans l'armée, & qu'on la fit voir à tous les officiers & à la pluspart des soldats. Cette distinction que l'on paroissoit faire

(*a*) Ces fausses lettres contenoient aussi des faits faux. Cassander par exemple n'est point mort, & ne le sera pas encore à la fin du Livre suivant. A tout prendre, cette dissimulation, ou ce jeu ne paroit pas trop digne d'un grand personnage, tel que Plutarque dépeint Eumenés.

d'Eumenés en lui adreſſant ces nouvelles préférablement à tout autre Capitaine, changea l'idée publique en ſa faveur ; & tous les yeux ſe tournerent ſur lui, comme ſur le chef unique, qui ayant la faveur & la confiance des Rois, pouvoit avancer ſes amis & détruire ceux qui lui ſeroient contraires. A la fin de toute la ſolemnité, Eumenés pour tenir en crainte les mécontens, & pour reprimer ceux qui prétendroient uſurper quelque droit de commandement, appella en jugement & fit amener Siberite Satrape de l'Arachoſie, & ami particulier de Peuceſtés. Envoyant même à l'inſçu de ſon priſonnier des cavaliers dans l'Arachoſie, auſquels il avoit donné ordre de ſe ſaiſir de tous ſes effets, il le rendit tellement ſuſpect à toute l'armée, que s'il n'eut pris ſecretement la fuite, les troupes ſe jettant ſur lui, l'auroient mis en piéces. Mais dès qu'Eumenés eut ainſi humilié ſes Adverſaires, & attiré toute la conſidération ſur lui-même, il changea abſolument ſon ton & ſa maniere d'agir, & prévint lui-même Peuceſtés d'honnêtetés, d'amitiés & de promeſſes obligeantes ; & ſurtout il l'attacha extrê-

671.

mement aux interêts des Rois. Il employa une autre adreſſe à l'égard des autres Satrapes ou Commandans de l'Aſie : Ce fut de prétexter un grand beſoin d'argent pour le ſervice, & de tirer d'eux par ce moyen de ſûrs otages de leur fidélité au parti qu'ils avoient embraſſé. Ainſi il emprunta de ceux dont il crut qu'il étoit le plus important de s'aſſûrer, & juſqu'à la ſomme de quatre cens Talens ; & par cet emprunt, de très-ſuſpects qu'ils étoient auparavant, ou de déſertion, ou de trahiſon; il en fit des hommes très-attachés, & à la cauſe commune & à ſa perſonne mème.

VIII. Il avoit déja pris toutes ces meſures, lorſque des habitans de la Medie vinrent lui annoncer qu'Antigonus à la tête de ſon armée ſe préparoit à faire une irruption dans la Perſe. Eumenés ſe mit auſſi-tôt en marche pour aller au-devant de l'ennemi & pour le combattre. Dès le ſecond jour de la route, il offrit aux Dieux un grand ſacrifice, à l'occaſion duquel il donna un ſuperbe repas à ſon armée, & gagna par cette magnificence le cœur de tous ſes ſoldats. Mais s'étant laiſſé entraîner par ſes convives à un grand excès de vin il en tomba malade, & il fût obligé de féjourner-là quelque tems. Son armée qui croyoit les ennemis très-proches, & qui connoiſſoit d'ailleurs toute la capacité d'Eumenés étoit défolée de cet accident: Mais enfin le malade ayant eu une criſe favorable, ſe mit en marche au bout de quelques jours, en confiant ſon avant-garde à Peuceſtés & à Antigene. Pour lui monté dans une voiture, il ſe tenoit encore derriere les rangs avec ceux qui conduiſoient les bêtes de charge, pour être un peu plus à l'aiſe, & plus libre dans ſa marche. Quand les deux armées furent à une journée de diſtance l'une de l'autre, elles envoyerent reciproquement à la découverte, pour ſe diſpoſer d'une maniere convenable au combat qu'il s'agiſſoit de donner ou de ſoutenir. Cependant elles s'écarterent-là ſans s'être jointes. Car chacune ayant devant elle pour retranchement un fleuve de ces Cantons, elles pouvoient bien ſe mettre en bataille, mais il leur étoit impoſſible d'en venir aux mains. Ainſi les deux armées à trois ſtades ou à peu près l'une de l'autre paſſerent quatre jours à ſe tirer des coups perdus, &

672.

à ravager les environs, sans y trouver leur subsistance. Au cinquiéme Antigonus envoya des Députés qu'il adressoit nommément aux Satrapes & aux Macedoniens, pour les inviter à renoncer à Eumenés, & à se confier à sa bonne foi. Il les assûroit qu'il laisseroit toutes les Satrapies à ceux qui en portoient les titres : Qu'il donneroit des possessions de terre à chacun des Officiers, qu'il renverroit avec honneur & avec des présens dans leur patrie ceux qui voudroient y retourner, & qu'il placeroit enfin dans les postes ou dans les corps qui leur conviendroient le mieux, tous ceux qui persisteroient dans le service. Les Macedoniens rejetterent hautement toutes ces offres, & ménaçoient même ceux qui osoient les leur faire ; lors qu'Eumenés s'approchant les loua d'abord de leur fermeté, & leur rappella ensuite par rapport à la circonstance présente l'ancien Apologue, selon lequel, un lion étant devenu amoureux d'une jeune fille, la demanda en mariage à son pere. Le pere lui répondit qu'il étoit très disposé à la lui donner. Mais qu'il craignoit extrêmement pour sa fille les dents & les griffes de son époux, s'il arrivoit dans la suite de leur vie quelque petite dissention entr'eux. Le lion s'arracha aussi-tôt lui-même les dents & les griffes. Dès que le pere vit son prétendu gendre ainsi désarmé il l'assomma à coups de massue. Eumenés ajoûta qu'Antigonus faisoit à leur égard le personnage de ce beau-pere, & qu'il leur proposoit de se désarmer, pour faire d'eux ensuite ce qu'il lui plairoit. Cette fable & son application termina la conférence.

Dès la nuit suivante des transfuges vinrent annoncer qu'Antigonus avoit donné ordre à ses soldats de décamper à la seconde veille de la nuit. Eumenès se douta que son intention étoit de passer dans la Gabienne. C'étoit une Province éloignée de trois journées de l'endroit où l'on se trouvoit actuellement ; & d'ailleurs un pays sauvé jusqu'alors du passage des gens de guerre, couvert de blez & de fruits, & capable de fournir à une armée entiere des vivres de toute espece. La plaine en étoit défendue par des barrieres naturelles, étant environnée presque par tout, ou de gouffres ou de torrens : ainsi Eumenès voulant prévenir son adversaire, se disposa à s'aller saisir le premier d'un territoire si avantageux. Dans cette vue, il paya quelques soudoyés pour contrefaire les transfuges, & pour aller avertir les sentinelles du camp d'Antigonus, qu'Eumenès se disposoit à venir l'attaquer cette nuit même. Mais pour lui ayant fait partir d'abord tout le bagage, il ordonna à ses troupes de repaître & de se mettre aussi-tôt en marche vers la Gabienne.

Antigonus persuadé par les transfuges que les ennemis venoient à lui, suspendit son départ & se disposa à la défense. Cependant l'armée d'Eumenès profitant du désordre & du chagrin où se trouvoit Antigonus en arrangeant ses troupes précipitamment & malgré lui, s'avançoit déja beaucoup & à l'insçu de l'ennemi, vers le pays où il portoit ses vûes. Antigonus l'attendit quelque tems dans son poste : mais apprenant par ses espions, que les ennemis avoient pris un chemin tout différent, il sentit bien qu'on l'avoit joué. Il n'abandonna pas pour cela son premier dessein, & se mettant à la queue de l'armée d'Eumenès, il marchoit après elle d'un pas qui avoit l'air d'une poursuite. Voyant néanmoins qu'Eumenès avoit sur lui l'avance de deux marches ou de deux stations, & qu'il étoit comme impossible de l'atteindre, il eut recours à cet expédient. Il laissa à Pithon toute son Infanterie; pendant que lui-même à la tête de sa Cavalerie, la mena à bride abbatue jusqu'à l'armée d'Eumenès, qu'il atteignit à la pointe du jour, & à laquelle il se montra sur le haut d'une colline qu'elle venoit de descendre. Eumenès voyant ces cavaliers si près de lui, & craignant qu'ils ne fussent suivis de toute l'armée de son adversaire, fit faire alte à la sienne, & la mit pour plus de sureté en ordre de bataille. C'est ainsi que ces deux Généraux disputoient de précautions & de finesses l'un contre l'autre, & sçavoient préparer une victoire avant que de la remporter. En cette occasion Antigonus empêcha son ennemi de poursuivre son chemin, & se procura le tems de voir arriver les troupes qu'il avoit laissées derriere lui.

IX.

Dès que toute son armée se fut rejointe, il disposa une attaque violente & formidable. En comptant les troupes que lui fournissoient Pithon & Seleucus, il avoit vingt-huit mille hommes de pied, cinq cens chevaux & soixante cinq élephans. Les deux Généraux disposerent différemment leur ordre de bataille, & il y avoit sur ce sujet de l'émulation entre eux. Eumenès avoit mis sur son aîle gauche Eudamus qui avoit lui-même amené des Indes les élephans, & qui commandoit d'ailleurs un corps de cavalerie de cent cinquante hommes. Ils avoient pour avant-garde deux compagnies de cavaliers porte-lances, chacune de cinquante hommes de profondeur, & il les mit au-dessous de ceux qu'il venoit de placer. A côté d'eux il posa Stasander qui commandoit neuf cens cinquante hommes de cheval, & derriere lui Amphimachus Satrape de la Mesopotamie, suivi de six cens cavaliers, accompagnés de six cens autres, que fournissoit l'Arachosie, commandez ci-devant par Sibyrite; & qui depuis la fuite de ce dernier (*a*) l'étoient par Cephalon. Tout de suite venoient cinq cens Paropamisades, & autant de Thraces ti-

___
(*a*) Ci-dessus p. 670. I de Rhod.

rés des colonies supérieures. Il plaça quarante-cinq Elephans sur la premiere ligne, & remplit d'archers & de frondeurs les intervalles qu'il laissoit entr'eux, de sorte que le tout ensemble format un front ovale (*a*). Derriere cette aîle il plaça sa phalange; les extrémités en étoient bordées par des soldats étrangers au nombre de six mille; & environ cinq mille autres, mais armés à la Macedonienne, en terminoient les rangs. Après ceux-ci paroissoient les Argyraspides, qui ne passoient pas trois mille hommes, corps invincible, & que leur réputation seule rendoit formidables. Enfin le corps d'armée étoit fermé par ceux qu'on appelloit les Gardes, qui montoient à plus de trois mille hommes, & qui reconnoissoient pour chefs, aussi-bien que les Argyraspides, Antigene & Teutamus. La phalange en particulier, étoit bordée par le devant de quarante-cinq éléphans, entre lesquels il avoit placé des armés à la légere. A l'aîle droite, elle étoit soutenue de huit cens cavaliers de la

(*a*) Le Grec dit ἐν ἐπικαμπίῳ. En front ovale; ou si la courbure étoit en dedans, en forme de croissant.

Carmanie, commandés par leur Satrape Tlepoleme, & de neuf cens autres qu'on appelloit les Camarades, après lesquels venoient trois cens cavaliers d'une seule & même compagnie, commandée par Peucestés & par Antigene. Enfin tout le corps de bataille étoit fermé par l'escadron particulier d'Eumenès, composé du même nombre de trois cens cavaliers, précedés par deux compagnies, chacune de cinquante hommes, formées des seuls Officiers de ce Général. Mais outre cela les quatre côtés étoient bordés hors de rang, de deux cens cavaliers d'élite; & le tout enfin étoit fermé par trois cens autres, choisis sur tout ce qu'il y avoit dans les troupes de plus excellens hommes de cheval, & de plus hardis dans les expéditions militaires. Enfin tout le devant de cette aîle étoit garni de quarante Elephans. Il résulte de ce détail, que l'armée entiere d'Eumenès étoit composé de trente cinq mille hommes de pied, de six mille cent hommes de cheval, & de cent quatorze Elephans. (a)

(a) Il y a eu dans ce détail deux fois 45. Eléfans, & une fois 40. ce qui fait 130. au lieu

Antigonus découvrant de la hauteur où il se trouvoit toute cette disposition, prépara contre son adversaire une résistance convenable : car voyant que l'aîle droite des ennemis étoit bordée sur le devant & d'Elephans & de forte cavalerie ; il choisit les plus légers de ses cavaliers, qui ne devoient qu'escarmoucher à plusieurs reprises, & séparément les uns des autres ; de sorte que leur manege rendit inutile ce corps entier, par lui-même si massif & si pesant, & que les ennemis regardoient comme la partie essentielle de leur armée. Dans les premieres lignes de ce détachement, il avoit mêlé environ mille piquiers ou archers à cheval, Medes ou Armeniens, accoutumés à se battre par pelotons, ou même un à un, & séparés les uns des autres. Il avoit aussi à son service deux mille deux cens Tarentins, qu'il avoit amenez de leur pays dans ses vaisseaux, gens experts dans les ruses de guerre, & qui lui étoient personellement dévoués. Mille autres soldats tant de la Phrygie que

---

de 114. qu'énonce le texte ; d'où l'on peut craindre que toutes ces énumérations n'aient pas été faites ou copiées avec beaucoup d'exactitude.

de la Lydie, quinze cens autres venus à la suite de Python, & quatre cens hommes de javelots conduit par Lysanias (*a*). Les derniers de tous étoient ceux qu'on nommoit les Anthippes, ou *contre-cavaliers* : ils étoient au nombre de huit cens, tirés tous des provinces supérieures : ils occupoient la gauche de toute la cavalerie, & Python les commandoit tous.

A la tête de l'Infanterie étoient les étrangers au nombre de plus de neuf mille : après eux venoient trois mille Lyciens ou Pamphiliens, & plus de huit mille autres de toutes provinces ; armés tous pourtant à la Macedonienne, & ayant pour arriere garde huit mille vrais Macedoniens, envoyez à Antigonus par Antipater, dans le tems que celui-ci fut déclaré Tuteur (*b*) des Rois. Le corps d'Infanterie qui touchat les cavaliers de plus près, étoit celui de cinq cens soudoyés de toute nation, après lesquels venoient mille Thraces & cinq cens Grecs alliés. A côté d'eux mille de ceux qu'on appelloit les Amis, ayant à leur tête

---

(*a*) Ce Lysanias avoit apparemment été désigné dans quelque lacune précédente.

(*b*) Ci-dessus liv. 18. pag. 618. de Rhod.

Demetrius (*a*) fils d'Antigonus, qui commandoit alors pour la premiere fois sous les ordres de son pere. A la pointe de cette aîle étoit un corps de trois cens cavaliers ; à la tête desquels Antigonus comptoit lui-même de combattre. Ce corps étoit composé de trois compagnies de ses propres domestiques, & de trois autres toutes séparées par intervalles égaux, & mêlées d'une centaine de Tarentins. Il avoit garni le front de ces sept compagnies de trente Eléphans, posés aussi en forme ovale, & dont les entre-d'eux étoient remplis d'armés à la légere, hommes choisis. Le reste de ses Eléphans étoit distribué de sorte que la plus grande partie couvroit la Phalange, & que le reste étoit posé sur la gauche devant la cavalerie. C'est dans cet arrangement qu'Antigonus descendit sur les ennemis comme pour les prendre de biais. Il avoit donné une très-grande étendue à son aîle droite, en laquelle il se confioit le plus, & avoit beaucoup resserré l'autre. Il ne vouloit faire qu'une fausse attaque avec celle-ci,

676.

___

(*a*) Surnommé depuis Poliorcetès, ou preneur de villes.

& son dessein étoit de combattre à toute outrance avec la premiere.

Quand les deux armées furent en présence l'une de l'autre, & que le signal fut donné des deux côtés par les trompettes, on se répondit réciproquement par les plus grands cris : & aussi-tôt les cavaliers de Python qui n'avoient devant eux aucune défense, mais qui surpassoient de beaucoup la cavalerie ennemie, par le nombre & par la légereté de leurs chevaux, essayerent de profiter de cet avantage. Ils n'entreprirent pas à la vérité d'attaquer les Eléphans de front : mais les prenant par les côtés, & caracolant autour d'eux, ils accabloient de traits ces animaux, qui faute de légereté ne pouvoient ni se jetter sur ceux qui les blessoient, ni reculer pour se soustraire à leurs coups. Eumenès voyant son aîle accablée par les virevoltes des cavaliers, envoya demander de la plus légere cavalerie à Eudamus qui faisoit son aîle gauche : celui-ci allongeant ses files, qui n'étoient pas fort nombreuses leur fit envelopper les ennemis, en se multipliant en quelque sorte par leur légereté. Et comme leurs Eléphans les suivoient, ils renverserent enfin tout le détachement de Python, & le pousserent jusqu'au pié de la montagne. Pendant tout ce tems-là l'Infanterie s'étoit battue avec beaucoup de persévérance de part & d'autre ; & les deux partis s'étant maintenus long-tems dans l'égalité ; enfin les uns & les autres ayant perdu beaucoup dès leurs, les Argyraspides Macedoniens firent remporter l'avantage au parti d'Eumenès. Car bien qu'ils fussent tous avancés en âge ; l'expérience du péril leur avoit donné un courage & même une adresse, qui faisoit qu'on ne pouvoit point tenir devant eux. Ainsi quoiqu'ils ne fussent qu'au nombre de trois mille, ils étoient regardés comme le soutien & la force de toute l'armée. Antigonus voyant toute son aîle gauche en fuite & sa phalange même en déroute, résista courageusement à l'avis de ceux qui lui conseilloient de se retirer au pié de la montagne, pour recueillir-là ceux qui s'y refugieroient, vers la partie de son armée qui étoit encore dans son entier. Mais saisissant en habile homme une circonstance favorable que la fortune lui présentoit, non-seulement il recueillit ses fuyards, mais il se procura la victoire. Voyant que les Argyraspides d'Eumenès, suivis de toute leur Infanterie, avoient poussé leur poursuite jusqu'au pié de la montagne, & par-là s'étoient séparés eux-mêmes du gros de leur armée, il se saisit habilement de l'intervalle qu'ils laissoient libre, & y faisant passer une partie considérable de sa cavalerie, il se jetta sur l'aîle gauche que commandoit Eudamus; & ayant aisément battu des gens qui ne l'attendoient pas-là, il envoya les mieux montés de ses cavaliers pour ramener ses propres fuyards, & les rassembler au pié de la montagne. Eumenès apprenant l'échec qu'il venoit de recevoir, fit rappeller à son de trompe ceux qui poursuivoient la partie des ennemis qu'il avoit battue, pour les faire venir au secours des gens d'Eudamus; & à l'entrée de la nuit les deux partis rassemblerent toutes leurs forces avec un zele & une ardeur dont les simples soldats ne paroissoient pas moins animés que leurs Généraux.

Cette nuit éclairée par la lune en son plein, se trouva extrêmement belle. On s'entendoit réciproquement des deux armées qui étoient à quatre arpens de distance l'une de l'autre, comme si elles n'en avoient fait qu'une seule. Mais comme on voulut s'écarter de part & d'autre du lieu où s'étoit donné le premier combat; lorsqu'on en fut à une trentaine de stades il étoit près de minuit, & les troupes fatiguées de cette marche, des travaux de la bataille précédente, & de la soif qui les pressoit, ne voulurent plus entendre parler d'attaque, & demanderent absolument qu'on les fit camper. Eumenès proposa aux siennes d'aller enlever leurs morts, & de se procurer par cette action l'honneur & l'aveu de la victoire de la part de leurs ennemis mêmes. Mais elles ne se prêterent point à cette proposition, disant qu'il falloit plutôt retourner à leur bagage qu'ils avoient laissé derriere eux. Eumenès fut obligé de leur céder : car dans un tems comme celui-là où plusieurs aspiroient au commandement général, il eut été dangereux d'exiger de ses soldats des choses difficiles, & encore plus de punir la désobéissance. Antigonus au contraire dont l'autorité étoit indépendante de la multitude, obligea son armée de camper auprès des morts : & devenant par-là maître de leur sépulture, il mettoit de son côté l'indice ordinaire ou la preuve convenue de la victoire remportée. Or il avoit été tué du côté d'Antigonus trois mille sept cens hommes d'Infanterie, & cinquante quatre cavaliers ;. & il avoit eu plus de quatre mille blessés. Eumenès n'avoit perdu que cinq cens quarante hommes de pied, & très-peu de cavalerie, & ses blessés ne montoient pas à plus de neuf cens. Cependant Antigonus qui appercevoit du découragement dans ses soldats, jugea à propos de s'éloigner incessamment des ennemis. Pour n'avoir rien qui l'embarassât dans sa retraite ; il envoya ses blessés & son gros bagage dans une ville voisine, & faisant enterrer ses morts dès le point du jour, il retint le Héraut qui venoit de la part des ennemis demander les leurs ; après quoi il fit repaître toute son armée. Sur le soir il renvoya le Héraut en lui disant, que dès le lendemain Eumenès auroit toute la liberté de venir rendre le même devoir aux siens. Pour lui, faisant donner le signal dès la premiere veille de la nuit, des marches forcées & continues l'éloignerent bientôt des ennemis, & le firent arriver en très-peu de tems dans un pays extrêmement favorable pour la subsistance & le soulagement de ses troupes. Car il étoit parvenu jusques à Gamarga de Medie, Province du gouvernement de Pithon, & capable de fournir des vivres & toute sorte de rafraichissement aux armées les plus nombreuses.

X.

A l'égard d'Eumenès, quoiqu'il eut été informé de cette retraite par ses espions, il n'entreprit point de poursuivre son adversaire ; d'autant que ses propres soldats avoient extrêmement souffert de la disette des vivres. Il se contenta de faire ensevelir ses morts avec la décence convenable : ce fut dans le tems qu'il s'acquitoit de ce devoir qu'il fut témoin d'un fait extraordinaire, & tout à fait opposé aux loix & aux mœurs de la Grece. Un certain Ceteüs, Indien de nation & Officier dans son armée, avoit été tué dans la bataille, après avoir combattu vaillamment. Il laissoit veuves deux femmes qui l'avoient suivi à la guerre, & qui l'attendoient dans le camp ; l'une qu'il n'avoit épousée que depuis très-peu de tems, l'autre plus ancienne de quelques années, & toutes deux extrêmement attachées à lui. Or il y avoit une loi chez les Indiens, selon laquelle les mariages, indépendamment de la volonté des parens, se concluoient par le seul consentement des jeunes mariés; il arrivoit de-là que les querelles & la dissention se glissant bien-tôt entre des jeunes gens aveugles & sans expérience, ils se repentoient réciproquement de leur choix. Les jeunes femmes tomboient par-là dans le désordre & portoient leurs inclinations ailleurs. Mais comme la loi du pays & la bienséance publique ne leur permettoit pas pour cela d'abandonner leur premier choix, il arrivoit à plusieurs d'entr'elles de se défaire de leurs maris par le poison. La nature du pays leur en fournissoit de plusieurs especes, entre lesquelles il y avoit quelques herbes avec lesquelles il suffisoit de toucher les alimens ou les vases à boire pour leur communiquer tout leur venin. Cette pratique funeste s'étant beaucoup étendue, & les châtimens memes ne pouvant l'arrêter, ces peuples firent une loi par laquelle les femmes

Livre XIX.

mes seroient obligées de se brûler avec le corps de leurs maris morts, à l'exception néanmoins de celles qui se trouveroient enceintes, ou qui auroient des enfans vivans; & si quelqu'une ne vouloit pas se soumettre à cette loi, non-seulement elle demeureroit veuve tout le reste de sa vie; mais encore elle seroit exclue comme impie & sacrilege de toutes les assemblées publiques. L'opiniatreté des femmes se tourna alors d'un autre côté: car non-seulement le soin de leur propre vie leur faisoit apporter de grandes attentions à la santé de leurs maris; mais quand la mort les leur enlevoit, il y avoit de l'émulation entr'elles à qui se présenteroit de meilleure grace à l'honneur de suivre le sien sur son bucher: & c'est ce qui arriva pour lors. Car bien que la loi n'eut parlé que d'une femme, les deux de Ceteüs s'avancerent pour se disputer l'une à l'autre l'avantage de le suivre. La plus jeune représenta d'abord aux Officiers de l'armée qui étoient leurs juges, que la plus ancienne étoit actuellement grosse, & qu'ainsi elle étoit exclue de son privilége par les paroles mêmes de la loi; & celle-ci soutenoit que son ancienneté seule assuroit son droit, & lui donnoit une prérogative qu'aucune circonstance ne pouvoit rendre douteuse. Cependant les Officiers de guerre qui étoient leurs juges, assurés par les sages-femmes que la premiere étoit grosse, déciderent pour la seconde. Aussi-tôt celle qui avoit perdu sa cause se retira en jettant des cris lamentables, en déchirant tous les voiles qu'elle portoit sur sa tête, & en s'arrachant les cheveux, comme à l'annonce du plus grand de tous les malheurs. L'autre au contraire transportée de joye, parée de ses atours par les mains de toutes les femmes de sa connoissance, & la tête chargée de rubans & de couronnes, fut conduite vers le Bucher comme à la cérémonie nuptiale, par toute sa famille qui chantoit des hymnes en son honneur. Quand elle fut arrivée au pié du Bucher, détachant elle-même tous ses ornemens, elle en distribua de sa main les différentes piéces à ses parens & à ses amis, comme pour leur laisser un gage de son affection pour eux, & un motif de se ressouvenir d'elle. Ses ornemens consistoient en un grand nombre de bagues qu'elle avoit à ses doigts, garnies toutes de pierres précieuses de toutes les couleurs, & choisies entre les plus brillantes & les plus fines. Sa tête étoit chargée d'étoiles d'or entre-mêlées de pierres du même poids & du même éclat que les premieres, & elle portoit à son cou une multitude de colliers qui croissoient tous en grosseur & en longueur : enfin après avoir fait le dernier adieu à tous ses parens, son frere lui donna la main pour monter sur le bucher ; & à la vûe d'un nombre inombrable de gens qui admiroient sa constance, elle se jetta dans les flammes où elle perdit héroïquement la vie. Du moment qu'elle étoit arrivée dans la place jusqu'à celui où elle monta sur le bucher, la garde avoit eu le tems d'en faire trois fois le tour. La premiere chose qu'elle fit y étant montée, fut de se poser de son long sur le corps de son époux. La violence du feu qu'on alluma au même instant ne lui fit pas jetter un seul cri: entre les spectateurs les uns étoient touchés d'une veritable compassion, les autres admiroient une constance si héroïque, & les troisiémes trouvoient en de pareilles pratiques une ferocité de mœurs, qui ne pouvoit convenir qu'à des sauvages & à des barbares.

Eumenés ayant satisfait au devoir de la sépulture de ses morts, passa de la Parætacene dans la Gabienne (*a*), province qui ne s'étoit point encore sentie de la guerre, & fournie de tout ce qui étoit nécessaire à la subsistance des troupes. Ce pays étoit éloigné du camp d'Antigonus de vingt-cinq stations (*b*), pour ceux qui y vouloient aller par des chemins battus & fréquentés; au lieu qu'elle n'étoit que de neuf, pour ceux qui se resolvoient à traverser un pays désert & sans eau. Eumenés & Antigonus se resolurent donc à mettre leurs troupes en quartiers d'hyver, & à les laisser reposer à cette distance les unes des autres.

XI. En Europe Cassander (*c*) assiégeant Tegée en Arcadie apprit le retour d'Olympias en Macedoine, le

___

(*a*) L'Auteur écrit ici Gabene, ayant écrit Gabiene cy-devant p. 673. de Rhod.

(*b*) Ces stations se doivent prendre sans doute pour des jours de marche.

(*c*) Nous avons laissé Cassander à la fin du L. précédent, maître ou du moins arbitre des Provinces grecques de l'Europe. p. 647. de Rhod.

malheureux sort d'Eurydice (*a*) &
du Roi Philippe Arridée ; & ce qui
étoit arrivé au sépulchre de son frere
Iollas (*b*). La dessus il fit sa paix avec
les Tegeates, & à la tête de son armée
il marcha vers la Macedoine en laissant ses alliés dans un assez grand embarras. Car Alexandre fils de Polysperchon, à la tête d'une armée menaçoit toutes les villes du Peloponese.
Cependant les Ætoliens qui favorisoient Olympias & Polysperchon,
s'étoient saisis de tous les passages pour
arrêter la marche de Cassander. Celui-ci jugeant qu'il lui seroit difficile
de surmonter ces obstacles, fit venir
des barques légeres de la Locride, &
de l'Eubée, par le moyen desquelles
il aborda dans la Thessalie : & apprenant là que Polysperchon campoit
avec ses troupes dans la Perræbie, il
envoya d'abord Callas un de ses lieutenans à la tête d'un corps d'armée avec
ordre d'attaquer ce général. Dinias
autre officier de Cassander fut chargé de s'opposer aux troupes qui portoient le nom d'Olympias, & en effet il leur interdit le passage. Cepen-

681.

(*a*) En ce liv. même p. 660. de Rhod. (*b*) Même pag.

D iij

dant Olympias apprenant que Cassander lui-même à la tête d'une armée en forme s'approchoit beaucoup de la Macedoine, nomma pour son général Aristonoüs, qu'elle chargea d'attaquer son ennemi : & pour elle, elle vint à Pydne ayant avec elle le fils qu'Alexandre avoit eu de Roxane & sa mere même, aussi-bien que Thessalonique fille d'Alexandre, fils d'Amyntas, outre cela Deidamie fille d'Æacidas Roi d'Epire, & sœur de Pyrrhus, qui fit (a) depuis la guerre aux Romains, aussi-bien que les filles d'Attalus (b), & enfin les plus considérables de ses amis & de leurs parens. Cet assemblage faisoit qu'elle étoit environnée d'un très-grand nombre de personnes très-inutiles à la guerre, & qui même ne devoient pas trouver dans Pydne des provisions suffisantes pour soutenir un siége de quelque longueur. Malgré cet inconvenient elle ne laissa pas de s'enfermer dans cette ville, espérant qu'il lui arriveroit par mer des vivres & des secours de la part des Macedoniens & même des Grecs. Elle avoit

---

(a) Ce qui nous reste de Diodore ne va pas jusqu'à ce tems-là. Il parloit de Pyrrhus dans son 22. L. qui est perdu.

(b) Celui dont il est parlé au L précédent, p. 617. de Rhod. & en dernier lieu. p. 664. du même.

actuellement avec elle quelques cavaliers d'Ambracie, & un assez grand nombre de gens de guerre habitués dans sa cour; & pour sa défense ce qui restoit d'Elephans à Polysperchon, depuis que Cassander (*a*) en avoit pris ou détruit la plus grande partie en sa derniere descente en Macedoine. Ici Cassander ayant traversé toutes les Gorges de la Perrhæbie, dès qu'il fut arrivé devant Pydne, environna cette ville d'une mer à l'autre de toutes sortes d'ouvrages, comme pour en faire le siége; & il tira de tous les peuples qu'il avoit associés à son dessein toutes sortes d'armes & de machines, pour attaquer Olympias par mer & par terre.

Apprenant sur ces entrefaites qu'Æacidas Roi d'Epire venoit avec une armée considérable au secours d'Olympias, il envoya Atharrias à la tête d'un fort détachement pour s'opposer aux Epirotes. Celui-ci s'étant saisi à pro-

(*a*) Je crois que l'Auteur a ici en vûe, l'expédition de Cassander envoyé en Grece par Antigonus sur la fin du L. précédent, pp. 642. 643. de Rhod. & surtout la malheureuse entreprise de Polysperchon sur Megalopolis, où il perdit un grand nombre de ses elephans: sur quoi même les Atheniens jugerent à propos de transiger avec Cassander. p. 647. du même.

D iiij

pos de tout les passages, rendit inutiles tous les efforts de ce Roi : d'autant plus que c'étoit malgré ses sujets & ses soldats qu'il les menoit à cette expédition ; de sorte qu'Atharrias trouva aisément le moyen d'exciter la sédition dans le propre camp d'Æacidas. Cependant ce Roi absolument resolu de secourir la Reine de Macedoine, cassa dans sa propre armée, tous ceux qu'il apperçut être contraires à ses desseins. Ceux qui resterent secondoient à la vérité ses intentions ; mais ils étoient en trop petit nombre pour en assurer le succès. Cependant les soldats renvoyés dans leur pays, y souleverent contre le Roi absent ses propres sujets, qui le déposant par un decret public, firent alliance d'armes avec Cassander ; espece de révolution qui n'étoit jamais arrivée en Epire, depuis que Neoptoleme fils d'Achille y avoit regné : car depuis ce tems-là, le fils avoit toujours succédé au pere, & étoit toujours mort sur le thrône. Cassander ayant donc reçû l'Epire en alliance d'armes, y envoya Lyciscus pour son lieutenant & pour son général ; ce qui fit que tous les gens de guerre de ce Royaume désesperant du retour &

de la fortune d'Olympias, se donnerent à Cassander. La Reine qui ne comptoit plus que sur le secours de Polysperchon, déchut bien-tôt encore de cette espérance. Car le général Callas envoyé par Cassander s'étant campé dans la Perrhæbie près de Polysperchon, corrompit avec de l'argent le plus grand nombre de ses officiers & de ses soldats, de sorte qu'il lui en resta très-peu de fidelles, ce qui fit perdre à Olympias toutes ses ressources.

En Asie Antigonus qui avoit pris ses quartiers d'hyver à Gadamales de Medie, voyant que son armée étoit inférieure en nombre à celle de ses ennemis, se hâta de les surprendre. Ceux-ci avoient hyverné séparément les uns des autres : de sorte que quelques-uns de leurs camps étoient éloignés de six journées de quelques autres. Il ne jugea donc pas à propos de passer par la grande route, non seulement parce qu'elle étoit longue, mais encore parce qu'il la trouvoit trop exposée à la vûe de l'armée ennemie. L'autre chemin étoit désert & sans eau, & par-là très-pénible pour des soldats. Mais il étoit plus favorable pour sur-

XII.

prendre ses Adversaires ; non seulement parce qu'il étoit plus court ; mais encore parce qu'étant hors de la portée de leur vuë, il seroit plus aisé de tomber sur eux, quand ils seroient dispersés dans les bourgs ou dans les hameaux de leur voisinage. Aussi-tôt prenant sa résolution il annonça le départ à ses troupes, en les avertissant de se fournir pour dix jours de vivres qui n'eussent pas besoin d'être cuits. En même-tems faisant courir le bruit qu'il partoit pour l'Armenie, il tourna contre l'attente de ses propres soldats du côté du désert, un peu après le Solstice d'hyver. Il ordonna que dans la route on allumât du feu pendant le jour, mais qu'on l'éteignit soigneusement à l'entrée de la nuit, de peur que quelques-uns l'appercevant n'en avertissent les ennemis. Car il devoit traverser une plaine fort étenduë, mais qui étoit bordée au loin de grandes hauteurs, d'où il étoit aisé de voir la moindre lumiere. Cependant les soldats ayant fait une route pénible de cinq journées & de cinq nuits consécutives, se donnerent la liberté de tenir du feu allumé tant la nuit que le jour, soit à cause du froid, soit pour les autres befoins de la vie : ce qui ayant été apperçû par les habitans limitrophes du Défert, ils dépêcherent pour en porter l'avis à Eumenés & à Peuceftés des courriers montés fur des Dromadaires : car ces animaux font capables de faire quinze cens ftades, ou plus de foixante (*a*) lieuës d'une feule traite. Peuceftés apprenant que les ennemis occupoient le milieu de la plaine, jugeoit à propos de fe retirer jufqu'à l'extrêmité de fes quartiers d'hyver, de peur d'être enveloppé avant qu'on eut fait revenir tous fes foldats. Mais Eumenés s'appercevant de fa crainte, tacha de le raffurer, & lui ordonna de demeurer fur les bords du Defert ; ayant trouvé, difoit-il, un moyen de faire en forte qu'Antigonus arrivat trois ou quatre jours plus tard qu'il ne croyoit, auquel cas ils auroient eux-mêmes tout le tems néceffaire pour affembler leurs troupes ; d'où il y avoit lieu de préfumer, que celles de l'ennemi fatiguées & manquant de tout, tomberoient entre leurs mains.

Comme on étoit étonné de cette efpérance d'Eumenés, & qu'on cher-

(*a*) A 24. ftades pour une lieuë, 1500. ftades font 62. lieuës & demie.

choit comment il viendroit à bout de retarder la marche d'Antigonus, il ordonna à tous les chefs de le fuivre chacun à la tête de fa compagnie, dont chaque foldat auroit un pot à feu ; & choififfant un lieu élevé & qui dominoit fur la plaine que l'ennemi devoit traverfer, il défigna là un camp d'environ foixante & dix ftades de tour. Chacun des capitaines fe plaçant avec fa compagnie, feroit allumer des feux à la diftance de vingt coudées les uns des autres, & qui d'abord feroient très-grands, & donneroient l'idée de gens qui fe difpofent à faire enfemble un grand repas. A la feconde veille ces feux diminueroient comme pour finir totalement à la troifiéme ; ce qui feroit penfer aux ennemis, que c'étoit un quartier d'hyver pris à demeure. Ces ordres ayant été fidellement exécutés, quelques habitans des montagnes voifines attachés à Pithon Satrape de la Medie coururent lui en donner avis, auffibien qu'à Antigonus. Ces deux généraux, furpris de cette nouvelle, fufpendirent leur marche, pour prendre des mefures fur ce qu'on venoit de leur annoncer : car il n'étoit pas prudent d'exposer des soldats fatigués d'une longue route où ils avoient manqué des rafraichissemens les plus ordinaires, à une armée qui paroissoit être dans l'abondance & dans les festins. Ainsi jugeant qu'ils avoient été trahis, & que les ennemis informés de leur dessein, s'étoient assemblés pour s'y opposer, ils ne trouverent pas à propos de continuer leur route en droite ligne : mais se jettant sur la droite, ils ne songerent plus qu'à aller occuper les deux parties les plus habitables de cette Contrée, pour y soulager leurs troupes de tous les maux qu'elles avoient soufferts. Eumenés par cette ruse ayant non seulement retardé, mais encore arrêté la marche des ennemis, rassembla de tous les bourgs des environs ses soldats dispersés ; & ayant dressé un camp environné d'une forte palissade & d'un fossé profond, il y reçut les alliés qui lui venoient de divers endroits, & le remplit de toutes les provisions nécessaires pour l'entretien d'une grosse armée.

Mais Antigonus arrivé au lieu où il tendoit à l'extrémité du désert, apprit là qu'Eumenès avoit eu le tems de rassembler toutes ses forces, à l'exception néanmoins de ses Eléphans; qui sortis tard de leurs quartiers d'hyver pour le venir joindre, étoient actuellement en chemin, accompagnés seulement de leurs conducteurs. Sur cet avis Antigonus envoya à leur rencontre deux mille halebardiers à cheval, deux cens Tarentins & tout ce qu'il avoit d'Infanterie légérement armée. Il esperoit de se rendre maître de ces animaux, qui n'étoient acompagnés d'aucune garde militaire; & qu'ainsi il enleveroit aux ennemis une de leurs plus fortes défenses. Eumenès, instruit de ce projet, fit partir pour la garde de ses Eléphans quinze cents cavaliers d'élite, & trois mille hommes d'Infanterie légere. Les gens d'Antigonus ayant été apperçus les premiers par les conducteurs, ceux-ci formerent de ces animaux un quarré long, au milieu duquel ils mirent leur bagage, & par derriere environ quatre cents hommes de pied qui les suivoient (*a*). Mais comme le détachement d'Anti-

___

(*a*) Je prens ici la leçon de la marge, tirée d'un manuscrit: & qui distingue ces 400. hommes de pied qui suivoient déja les Eléphans, des cavaliers envoyés depuis par Eumenès.

gonus tomba fur eux avec violence; Toute cette garde accablée fut contrainte de reculer. Les conducteurs des Eléphans se soutinrent pendant quelques tems au milieu de tant de traits; quoique d'ailleurs ils ne fussent pas armés de maniere à pouvoir faire du tort aux ennemis. Ainsi ils alloient succomber, lorsque les cavaliers d'Eumenès arrivant sans être attendus, les tirerent de ce danger.

XIII.

685.

Peu de jours après les deux camps ennemis étant posés à quarante stades l'un de l'autre ; le deux armées se rangerent en bataille comme pour la décision finale de cette guerre. Antigonus ayant partagé sa cavalerie en deux corps, les plaça aux deux aîles de son armée. Il confia l'aîle gauche à Pithon, & la droite dans laquelle il vouloit lui-même combattre, à son fils Démetrius. L'Infanterie occupoit le milieu de l'intervalle, & bordoit ainsi par ses deux côtés la cavalerie. Les Eléphans étoient disposés de sorte que les soldats légerement armés, trouvoient leur place dans les intervalles que ces animaux laissoient entre eux. Cette armée étoit composée en tout de vingt-deux mille hommes de pied, de neuf mille hommes de cheval, en y comprenant ceux qu'on avoit tirés de la Medie, & de soixante cinq Eléphans. Eumenès ayant reconnu qu'Antigonus occupoit son aîle droite avec l'élite de sa cavalerie, pour s'opposer directement à lui, prit lui-même son aîle gauche à la tête de ses meilleures troupes. Il étoit escorté-là des principaux Satrapes de son parti, suivis eux-mêmes de leurs meilleurs cavaliers; & il se préparoit à leur donner l'exemple. Un de ces Satrapes étoit Mithridate, fils d'Ariobarsane, qui descendoit de l'un des sept Perses qui avoient tué le Mage Smerdis(a). Ce Mithridate étoit un homme d'un courage distingué, & qui avoit été formé à la guerre dès son enfance. Le front de cette aîle étoit garni de soixante Eléphans, posés en forme ovale, accompagnés de soldats armés à la légere, dans les intervalles qu'ils laissoient entre eux. A la tête de l'Infanterie étoient les Portes-boucliers, après lesquels venoient les Argyraspides, suivis des étran-

(a) C'est l'histoire qui est racontée dans le l. 1. d'Herodote, & dont Diodore avoit parlé dans les livres perdus entre le V. & le XI,

gers, armés d'ailleurs à la Macedonienne. Ces derniers avoient devant eux d'autres Eléphans entremêlés, comme les premiers, d'armés à la légere. A l'aîle droite étoit toute la cavalerie avec les Eléphans les moins forts; le tout commandé par Philippe (*a*). Eumenès avoit donné ordre à celui-ci d'éviter le combat, ou de ne s'y battre qu'en retraite, en obfervant de quel côté feroit l'avantage pour l'en avertir lui-même. En un mot toute l'armée d'Eumenès étoit alors compofée de trente fix mille sept cents hommes d'Infanterie, de fix mille cinquante cavaliers, & de cent quatorze Eléphans. Un peu avant le combat Antigene, Commandant des Argyrafpides, avoit envoyé un des cavaliers Macedoniens à la phalange des ennemis, avec ordre de s'en approcher jufqu'à la portée de fa voix. Celui-ci exécutant à la lettre fa commiffion, s'avança affez pour être aifément entendu : & adreffant la parole à tous fes compatriotes qui fervoient fous Antigonus; il leur dit en criant de toute fa force : Malheureux

_____

(*a*) C'eft apparemment celui qui eft nommé Satrape de la Parthie. l. 18. p. 618. de Rhod.

que vous êtes, vous allez vous battre contre vos Peres qui ont aidé aux conquêtes de Philippe & d'Alexandre, & qui vont bien-tôt vous faire sentir qu'ils étoient dignes de leurs succès & de leurs victoires. Et en effet les moins âgés qui se trouvassent alors parmi les Argyraspides avoient au moins soixante ans ; plusieurs d'entre eux en avoient soixante & dix, & davantage ; ils avoient tous autant de valeur que d'expérience, & les périls de toute espece d'où ils s'étoient tirés leur avoient fait acquérir autant d'adresse que de force. Un reproche si public, & en même tems si juste, excita dans l'armée d'Antigonus une longue suite de gémissemens, sur ce qu'il falloit se battre contre ses parens & ses anciens : au lieu que du côté d'Eumenès c'étoit une ardeur & une impatience générale d'être menés contre l'ennemi. Pour profiter de cette disposition des esprits, ce Général fit sonner de toutes parts les trompettes ausquelles son armée répondit par un cri universel, & par une impatience générale d'en venir aux mains. Les Eléphans commencerent le combat de part & d'autre ;

après quoi les cavaliers se joignirent. Comme le champ de bataille étoit d'une grande étendue, & couvert par-tout d'un sable fort sec, il s'éleva une poussiere si forte qu'à peine pouvoit-on se voir à la moindre distance les uns des autres. Antigonus profitant de cette circonstance, envoya des cavaliers Medes, accompagnés de quelques braves Tarentins, dans l'endroit où les ennemis tenoient leur bagage, espérant avec beaucoup d'apparence de l'enlever sans obstacle, & même sans qu'on les vit. Et en effet, ceux qui furent chargés de cette commission, rasant l'aîle des ennemis, tomberent sur les valets d'armée, posés à cinq stades ou environ du champ de bataille. Trouvant là une multitude de gens qui ne sçavoient pas se défendre, ils mirent bien-tôt à bas ceux qui firent quelques résistance ; & se rendirent maîtres & du bagage & de ses gardiens. Pendant ce tems-là, Antigonus qui à la tête de sa cavalerie avoit déja livré le combat, pressoit vivement Peucestès Satrape de Perse : celui-ci pour se tirer de la poussiere qui l'aveugloit, entraîna avec lui quinze cents cavaliers. Eumenès laissé ainsi presque seul dans son aîle, & ne voulant point subir la honte de la fuite, prit au contraire la généreuse résolution de tenir la parole qu'il avoit donnée aux Rois; & au péril de sa propre vie, il se lança le premier sur Antigonus. Il se forma là un vigoureux combat de cavalerie, où la valeur éprouvée des soldats d'Eumenès le disputoit au nombre très-supérieur de ceux d'Antigonus, & couta la vie de part & d'autre à un grand nombre de combattans. Il arriva même alors que les Eléphans s'étant attaqués réciproquement, le plus fort de ceux d'Eumenès se lançant contre le premier de ceux d'Antigonus, perdit la vie du coup même qu'il porta. Eumenès qui vit alors que la fortune ne le favorisoit d'aucun côté, & que les siens reculoient par-tout, tira de la bataille le reste de ses cavaliers, pour les joindre à l'autre aîle, commandée par Philippe, auquel il avoit donné ordre de se battre comme en retraite: telle fut la fin du combat de sa cavalerie. Du côté de l'Infanterie les Argyraspides s'étant extrêmement serrés tomberent avec une telle violence sur leurs adversaires, qu'ils en tuerent la plus grande partie avec l'épée & mirent tout le reste en fuite. Ces hommes s'étoient rendus si vigoureux par l'exercice continuel de la guerre, qu'attaquant de front toute la phalange ennemie, ils ne perdirent pas un seul d'entr'eux, en faisant périr de leur main plus de cinq mille des ennemis, & mettant en fuite un bien plus grand nombre.

Eumenès apprenant que son bagage étoit pillé, & que Peucestès, à la tête de son Infanterie n'étoit pas loin de lui, tenta de rassembler l'un & l'autre corps, & de fondre encore une fois sur Antigonus; espérant si cette attaque lui réussissoit, non-seulement de recouvrer son babage, mais d'enlever encore celui des en- ennemis; mais Peucestès au lieu d'entrer dans ce projet s'étant retiré au loin, Eumenès manqua absolument cette conjoncture. Alors Antigonus séparant sa cavalerie en deux corps, songeoit à tomber avec l'un sur Eumenès dont il observoit la marche, & donnant l'autre à Pithon, il le chargea de se jetter sur les Argyraspides, dénués alors du secours de leur cavalerie. A ce mouvement les Argyraspides qui s'en apperçurent se formerent en bataillon quarré, & se retirerent en sureté sur les bords du fleuve, en reprochant de loin à Peucestès le malheur qui étoit arrivé à leur cavalerie. Eumenès rendu auprès d'eux à la chute du jour, consulta avec eux sur le parti qui leur restoit à prendre dans cette conjoncture. Les Satrapes opinoient tous à retourner dans leurs gouvernemens, mais Eumenès soutint qu'il falloit encore tenter le combat sur ce que la phalange des ennemis étoit ruinée, & que la cavalerie étoit encore de part & d'autre sur le même pié. Les Macedoniens s'opposerent à cet avis, sur ce qu'ils avoient perdu tout leur bagage, & que leurs femmes, leurs enfans & la plus grande partie de leur famille demeureroient entre les mains des ennemis. La dessus il se séparerent sans avoir rien conclu sur le fond d'une question si importante. Mais peu de tems après les Macedoniens ayant traité secretement avec Antigonus, lui livrerent Eumenès saisi comme un prisonnier, & recouvrant à ce prix tout ce qui leur appartenoit, ils s'engagerent à l'ennemi &

LIVRE XIX.

furent incorporés dans ses troupes. Sur cet exemple, la plûpart des Satrapes & des autres principaux chefs sacrifierent leur Général à leur sureté & à leur tranquillité particuliere. Antigonus, par un revers si singulier, devenu maître de toute une armée ennemie, fit saisir Antigene chef des Argyraspides, & le condamna à être brûlé sur un bucher (a), il fit perir ensuite Eudamus qui avoit amené lui-même les Eléphans des Indes, Celbanus & quelques autres qui le hayssoient depuis long-tems. Mais il fit enfermer Eumenès dans une prison, jusqu'à ce qu'il eut décidé en lui-même ce qu'il en feroit. Il auroit bien voulu s'en faire un ami fidelle, & qui entrat dans ses intentions : mais il n'auroit pu se fier à ses promesses par l'attachement qu'il lui connoissoit pour Olympias & pour les Rois ; d'autant plus que l'ayant lui-même tiré de la citadelle de Nora (a), il n'avoit

---

(a) C'est ainsi que l'ancien traducteur Latin. *Quidam Gallus*, imprimé à Basle par les soins de Castalian, traduit κατατιθέμενος εἰς σειρόν. Lignorum strui impositum. Rhodoman dit : enfermé dans un coffre ; ou eercueil, en lisant dans le Grec κατατιθέμενοι εἰς σορον au lieu de σειρον. V. sa note sur cet endroit

(a) Il s'agit apparemment ici d'un entretien qu'Antigonus a eu avec Eumenès : au l. 18. p. 620. de Rhod.

pas laissé de retourner à son premier parti. Voyant d'ailleurs les Macedoniens actuellement très-irrités contre Eumenès, il le fit mourir. Cependant se ressouvenant de l'ancienne amitié qui avoit été entre eux, il fit brûler son corps en cérémonie, & envoya ses cendres dans une urne à sa famille. On lui avoit amené aussi l'historien Jerome (*a*) de Cardie trouvé parmi les blessés & fait prisonner, il avoit toujours été en très-grande considération auprès d'Eumenès ; & après la mort de ce premier protecteur, il trouva la même bien-veillance dans Antigonus.

XIV. Le vainqueur ramena ensuite toute son armée dans la Medie, & prit son quartier d'hyver dans un village voisin d'Ecbatane, capitale de la province, & où les Rois avoient un Palais : mais il distribua ses troupes dans toute la Satrapie, & sur-tout dans un gouvernement principal appellé Raguez (*b*), & qui tiroit ce nom des calamités qu'on y avoit essuyées. Les villes les plus florissantes de ce canton

---

(*a*) Voyez ci-dessus p. 621. de Rhod.
(*b*) Si ce nom étoit Grec, il pourroit venir de Ῥαγίς *ruptum, fractum.*

avoient

& qui étoient en grand nombre, avoient éprouvé des tremblemens de terre si furieux, que quelques-unes d'entr'elles avoient totalement disparu: des champs tout entiers avoient été transportés ailleurs, & au lieu des fleuves qui y couloient, & des étangs que l'on connoissoit dans la campagne, on y vit des fleuves d'un autre cours, & des marais en d'autres places. Il arriva de même en l'Isle de Rhodes un troisieme déluge, qui y fit périr un grand nombre de citoyens. Le premier avoit emporté peu de gens, parce que la ville étoit alors nouvellement bâtie, & qu'elle fournissoit un grand terrain pour se sauver. Le second qui avoit été plus considérable, avoit fait périr aussi plus de monde. Mais le troisiéme qui arriva à l'entrée du printems, fut causé par des pluyes subites & redoublées, accompagnées d'une grêle énorme. Les grains en étoient de la grosseur & du poids d'une mine ou de cent dragmes & davantage; de telle sorte qu'ils tuoient les hommes & abbatoient les maisons même. Comme Rhodes étoit bâtie en forme de théatre, les eaux remplirent bien-tôt toute la partie basse de la ville ; d'autant plus que l'hyver étant passé, on ne s'étoit pas pressé pour la réparation des canaux qui devoient porter les eaux hors de l'enceinte des murs. Ainsi la place d'entrée qu'on appelloit le Deigma & celle du temple de Bacchus furent bien-tôt inabordables ; & l'eau gagnant peu à peu jusqu'au temple d'Esculape, jetta tous les citoyens dans la terreur, & leur fit craindre une submersion totale & prochaine. Les uns se sauverent sur des barques, & les autres prirent pour azyle le théatre posé dans un lieu fort élevé. D'autres enfin montoient déja sur des autels ou sur des piés d'estaux de statues. Dans cette frayeur universelle un évenement imprévu remit un grand calme dans les esprits. Une longue muraille qui soutenoit une prodigieuse quantité d'eau vint à se renverser tout d'un coup, & la laissa écouler dans la mer. Sur quoi chacun retourna tranquillement dans sa maison ou à ses affaires. Ce fut un grand bonheur pour les citoyens que cette crue effroyable d'eau fut arrivée pendant le jour, d'autant que plusieurs d'entre eux l'ayant vu venir, eurent le tems de se retirer sur les lieux les plus élevés de leur ville. Ce fut encore un avantage pour eux que leurs maisons fussent couvertes de larges pierres de taille, & non de briques étroites jointes les unes aux autres, que la foule de ceux qui seroient montés dessus auroit bientôt fait enfoncer. Cependant malgré la faveur de ces circonstances particulieres, cette surprise emporta plus de cinq cens personnes : plusieurs maisons tomberent à bas, ou furent considérablement ébranlées. C'est où se termina ce fleau de la ville de Rhodes.

XV.

Pendant les quartiers d'hyver qu'Antigonus avoit pris dans la Medie, il fut averti que Pithon avoit tenté par des offres & par des dons actuels plusieurs soldats de son département, pour les faire entrer dans ses vûes particulieres. Antigonus cachant les mesures qu'il vouloit prendre sur cet avis, fit semblant de n'y ajouter aucune foi : il en querella même les Auteurs, & déclara qu'il laisseroit Pithon commandant des Satrapies supérieures, avec des troupes suffisantes pour les défendre. Il l'invita de plus par une lettre de sa main, à venir le trouver au plûtôt pour conférer ensemble &

690.

pour s'embarquer ensuite. Le dessein d'Antigonus par toute cette conduite étoit de mettre Pithon hors de toute défiance, & de l'engager à sortir de sa Satrapie, qui étoit son fort, & à venir se livrer entre ses mains ; d'autant qu'il n'étoit pas sûr d'attaquer à force ouverte un homme dont Alexandre lui-même avoit estimé la valeur, actuellement maître de toute la milice de la Medie, & d'une grande considération dans les troupes. Python passoit alors son quartier d'hyver aux extrêmités de sa province, & il avoit engagé un grand nombre des siens dans le projet de sa révolte. Cependant gagné par plusieurs de ses gens qui secondoient les vûes d'Antigonus, il eut l'imprudence de venir se livrer entre ses mains. Celui-ci maître de sa personne lui fit faire son procès en plein conseil de guerre, & le fit mourir en conséquence de sa condamnation. Après quoi en présence de toute l'armée, il nomma Satrape de la Medie, Orontobate Mede lui-même, & pour commandant de l'infanterie Hippostrate qui avoit amené trois mille cinq cens fantassins étrangers. Pour lui à la tête de ses troupes il marcha vers

Ecbatane, où s'étant pourvû de cinq mille talens d'argent en masse & non monnoyé, il vint en Perse, & employa vingt jours de marche pour arriver jusques à la capitale du Royaume appellée Persepolis.

Pendant cette route d'Antigonus les amis de Pithon, dont les chefs étoient Meleagre & Menon, trouverent moyen de rassembler jusqu'à huit cens cavaliers qui avoient servi ci-devant sous Pithon & sous Eumenés. Ils pillerent d'abord les terres de tous les Medes qui ne voulurent pas entrer dans leur ligue. S'étant fait informer ensuite du lieu où Orontobate & Hippostrate avoient pris leur camp, ils l'assiégerent pendant la nuit. Il s'en fallut peu qu'ils ne l'emportassent de surprise: mais répoussés par le nombre, & n'ayant pû expliquer leur intention qu'à quelques-uns de leurs Adversaires qu'ils attirerent à leur parti, ils furent contraints de se retirer. Cependant comme ils étoient tous des gens fort alertes & bien montés, ils firent des incursions dans tout le pays, & y jetterent une grande consternation. Ayant été néanmoins enfermés dans la suite en un lieu entouré de précipices, on y tua la plûpart d'entr'eux, & le reste fut pris en vie. Leurs chefs Meleagre, Cranés de Medie & quelques autres des plus considérables, y périrent. Telle fut la fin des révoltés de la Medie.

Dès qu'Antigonus fut arrivé en Perse, il reçut dans tout le pays les mêmes honneurs que l'on rend aux Rois, comme étant désormais le véritable souverain de l'Asie. Là assemblant ses amis, il fit avec eux la distribution des Satrapies. Il laissa la Carmanie à Tlepoleme, & la Bactriane à Stasanor. Car il eût été difficile de déposseder par un rescrit des hommes qui s'étoient fait aimer dans leurs provinces, & qui avoient des Commandans & des soldats affectionnés à leur service. Il envoya dans l'Arie Evitus qui y mourut bientôt après, & auquel il donna pour successeur Evagoras homme d'une intelligence & d'une valeur distinguée. Il laissa aussi aux Paropamisades leur Satrape Oxyartés pere de Roxane, qu'il n'auroit pû déplacer qu'avec bien des forces & au bout d'un long-tems. Il fit venir Sibyritus de l'Arachosie, & lui confirma la Satrapie ou le gouvernement de cette province, dont il auroit eu aussi de la peine à l'exclurre. Mais il lui recommanda les Argyraspides, en apparence comme d'excellens hommes à employer à la guerre, & en secret comme des mutins dont il seroit bien aise qu'il le défît, en les exposant aux occasions les plus périlleuses qui pourroient s'offrir. Entre ces derniers se trouvoient ceux qui lui avoient livré Eumenés, & qui par-là subirent la juste punition de leur perfidie : C'est ainsi que les actions lâches faites par complaisance pour les grands & pour les puissans tournent au malheur & au châtiment des petits qui ont eu la bassesse de les commettre. Le même Antigonus sachant que Peucestés étoit extrêmement considéré dans toute la Perse, lui en enleva d'abord la Satrapie : Mais voyant que tous ses habitans étoient indignés de cette injustice ; & surtout qu'un des principaux nommé Thespias, disoit hautement qu'aucun Perse ne voudroit reconnoître le Satrape que l'on mettroit à la place de Peucestés, Antigonus fit mourir Thespias; & nomma aussi-tôt pour successeur de Peucestés Asclepiodore, auquel il donna une espece de garde pour la défense de sa personne. Il se contenta de flatter Peucestés de quelque autre espérance, sous l'ombre de laquelle il le fit sortir de la province. Quelque tems après, Antigonus s'étant mis en route du côté de Suse, Xenophile garde du trésor de cette ville, & que Seleucus envoyoit au-devant de lui pour recevoir ses ordres, le rencontra sur le fleuve Pasitigris : Antigonus ne manqua pas de lui faire toutes sortes de caresses, de peur qu'il ne s'opposât à sa marche. Mais s'emparant à son arrivée de la Citadelle de Suse, il en emporta une forme de vigne d'or, & plusieurs autres figures en relief dont le poids montoit à quinze cens talens, sans parler d'un grand nombre d'autres présens, ou d'autres dépouilles de même prix enlevées en d'autres endroits de la Medie : ce qui augmenta de mille autres talens sa premiere acquisition. Voilà où nous en demeurons actuellement au sujet d'Antigonus, & laissant là pour quelque tems les affaires de l'Asie, nous allons reprendre celles de l'Europe au point où nous les avions laissées (*a*).

(*a*) Ci-dessus p. 681. | 682. de Rhod.

Caſſander qui avoit réduit Olympias à ſe renfermer dans Pydne de Macedoine, ne pouvoit continuer pendant l'hyver les attaques de cette place. Mais il vint à bout d'en former ſi parfaitement l'enceinte, tant par ſes derrieres d'un côté à l'autre de la mer qu'en face du port, qu'il la rendit inacceſſible à toute eſpece de ſecours. (*a*) Par-là elle tomba bientôt dans une indigence univerſelle ; on en vint au point de ne pouvoir donner à chaque ſoldat que cinq choenix (*b*) de blez par mois. On ne nourriſſoit les elephans que de ſciures de bois, & les hommes en étoient venus à tuer les chevaux & les bêtes de charge pour leur nourriture. Dans cette calamité pendant laquelle Olympias ne laiſſoit pas de ſe flatter encore de quelques eſpérances étrangeres, tous les elephans périrent de faim. Les cavaliers volontaires auſquels on ne faiſoit aucune diſtribution de vivres, ſuccomberent les premiers à cette diſette, & les Soudoyez ne ſubſiſterent guére

XVI.

(*a*) Pydne étoit ſituée ſur le Golphe Thermaique, en la côté Occidentale de la mer Ægée.

(*b*) Nous avons dit un mot du Chœnix ſur le L. 13. p. 250. l. 3. p. 362. de cette traduction.

A v

plus long-tems. Quelques soldats barbares surmontés par le besoin, mangerent les premiers de la chair humaine prise des corps morts. Toute la ville s'étant bientôt remplie de cadavres, les gardes du palais enterroient les uns, & jettoient les autres par-dessus les remparts dans le fossé. Le spectacle & la puanteur devenoient de plus en plus insoutenables, non seulement aux personnes de la cour élevées dans la magnificence & dans le luxe, mais aux soldats mêmes nourris dans le sang & dans la fange. Au printemps suivant, l'indigence ayant toujours augmenté jusqu'alors, plusieurs d'entr'eux s'assemblerent pour inviter Olympias à leur donner leur congé, puisqu'elle ne pouvoit plus les entretenir. La Reine très-persuadée de cette impossibilité, & sentant les entraves où on la tenoit elle-même, leur accorda leur demande. Cassander ayant reçû favorablement tous ces transfuges, les distribua dans les villes de son parti ; comptant bien que les Macedoniens habitans de toutes ces villes, apprenant par eux l'état déplorable où elle se trouvoit, abandonneroient sa cause. Il ne se trompa point dans sa conjecture : car le plus grand nombre de ceux qui songeoient encore à envoyer du secours à la Reine, jugeant par cette défertion du mauvais état de ses affaires, l'abandonnerent à sa fortune; & se tournerent du côté de Caſſander. Les deux seuls hommes de la Macedoine qui fuſſent demeurés fidelles à cette malheureuse Reine, furent Ariſtonoüs & Monimus, dont le premier étoit gouverneur d'Amphipolis, & le second de Pella. Olympias inſtruite de l'état préſent des choses, & jugeant le peu d'amis qui lui reſtoient incapables de la défendre, fit préparer pour ſa retraite un vaiſſeau à cinq rangs de rames, où elle s'embarqueroit avec eux : mais un déſerteur ayant porté cette nouvelle aux ennemis, Caſſander vint lui-même s'emparer de ce vaiſſeau : de ſorte qu'Olympias hors de toute reſſource, ſe vit contrainte de s'adreſſer elle-même à Caſſander, & en ſe livrant abſolument à lui, elle eut encore bien de la peine à obtenir la ſûreté de ſa vie.

Caſſander devenu ainſi maître de Pydne envoya des troupes pour ſe ſaiſir de même de Pella & d'Amphipolis. Monimus qui gardoit Pella, ſachant ce qui venoit d'arriver à Olympias, livra sa ville sans hésiter. Aristonoüs avoit d'abord eu la pensée de défendre la sienne, se voyant un corps de troupes, & ayant eu des succès à la guerre : car peu de tems auparavant il avoit rencontré Cratevas un des commandans de l'armée de Cassander, & lui avoit tué un assez grand nombre de soldats, après quoi se mettant à la poursuite de Cratevas lui-même qui étoit passé pour plus grande sûreté de la ville de Bisalte à celle de Bedys, il l'assiégea & le prit dans ce dernier fort; & après lui avoir enlevé ses armes, il l'avoit renvoyé sur sa parole & sur son serment. Aristonoüs flaté de ces avantages, croyant Eumenés encore vivant, & comptant sur la faveur & sur la protection d'Alexandre & de Polysperchon, refusa hautement à Cassander de lui remettre Amphipolis. Mais Olympias lui ayant rendu elle-même le serment qu'elle avoit tiré de lui, il céda cette ville au vainqueur en recevant des gages pour sa propre sûreté : Cassander se souvenant dans la suite de la haute estime où Aristonoüs avoit été auprès d'Alexandre, & voulant couper la racine à toute nouveauté con-

LIVRE XIX.

traire à ses prétentions, fit d'abord périr Aristonoüs par les mains des parens de Cratevas : après quoi dans une assemblée de Macedoniens, il suscita contre la Reine tous les parens de ceux ausquels elle avoit fait ôter la vie. Cette accusation ayant été portée contre elle en son absence, & sans que personne entreprit son Apologie, les Macedoniens la condamnerent à la mort. Alors Cassander lui dépêcha quelques-uns de ses amis pour lui conseiller de se retirer paisiblement, en lui offrant même un vaisseau qui la porteroit en toute sûreté à Athenes. Le salut de cette Reine n'étoit pourtant pas l'objet de Cassander : au contraire il se flattoit que ravie de s'embarquer, & périssant dans le trajet, sa mort donneroit l'idée d'une punition divine : car il craignoit au fond pour lui-même, & la dignité d'Olympias, & le repentir des Macedoniens.

En effet Olympias rejetta la proposition de sa retraite, & dit au contraire qu'elle étoit prête à se justifier devant les Macedoniens. Cassander qui redoutoit cette Apologie, & le poids que lui donneroit dans l'esprit de toute la nation la mémoire d'Alexandre & de Philippe, envoya deux cens de ses soldats les plus résolus, avec l'ordre de l'expédier dans un instant. Ces assassins néanmoins frappés de respect à la vûe d'Olympias, reculerent d'abord sans avoir osé rien entreprendre. Mais les parens de ceux que l'on avoit fait mourir par ses ordres; soit par un esprit de vengeance, soit pour gagner les bonnes graces de Cassander, égorgerent la Reine qui ne fit aucune priere, & ne prononça même aucune parole indigne de son rang. C'est ainsi que mourut Olympias, femme respectable par elle-même, fille de Neoptoleme Roi d'Epire, sœur du Roi Alexandre (*a*) qui avoit porté la guerre en Italie, femme de Philippe de Macedoine qui avoit surpassé en puissance & en réputation tous les Rois ses prédécesseurs, & mere enfin d'Alexandre, celui de tous les Rois du monde qui a fait un plus grand nombre de grandes choses. La fortune ayant porté jusques-là les succès de Cassander, fit naître dans son ame l'espérance de monter sur le thrône de Macedoine: ce fut même dans cette vûe qu'il épousa Thessalonique fille de

(*a*) On trouve dans T. Live. L. 8. ch. 24. qu'il y fut tué par un soldat de la Lucanie.

Philippe, & sœur de pere d'Alexandre pour se donner une apparence de droit héreditaire à cette couronne. Il fit bâtir auprès de Pallene (*a*) une ville qu'il nomma Cassandrie de son nom, dans laquelle il fit passer les habitans de plusieurs villes de cette Chersonese ou langue de terre, & surtout ceux de Potidée, & un grand nombre d'Olynthiens (*b*) reste de la guerre que Philippe leur avoit faite. Cassander attribua aux habitans de sa ville une grande étenduë d'excellentes terres, ce qui contribua beaucoup à l'accroissement de leurs richesses, & rendit bien-tôt Cassandrie une des villes les plus considérables de la Macedoine. Il lui avoit bien passé par l'esprit de se défaire du jeune Alexandre & de sa mere Roxane pour faire vaquer la succession naturelle de la couronne. Mais voulant sonder auparavant ce qu'on penseroit dans le public de la mort d'Olympias, & ne sachant pas bien

(*a*) Correction de Rhodoman, au lieu de Pellene qui est dans le grec.

(*b*) L'Auteur a parlé des Olynthiens au L. 15. p. 341 de Rhod. où il s'agit de leur querelle avec le Roi Amyntas, au L. 16 p. 413. du même, où leur alliance est un objet d'émulation entre Philippe & les Atheniens, & enfin p. 450. où le Roy Philippe prend Olynthe par trahison.

encore en quelle situation étoit la fortune d'Antigonus, il se contenta pour lors de faire enfermer Roxane & son fils dans la citadelle d'Amphipolis, sous la garde de Glaucias, un de ses Ministres les plus dévoués. Il fit ôter à ses prisonniers tous les officiers attachés à leur personne, comme pour écarter d'eux tout indice de royauté, & leur laisser toute l'apparence de personnes privées. Prenant lui-même ensuite des airs de Roi, il eut soin de faire ensevelir à Aeques de Macedoine Eurydice (a) & Philippe son époux, aussi-bien qu'un nommé Cinna qu'Alcetas avoit tué ; en accompagnant cette cérémonie de jeux funebres, comme on le pratique à l'égard des Rois. Se disposant ensuite à une expédition dans le Peloponnese, il y fit inscrire les plus braves des Macedoniens.

XVII. Pendant qu'il s'occupoit de toutes ces choses, Polysperchon toujours assiégé dans Naxe de Perrhæbie (b), apprenant la fin malheureuse d'Olym-

(a) On a parlé d'Eurydice femme de Philippe Arridée, au L. 18. p. 618. de Rhod. & sa mort a été racontée ci-dessus p. 660. du même. Pour Cinna, je ne me souviens pas qu'il ait encore été nommé.

(b) Ci-dessus, p. 680. de Rhod.

pias, & jugeant que les affaires de la Macedoine étoient perduës, s'échapa avec un petit nombre des siens, de la ville où il étoit enfermé; & sortant de la Thessalie même, il vint accompagné d'Æacidas (*a*) jusque dans l'Ætolie, d'où il comptoit d'observer tranquillement le cours que prendroient les choses ; car il étoit aimé dans cette nation. Mais Cassander sortant en armes de la Macedoine, vouloit d'abord chasser du Peloponnese Alexandre fils de Polysperchon. Car celui-ci resté seul en état de lui resister, s'étoit emparé de quelques villes & de quelques places fortes : Cassander traversa d'abord la Thessalie sans aucune opposition; mais trouvant à Pyles les passages défendus par les Ætoliens, ce ne fut pas sans peine que les ayant forcés, il arriva enfin dans la Bœotie. Là rappellant de tous les côtés ce qui restoit encore de Thebains, il entreprit de rebâtir Thebes, jugeant qu'il avoit la plus belle occasion du monde d'assurer sa propre gloire, en tirant de ses ruines une ville fameuse par les exploits

696.

(*a*) Æacidas Roi d'Epire, pere de Pyrrhus, jusques auquel ce qui nous reste de l'histoire de Diodore ne va pas.

de ses citoyens; & par les fables même de son origine. Cette ville avoit essuyé des révolutions terribles dont elle s'étoit heureusement rélevée, & on sera peut-être bien aise d'en trouver ici une rélation abregée.

Cadmus qui la fonda au sortir du déluge de Deucalion, lui donna le nom de Cadmée, & la remplit d'un peuple que quelques-uns appelloient Spartan (a), comme réuni & rassemblé de plusieurs endroits; & que d'autres nommerent Thebagene, parce qu'il avoit été chassé par le même déluge d'une ville déja nommée Thebes. Ceux qui y revinrent après la cessation de ce fleau en furent dépossedés par un peuple de l'*Illyrie*, nommé les Enchelenses, ce qui donna lieu à Cadmus de se retirer lui-même chez les vrais Illyriens. Dans la suite Amphion (b) & Zethus s'étant mis en possession du territoire de cette même ville ruinée par les eaux, y bâtirent la premiere qui méritât veritablement le nom de ville.

(a) Du verbe grec σπείρω, ἔσπαρκα, semino, je seme.

(b) Tous deux fils de Jupiter & d'Antiope, quoique quelques-uns fassent Amphion fils de Mercure. Antiope étoit femme de Lycus Roi des Thebains.

C'est ce que le poëte Homere (a) fait entendre lorsqu'il les appelle

Les premiers fondateurs de la ville à sept portes.

Les nouveaux habitans en furent pourtant encore mis dehors par Polydore fils de Cadmus, qui profita pour rentrer dans la succession de son pere, de l'infortune où tomba Amphion par la perte de tous ses enfans (b). Dans la suite de la posterité de Cadmus, toute la province ayant déja pris le nom de Bœotie, de Bœotus fils de Neptune & de Melanippe, & souverain de tout les pays; les Thebains succomberent pour la troisiéme fois sous les Epigones, ou fils des sept chefs Argiens qui emporterent la ville d'assaut. Les Citoyens qui échaperent à ce désastre se refugierent les uns à Alalcomene, & les autres sur le mont Tilphose. Mais d'abord après la retraite des Argiens, ils revinrent dans leur patrie. Depuis, & au tems de la guerre de Troye, la plûpart des Thebains étant passez avec les autres Grecs en Asie, ceux qui resterent dans la ville & même

(a) Odyssée XI. vers 262.
(b) Ils furent tous tués par Apollon & par Diane. Pausan. Corinht. 2. p. 160. édition de Khunius.

dans toute la Bœotie, furent chassés par les Pelasgiens(*a*), & de la ville & de la province ; & après avoir essuyé différentes calamités, ce ne fut qu'à la quatriéme génération, que suivant un augure tiré du vol des corbeaux, ils revinrent dans la Bœotie, & rentrerent dans la ville même de Thebes. Depuis ce tems-là cette ville subsista près de huit cens ans, & ses citoyens étoient parvenus à tenir le premier rang entre toutes les nations voisines ; ce fut enfin dans le tems même qu'elle prétendoit avoir le commandement militaire dans les guerres générales de la Grece, qu'Alexandre fils de Philippe la renversa (*b*) de fond en comble. Ce fut donc vingt ans après cette destruction que Cassander voulant se faire un nom, persuada à ce qui restoit de Thebains de revenir dans la ville qu'il rétablissoit pour eux. Plusieurs autres villes grecques prirent part à ce rétablissement, soit par compassion pour ces fugitifs, soit par considéra-

697.

(*a*) On trouve la Pelasgiotide dans la Macedoine. Mais les géographes varient beaucoup sur les Pelasgiens, & en mettent dans le Peloponnese & même dans l'Italie.

(*a*) C'est l'évenement raconté au 17. L. p. 496. & 497. de Rhod.

tion pour leur gloire précédente. Les Atheniens, par exemple, releverent à leurs frais la plus grande partie de leurs murailles; d'autres y firent bâtir des maisons, d'autres enfin leur firent tenir des sommes d'argent pour leurs besoins; & il leur en vint non-seulement de la Grece; mais encore de la Sicile & de l'Italie. C'est ainsi que les Thebains recouvrerent leur patrie.

Cassander ayant entrepris ensuite d'entrer à main armée dans le Peloponnese, & trouvant l'Isthme défendu par Alexandre, fils de Polysperchon, tourna du côté de Megare, d'où il fit équiper des Barques propres à transporter à Epidaure ses Eléphans, & accompagné d'autres vaisseaux chargés de ses troupes. Passant de là à Argos, il obligea les habitans de cette ville d'abandonner l'alliance qu'elle avoit faite avec Alexandre, pour entrer dans son parti. Il en fit de même à l'égard de toutes les villes de la Messenie, à l'exception d'Ythome seule, & il prit Hermionide par composition. Enfin lorsqu'Alexandre cherchoit à en venir avec lui à un combat reglé, il laissa dans Geranie (*a*) auprès de l'Isthme deux mille hommes sous le commandement de Molycus, & s'en revint en Macedoine.

Praxibule étant Archonte d'Athenes, les Romains eurent pour Consuls Sp. Nautius, & M. Popilius. Antigonus laissant pour Gouverneur de la Susiane Aspisas, originaire du pays même, entreprit de transporter plus près de la mer ce qu'il avoit d'or & d'argent, & se pourvut à ce dessein d'un grand nombre de chariots & de Chameaux, avec lesquels ils se mit en marche à la tête de son armée du côté de Babylone. Seleucus Satrape de la Babylonie, alla au-devant de lui accompagné de présens magnifiques, & fit un festin à toute son armée. Antigonus lui ayant ensuite demandé compte de ses revenus, il répondit qu'il n'étoit comptable à personne d'un bien que les Macedoniens lui avoient donné en récompense des services qu'il leur avoit rendus, du vivant même d'Alexandre. Cette dispute s'aigrissant de jour en jour, Se-

---

(*a*) C'est une correction de Palmerius sur le texte qui dit l'Isthme de Geranie lequel selon lui n'a jamais existé.

leucus se rappelloit ce qui étoit arrivé à Pithon (*a*), & craignoit beaucoup qu'Antigonus ne cherchat quelque prétexte ou quelque occasion de lui ôter la vie, bien persuadé qu'il ne tendoit qu'à se défaire de tous les hommes de quelque distinction, & en état de lui disputer quelque chose. Là-dessus il prit ses mesures pour se retirer incessamment avec une cinquantaine de cavaliers en Egypte, auprès de Ptolemée, célebré par-tout à cause de sa générosité & de l'accueil favorable qu'il faisoit à tous ceux qui se réfugioient auprès de lui. Antigonus fut ravi d'apprendre cette résolution de Seleucus, & il se trouvoit très-heureux d'être délivré de lui, sans être obligé d'employer des voies de fait à l'égard d'un homme qui avoit été son ami (*b*), & qui lui rendoit aujourd'hui sa Satrapie volontairement & sans combat. Cependant quelques Chaldæens étant venus dire à Antigonus que s'il laissoit échapper Seleucus de ses mains, toute l'Asie passeroit au pouvoir de celui-ci,

(*a*) Ci-dessus p. 620. de Rhod.
(*b*) Il est dit p. 666. de Rhod. qu'Antigonus avoit donné lui-même à Seleucus la Satrapie de Suse.

& qu'Antigonus lui-même perdroit la vie dans une bataille qui se donneroit à cette occasion; il fit courir après Seleucus des gens qui l'ayant poursuivi pendant quelque tems s'en revinrent sans avoir pu le prendre. Antigonus qui en d'autres circonstances, avoit marqué un très-grand mépris pour ces sortes de prédictions, fut extrêmement frappé de celle-ci, & conçut en ce moment un profond respect pour ces Devins que l'on vante en effet d'une grande connoissance du mouvement des corps célestes, & de leur influence sur les fortunes humaines. Ils prouvent par les dattes de plusieurs milliers d'années, l'ancienneté du tems où leurs ancêtres se sont consacrés à cette étude. Ils paroissent du moins avoir prédit à Alexandre que s'il entroit dans Babilone, il y mourroit; & ils ne rencontrerent pas moins juste dans celle qu'ils avoient faite à Seleucus (*a*), qui mourut en effet dans le tems qu'ils le lui avoient annoncé; comme nous le raconterons en détail, quand le cours de notre histoire nous y aura fait arriver.

(*a*) La mort de Seleucus ne se trouvoit que dans les livres perdus après le 20.

Ce Général s'étant donc refugié en Egypte, y trouva tous les agrémens d'une hospitalité favorable de la part de Ptolemée, ausquels il exposa tous les sujets qu'il avoit de se plaindre d'Antigonus. Il ajouta qu'il traitoit avec la même indignité tous les Capitaines qui avoient servi sous Alexandre, ausquels il enlevoit leurs Satrapies. C'est ainsi qu'il en avoit usé avec Peucestès qu'il avoit chassé de la Perse (*a*), & avec Pithon (*b*), auquel il avoit ôté la vie; il ne se donna lui-même qu'en troisiéme exemple d'une semblable persécution, d'autant plus injuste, que bien loin d'être tombés les uns ni les autres dans aucune prévarication, ils avoient tous rendu des services considérables à leur propre persécuteur. Il lui fit ensuite un détail des trésors & des forces de cet ennemi commun, aussi bien que de ses derniers succès, qui le rendoient assez vain, & peut-être assez puissant pour prétendre à la succession entiere de l'Empire d'Alexandre. Ayant déterminé par de semblables discours Pto-

---

(*a*) Page 690. du même, ci-dessus. | (*b*) Page. 691. de Rhod.

lemée à une guerre sérieuse contre Antigonus; il envoya aussi en Europe quelques amis chargés de faire entrer dans les mêmes vues Cassander & Lysimachus (a): ce qui en effet commença à jetter les semences de grandes divisions & de grandes guerres.

Antigonus qui pénétra aisément les vues & les intrigues de Seleucus, envoya incessamment des Ambassadeurs à Ptolemée, à Cassander & à Lysimachus; pour les inviter à lui conserver leur ancienne amitié: & nommant aussitôt Pithon (b), qui revenoit des Indes, Satrape de Babylone; il se mit en marche à la tête d'une armée du côté de la Cilicie. Etant arrivé à Malos, ville de cette province, il y distribua son armée en quartiers d'hyver, au coucher de l'Orion (c). Il avoit pris à Quin-

(a) On avoit donné à Lysimacus le commandement de la Thrace, dont Seuthas étoit Roi, liv. 18. p. 587. de Rhod. Combat indécis entre lui & ce même Roi p. 597. de Rhod.

(b) Quand il se couche avec le soleil. Le beau tems d'une étoile est son lever Achronique, ou son opposition au soleil couchant.

(c) Il y a eu deux Pithons nommés tous deux en la p. 618. de Rhod, l'un tuteur des Rois avec Arridée. liv. 18. & tué ci dessus p. 690. de Rhod. & l'autre surnommé fils d'Agenot. C'est ce dernier dont il s'agit actuellement.

des de Capadoce dix mille talens, & il en avoit touché onze mille de ses revenus annuels : de sorte qu'il n'étoit pas moins formidable par ses trésors que par ses troupes. Antigonus s'avançoit donc vers la haute Syrie, lorsqu'il lui vint des Ambassadeurs de la part de Ptolemée, de *Lysimachus* & de Cassander : ayant été admis dans le conseil, ils demanderent la Lycie pour Cassander, la Phrygie sur l'Hellespont pour Lysimachus, la Syrie entiere pour Ptolemée, & la Babylonie pour Seleucus. Outre cela, ils proposerent comme une chose convenable un partage égal entre eux des dépouilles qu'Antigonus avoit recueillies de la défaite d'Eumenès, puisqu'ils avoient tous contribué à cette guerre & à la chute de cet ennemi : si-non qu'ils se réuniroient tous contre lui-même. Antigonus s'irrita d'un pareil discours, & répondit qu'il étoit actuellement prêt à marcher contre Ptolemée : ce qui renvoya les Ambassadeurs, comme ils devoient s'y attendre. Là-dessus Ptolemée, Lysimachus & Cassander formant une ligue entre eux, assemblèrent des troupes, & se pourvurent d'armes

& de toutes les munitions nécessaires pour une guerre sérieuse. Antigonus de son côté qui voyoit se réunir contre lui un assez grand nombre de Capitaines illustres, chercha à joindre à son parti des nations, des villes, & sur-tout des puissances considérables. Dans cette vue il s'adresse d'abord à Agesilas Roi de Chypre, à Idomenée & à Maschion Princes de Rhodes. Il envoye en Cappadoce avec une armée le Capitaine Ptolemée, fils de son frere, pour faire lever le siége d'Amisus, & chasser de cette province tout ce qui y étoit de la part de Cassander. Il le chargea de plus de croiser sur l'Hellespont pour arrêter Cassander lui-même, s'il entreprenoit de passer d'Europe en Asie. Il fit partir en même tems pour le Peloponnese le Milesien Aristodeme, chargé de mille talens. Il lui avoit recommandé de se lier d'amitié avec Polysperchon & Alexandre son fils, comme avec tous ceux qu'il trouveroit disposés à faire la guerre à Cassander. De son côté il établit dans toute l'Asie dont il étoit maître des signaux de feu, des porteurs de lettres, & tout ce qui pouvoit servir à une plus prompte exécution de ſes ordres ; après quoi il ſe mit en route pour la Phœnicie, dans le deſſein d'y équiper une flotte, car juſqu'alors ſes ennemis qui avoient une forte marine, ſe voyoient maîtres de la mer ; au lieu que lui qui n'avoit pas encore porté ſes vues de ce côté-là, ne poſſedoit pas un ſeul vaiſſeau.

S'étant donc campé aux environs de Tyr, dans le deſſein d'aſſieger cette capitale de la Phœnicie, il fit aſſembler les petits Rois de cette Province, & les différens Gouverneurs de la Syrie. Il invita tous ces Rois à mettre ſur pié une nouvelle marine, puiſque Ptolemée avoit fait venir dans les ports de l'Egypte tout ce qu'ils avoient de vaiſſeaux armés en guerre. Il ordonna à tous les intendans de faire au plutôt une proviſion de quatre cents cinquante mille meſures de blé qu'il regardoit comme la proviſion d'une année. De ſon côté raſſemblant tout ce qu'on pouvoit trouver de Bucherons, de ſcieurs de bois, & de conſtructeurs de vaiſſeaux ; il fit tranſporter en quelque ſorte la forêt du Mont Liban ſur le rivage de la mer. Les ouvriers montoient au nombre de huit mille hommes, & le transport des matériaux se faisoit par mille paires de bœufs. Cette montagne domine par la longueur de sa cime sur les villes de Tripoli, de Biblos, & de Sidon. Elle est couverte de Cedres, de Pins & de Cyprès admirables par leur beauté & par leur hauteur. Outre les trois manufactures établies dans les villes que nous venons de nommer, il en fit commander une quatrieme dans la Cilicie, à laquelle le mont Taurus fournissoit des matériaux; & même une cinquieme à Rhodes, où ces insulaires lui permettoient de faire apporter des bois des côtes voisines.

Pendant qu'Antigonus s'occupoit de ces préparatifs, & qu'il campoit sur les rivages de la Phœnicie; Seleucus venant d'Egypte parut à la tête de cent vaisseaux, équipés avec une magnificence royale, & qui voguoient à pleines voiles, & passa fierement à la vue du camp d'Antigonus. Cet aspect & cette contenance ne laisserent pas d'effrayer & de décourager les troupes qui s'étoient attachées à ce Général. Car il n'y avoit pas lieu de douter que les ennemis maîtres de la mer, n'exerçassent leur vengeance sur tous les habitans des rivages qu'ils sauroient être de son parti. Antigonus les exhortoit à se rassurer, en leur promettant que dans cet été même, il assembleroit cinq cents voiles. Il en étoit là lorsqu'Agesilas, son Ambassadeur en Chypre lui rapporta à son retour, que Nicocreon (*a*) & quelques autres citoyens considérables avoient signé un traité d'Alliance avec Ptolemée, & que Cittieus, Lapithius, Marius & Cerynités s'étoient liés d'amitié avec lui. Là-dessus il laissa pour continuer le siége de Tyr trois mille hommes, commandés par Andronicus ; & conduisant lui-même le reste de son armée du côté de Joppé & de Gaza qui s'étoient soustraites à son obéïssance, il les emporta de force ; & distribuant dans ses troupes les soldats de Ptolemée qui avoient soutenu le siége, il laissa dans ces villes une garnison des siens propres, pour en maintenir les citoyens dans la soumission. Revenant de-là à son entre-

(*a*) On verra p. 719. de Rhod. que Nicocreon fut nommé Commandant de l'Isle de Chypre par Ptolemée. Il y étoit sans doute dès à présent un personnage considérable, aussi bien que les quatre autres qui vont être nommés.

F iiij

prise sur Tyr, il prépara tout pour un siége en forme, & dans lequel il vouloit réussir.

En ce même tems Ariston à qui Eumenès (*a*) avoit remis le corps de Craterus pour l'ensevelir, vint l'apporter à Phila veuve du mort, & qui depuis avoit été mariée à Démetrius fils d'Antigonus. C'étoit une Princesse d'une intelligence & d'une vertu supérieure. Elle appaisoit elle-même les troubles & les dissentions qui s'élevoient entre les soldats. Elle marioit & dotoit de son argent les sœurs & les filles de ceux qui étoient pauvres, & elle tiroit du péril ceux qui étoient prêts de succomber sous des accusations calomnieuses. On dit qu'Antipater son pere, un des hommes qui gouvernoit avec le plus d'intelligence, dans le tems même qu'elle étoit encore une jeune fille, la consultoit avec succès pour lui-même dans les affaires les plus importantes, & dans les conjonctures les plus difficiles.

___

(*a*) Au liv. 18. p. 612. de Rhod. Cratérus est tué dans une bataille contre Eumenès: & il n'est pas fait mention de cette générosité du vainqueur. Ici même aucun des deux traducteurs Latins ne parle d'Eumenès, nommé pourtant dans le texte Grec.

Mais la suite de cette histoire & toutes les révolutions qui doivent amener la fin du regne de Demetrius (*a*) nous feront encore mieux connoître cette Princesse. Nous n'en dirons pas actuellement davantage au sujet de Demetrius & de son épouse Phila.

Entre les Capitaines envoyés de divers côtés par Antigonus, Aristodeme destiné pour la Laconie, ayant obtenu des Spartiates la permission d'y lever des soldats, assembla huit mille hommes dans le Peloponnese ; où trouvant Alexandre & Polysperchon son pere, il fit alliance avec eux pour les intérêts d'Antigonus. A cette occasion Polysperchon fut nommé Commandant des troupes du Peloponnese ; & Aristodeme engagea Alexandre à venir en personne auprès d'Antigonus en Asie. Un autre chef du même parti, le Capitaine Ptolemée, passant en armes dans la Cappadoce, & y trouvant la ville d'Amisus assiégée par Asclepiodore, un des Commandans de l'armée de Cassan-

XIX.

702.

___

(*a*) Cette fin du regne de Demetrius ne se trouve pas dans ce qui | nous reste du texte de Diodore.

der, il lui en fit lever le siége, & reconquit cette Satrapie. Traversant ensuite la Bithynie, dont le Roi Zibutés (*a*) assiégeoit actuellement la capitale des Chalcedoniens & des Astacenes, il l'obligea d'abandonner son entreprise. Après quoi faisant alliance avec ces villes & avec le Roi Zibutés lui-même, & recevant des ôtages de leur part, il revint par l'Ionie & par la Lydie. Car Antigonus lui avoit mandé d'aller au plutôt au secours de ces côtes menacées par la flotte de Seleucus. En effet, Seleucus qui avoit déja entrepris le siége d'Erythrée, apprenant que les ennemis croisoient sur cette mer, se retira sans avoir rien fait.

Dès qu'Alexandre, fils de Polysperchon, se présenta devant Antigonus; celui-ci le reçut avec de grandes marques d'amitié; & à l'occasion de son arrivée, il convoqua une grande assemblée où ces étrangers furent admis. Il commença par accuser Cas-

---

(*a*) Il est appellé Zéipoïtés dans les questions Grecques de Plutarque, Zupoïtés dans les Eliaques de Pausanias & Zipoïtés dans le fragment de Memnon. Indices de la variation des prononciations dans le Gyrec du second âge : dit Palmerius.

sander, comme auteur de la mort d'Olympias (a), & de la captivité actuelle de Roxane & du Roi Alexandre son fils. Il lui reprochoit d'avoir épousé par force Tessalonique (b) pour acquérir par là un titre à la couronne de Macedoine, & s'en assurer la succession. Il lui fit un crime d'avoir donné aux Olinthiens pour demeure fixe une ville qui portoit son propre nom, & d'avoir relevé les murs de Thebes, abbatues par les Macedoniens mêmes. Toute l'assemblée étant entrée dans son ressentiment, il fit passer un décret par lequel on déclaroit Cassander ennemi public, s'il n'abbatoit les villes qu'il avoit relevées, & s'il ne retiroit de ses prisons le Roi & Roxane sa mere pour les rendre aux Macedoniens : en un mot, s'il ne se soumettoit à Antigonus, nommé Généralissime des troupes & Gardien de la couronne de Macedoine. On déclara enfin que toutes les villes Greques demeureroient libres, exemptes de garnisons étrangeres, & se gouvernant

(a) Ci-dessus p. 695. de Rhod.
(b) Fille de Philippe fils d'Amyntas, & par conséquent propre sœur d'Alexandre le Grand. Elle a été nommée ci-dessus. p. 681. de Rhod.

elles-mêmes. Quand ce décret publié eut été approuvé par toute l'armée, on fit partir des courriers pour le distribuer de toutes parts. Antigonus par cet appas de la liberté offerte aux Grecs, se flattoit beaucoup de les avoir pour alliés dans cette guerre : & à l'égard des Capitaines qui avoient servi sous Alexandre, qui étoient Satrapes de différentes provinces de l'Asie, & qui soupçonnoient beaucoup Antigonus de vouloir interrompre la succession naturelle de la couronne d'Alexandre ; il espéroit beaucoup de les ramener à son parti par cette idée de guerre entreprise pour le service de la maison Royale ; ce qui les engageroit tous à se réunir sous ses enseignes, & à favoriser ses démarches couvertes d'une apparence si avantageuse. En conséquence de ce projet, il mit d'abord entre les mains d'Alexandre cinq cens talens, & le remplissant de grandes espérances pour l'avenir, il l'envoya dans le Peloponnese. De son côté faisant venir des vaisseaux de Rhodes, & renouvellant sa flotte même, il fit voile du côté de Tyr. Ayant formé autour de cette ville une enceinte reguliere qui subsista quinze mois complets, il la réduisit à la derniere famine : après quoi permettant aux vaisseaux du Roi Ptolemée de se retirer avec tous leurs effets, il reçut à composition la ville, qui accepta une garnison de sa part.

Ptolemée qui fut instruit de tous les décrets qu'Antigonus avoient fait porter aux Macedoniens de son parti, en faveur de la liberté des villes Greques, ne voulut pas demeurer en arriere à cet égard ; & il affecta au contraire de faire voir qu'il ne s'intéressoit pas moins qu'Antigonus à leur satisfaction sur ce sujet. Persuadés l'un & l'autre que la bienveillance de cette nation ne contribueroit pas peu au succès de leurs entreprises ; il y avoit de l'émulation entre eux, à qui marqueroit pour elle de plus grands égards. Dans cette vue il attira à son parti un second Cassander Satrape de la Carie, homme puissant, & qui avoit autorité sur un grand nombre de Provinces. Et quoiqu'il eut déja envoyé à ceux qui commandoient en différentes villes de Chypre & qu'on appelloit Rois, environ trois mille soldats ; il les renforça d'un plus grand nombre encore pour contraindre les réfractaires à se soumettre à ses intentions. Il fit partir dans ce dessein l'Athenien Myrmidon à la tête de dix mille hommes, Polyclite suivi de cent vaisseaux, & son propre frere Menelas, commandant les uns & les autres. Tous ces Généraux abordant en Chypre, & y rencontrant Seleucus avec son armée, tinrent conseil entr'eux sur ce qu'ils avoient à faire. Le résultat de leur conférence fut que Polyclite passeroit avec cinquante vaisseaux dans le Peloponnese; & que là ils attaqueroient Aristodeme (*a*), Alexandre, & Polysperchon lui-même, que Myrmidon passeroit avec ses troupes étrangeres dans la Carie, pour soutenir le second Cassander (*b*) attaqué par le Capitaine Ptolemée, & que cependant Seleucus & Menelas laissés dans Chypre, s'opposeroient avec le Roi Nicocreon & leurs autres alliés aux entreprises de leurs adversaires. S'étant séparés les uns des autres pour l'exécution de ce projet, Seleucus assiégea & prit de force Ceraunie &

(*a*) Nous trouverons quelques pages plus bas. p. 707. de Rhod. qu'Aristodeme étoit un Lieu-tenant d'Antigonus.
(*b*) Nommé quelques lignes plus haut.

Lapithus; & ayant attiré à leur parti Stasiœcus Roi de Manès (a), ils forcerent le commandant d'Amathuse, de leur donner des ôtages. Quoiqu'ils ne puſſent pas réduire la ville de Citius, ils ne laiſſoient pas de continuer le siége avec la même vigueur. Pendant ce tems-là il vint à Antigonus de l'Helleſpont & de Rhodes un secours de quarante vaiſſeaux commandés par Thémiſon, & des mêmes endroits quatrevingt autres amenés par Dioſcoride. Il étoit déja fourni de tous ceux qu'il avoit fait d'abord construire dans la Phœnicie, qui montoient au nombre de six-vingts, & qu'il avoit laiſſés devant Tyr; de sorte qu'il avoit actuellement deux cens quarante vaiſſeaux longs, entre lesquels, ils s'en trouvoient quatre-vingt-dix à quatre rang de rames, dix à cinq, trois à neuf, dix à dix, & trente vaiſſeaux plats ou sans pont. Dans le partage de cette flotte, il envoya cinquante vaiſſeaux au

---

(a) Rhodoman traduit. Βασιλέα των, μανων, par *Manenſium Rege*, Roi des Manenſes. Ce peuple paroît n'avoir point été connu de nos Auteurs modernes de geographie ancienne, tels qu'Ortelius & la Martiniere. Ce dernier allegue un torrent de ce nom chez les Locres Epicnemidiens, dans la grande Grece en Italie, dont il ne s'agit pas ici.

Peloponnese; & confiant le reste à Dioscoride son neveu, il le chargea d'aller porter ce secours à leurs alliés, ou d'employer ces forces à mettre dans leur parti les Isles qui n'en étoient pas encore. Voilà quelle étoit alors la situation d'Antigonus: pour nous après avoir exposé ainsi les affaires de l'Asie, nous reviendrons à celles de l'Europe.

Apollonidés laissé par Cassander pour commandant de la ville des Argiens, passant de nuit dans l'Arcadie s'empara de Stymphale. Pendant le séjour qu'il y fit, ceux d'entre les Argiens qui n'aimoient pas Cassander, inviterent Alexandre fils de Polysperchon, à venir prendre possession de leur ville qu'ils étoient prêts de lui livrer. Mais comme celui-ci différa trop de s'y rendre, Apollonidés le prévint & entra le premier dans Argos; Ayant trouvé environ cinq cens d'entr'eux conferans ensemble dans leur Sénat (*a*), il y fit mettre le feu & les y fit brûler tout vifs. Il chassa de la ville une grande partie des autres ci-

---

(*a*) L'Auteur employe ici le terme de Prytanée qui étoit le nom propre du lieu, où se tenoit le Sénat Athenes.

toyens, & en tua lui-même quelques-
uns. Caſſander apprenant l'arrivée d'A-
riſtodême dans le Peloponneſe, & le
grand nombre d'étrangers qui y étoient
abordés à ſa ſuite, eſſaya d'abord de
déſabuſer Polyſperchon de la liaiſon
où il paroiſſoit être avec Antigonus.
Mais comme celui-ci ne ſe rendoit
pas à cet avis, il aſſembla des troupes
à la tête deſquelles il traverſa la Theſ-
ſalie pour arriver dans la Bœotie. Là
ayant aidé les Thebains à relever leurs
murailles, il paſſa dans le Peloponneſe; & après avoir pris Cenchrées, il ravagea tout le territoire des Corinthiens. Ayant enlevé encore deux autres forts, il en renvoya ſur leur ſer-
ment les garniſons qui y avoient été
miſes par le fils de Polyſperchon. Se
tranſportant auſſi-tôt à Orchomene,
il y fut introduit après les premiers aſſauts par les ennemis du même Alexandre : & s'étant aſſuré de la citadelle
par ſes propres troupes, il permit aux
citoyens de faire ce qu'ils voudroient
des amis d'Alexandre qui s'étoient refugiés dans le Temple de Diane : auſſi-
tôt les Orchomeniens les tirant de cet
azile, malgré la qualité qu'ils ſe donnoient de ſuppliants de la Déeſſe, ils les

705.

égorgerent tous contre les loix & les mœurs de la Grece.

Caſſander paſſant de-là dans la Meſſenie, & en trouvant la capitale défenduë par Polyſperchon même, ne jugea pas à propos pour lors de l'aſſiéger. Ainſi paſſant dans l'Arcadie, il y laiſſa Damis gouverneur de la ville principale (*a*); & venant à Argos, où il fit célébrer les jeux Neméens (*b*), il revint de-là en Macedoine. D'abord après ſa retraite Alexandre parcourant avec Ariſtodême les villes du Peloponneſe, s'occupoit à rendre la liberté à toutes, & en chaſſoit les garniſons de Caſſander. Celui-ci informé de cette entrepriſe, lui députa Prepelas pour l'inviter à renoncer au parti d'Antigonus, & à prendre plûtôt le ſien. Il lui promit à cette condition de lui donner le commandement général des troupes du Peloponneſe, ce qu'il accompagneroit de tous les ti-

___

(*a*) Megalopolis ou peut-être Mantinéc.

(*b*) Inſtitués en l'honneur d'Hercule. Il y a ſur cet endroit une longue remarque de Palmerius, dont je recueilleray ſeulement qu'il y avoit des jeux Neméens d'été qui n'étoient que triennaux, & des jeux d'hyver qui ſe célébroient tous les ans; comme les grands Panathenées d'Athenes qui ne revenoient que tous les cinq ans, au lieu que les petits ſe célébroient auſſi tous les ans.

tres d'honneur qu'il pourroit souhaiter. Alexandre voyant qu'il obtenoit par-là une dignité pour laquelle seule il avoit combattu jusqu'alors contre Cassander même, accepta cette offre, & fut aussi-tôt déclaré commandant général du Peloponnese.

Dans ces entrefaites Policlite député de Seleucus arriva de l'Isle de Chypre au port de Cenchrée. Apprenant là que le fils de Polysperchon avoit changé de parti, & ne voyant d'ailleurs aucun préparatif de guerre, il poussa sa route jusque vers la Pamphylie dans l'Asie mineure. Passant de-là jusqu'à Aphrodisia de Cilicie ; il sçut que Theodote commandant de la flotte d'Antigonus, étoit parti de Patare de Lycie avec des vaisseaux Rhodiens, dont la Carie avoit fourni la Chiourme. Il apprit en même-tems que Perilas avec une armée de terre accompagnoit cette flotte sur le rivage pour la défendre en cas d'attaque. Là dessus Polyclite imagina un moyen de surprendre les uns & les autres. Il cacha des soldats sur la côté dans un endroit propre à ce dessein, & le long duquel la flotte ennemie devoit passer ; & couvrant ses propres vaisseaux d'un pro-

706.

montoire qui en deroberoit la vûe à la flotte d'Antigonus, il l'attendoit au paſſage. L'infanterie tomba la premiere dans l'embuſcade de terre ferme. Perilas lui-même fut fait priſonnier, & tout le reſte fut tué ou pris. Les gens de la flotte ſe hâtant d'aborder pour ſoutenir leurs troupes de terre, Polyclite qui ſortit auſſi-tôt de ſon embuſcade, les ſurprit dans le déſordre de leur deſcente précipitée, & ſe rendant maître de leurs vaiſſeaux, il le fut auſſi d'un grand nombre d'hommes qui étoient encore dedans. Entre ces derniers ſe trouva Theodote même bleſſé, & qui mourut en peu de jours. Après un ſi grand ſuccès que Polyclite s'étoit rendu aiſé par ſes précautions, il revint d'abord en Chypre, d'où il rentra bien-tôt par le port de Peluſe dans l'Egypte même. Ptolemée outre les grandes louanges qu'il lui donna à ſon arrivée le combla encore de préſens comme étant l'auteur de la ſupériorité qu'il procuroit à ſon Roi même ; & remit en liberté Perilas & quelques captifs, pour ſatisfaire à la demande qu'Antigonus lui envoya faire par des Ambaſſadeurs : après quoi il partit pour une conference qu'Antigonus lui avoit demandée en un lieu appellé Ecregma, ou le précipice. Mais il en revint, sans avoir pû amener Antigonus aux propositions qu'il lui fit. Pour nous après avoir suivi l'histoire des Grecs en Europe, en parcourant la Grece & la Macedoine, nous la suivrons encore un peu plus vers l'Occident.

Agathocle de Syracuse, qui occupoit un certain fort qui appartenoit aux citoyens de Messine, promettoit de le leur rendre pour la somme de trente talens. Mais après avoir reçu d'eux cette somme, non seulement il ne leur rendit point le fort dont il s'agissoit, mais il entreprit encore de se saisir de la ville même. Car apprenant qu'une partie de la muraille étoit tombée, il fit partir de Syracuse un corps de cavalerie, & conduisant lui-même des barques legeres, il vint se poster de nuit fort près de la ville. Mais les citoyens ayant pressenti son dessein, lui firent manquer son coup: de sorte que passant à Myles (*a*), & en ayant attaqué la citadelle elle se rendit à lui par composition, après quoi il se retira pour lors à Syracuse. Mais dès l'Eté

(*a*) Autre ville de la I. Sicile.

suivant il revint à son entreprise sur Messine ; & s'étant campé auprès de la ville, quoiqu'il lui donnât des assauts continuels, il avança peu dans son entreprise, & fit même peu de tort aux assiégés : d'autant qu'un grand nombre de citoyens de Syracuse que les persécutions ou la seule haine du tyran avoit fait refugier à Messine, défendirent vaillamment & pour leur propre intérêt, la ville qu'ils avoient choisie pour retraite. Il survint même alors des Ambassadeurs de Carthage, qui venoient se plaindre à Agathocle de son entreprise actuelle, comme d'une infraction aux traités passés entr'eux : de sorte qu'ils lui firent signer la paix avec les Messinois, & rendre même le fort qu'il avoit pris auparavant ; après quoi ils revinrent en Afrique. Agathocle de son côté passant à Abacene ville alliée de Syracuse, y fit égorger plus de quarante citoyens qu'il soupçonnoit lui être contraires. Dans cette même année les Romains qui faisoient la guerre aux Samnites, leur enleverent de force Ferente ville de la Pouille ; & dans le même-tems les habitans de Nucerie surnommée Alphaterne, à la persuasion de quel-

707.

T. Liv. L. 9. c. 41.

ques-uns, renoncerent à l'amitié des Romains, pour s'allier avec les Samnites.

Nicodore étant Archonte d'Athenes, L. Papyrius fut fait consul à Rome pour la quatriéme fois, & Q. Publius pour la seconde. Aristodême créé général par Antigonus ayant appris la défection d'Alexandre, fils de Polysperchon, entreprit dans une assemblée des Ætoliens, de les amener au parti d'Antigonus : & passant à la tête de ses Soudoyez, de l'Ætolie dans le Peloponnese, il trouva Alexandre qui faisoit avec les Eléens le siége de Cyllene. Son abord fut heureux pour cette ville qu'il préserva de la prise prochaine dont elle étoit menacée ; & y laissant ce qu'il falloit de soldats pour la mettre en pleine sûreté, il passa dans l'Achaïe. Il délivra ensuite Patras de la garnison qui y avoit été mise par Cassander. Ayant pris luimême Ægium & fait la garnison prisonniere, il étoit sur le point de rendre la liberté aux citoyens suivant les conventions générales, lorsqu'il en fut empêché par un incident particulier.

Olymp. 116. *an.* 3. 314. *ans avant l'Ere Chrétienne.*

(*a*) Il s'étoit joint à Cassander ci-dessus. p. | 705. de Rhod.

Les soldats s'étant jettés dans le pillage, plusieurs citoyens furent égorgés, & l'on mit le feu à plusieurs maisons. Ensuite comme il revenoit dans l'Ætolie, les habitans de Dyme, qui avoient chez eux une garnison de Cassander, se firent dans l'intérieur de leur propre ville un mur qui les séparoit de la citadelle : & s'exhortant les uns les autres à recouvrer leur liberté, ils assiégerent la citadelle même, & lui donnoient des assauts continuels. Alexandre apprenant cette nouvelle revint avec une armée considérable, & forçant cette muraille recemment bâtie, il se rendit maître de la ville & des citoyens, il en fit égorger quelques-uns, & emprisonner quelques autres, & en chassa le plus grand nombre. Entre ceux qui furent épargnés, la plûpart se tinrent en repos pendant quelque tems encore après la retraite d'Alexandre, frappés qu'ils étoient du malheur récent de leurs concitoyens, & ne se voyant point soutenus. Mais à quelque tems de-là ; ayant fait venir d'Ægium les soudoyés d'Aristodême ils recommencerent le siége de la citadelle, & l'ayant enfin emportée, ils remirent leur ville en liberté, en égorgeant

LIVRE XIX.

geant une grande partie de la garnison, & quelques-uns mêmes de ceux des leurs qui avoient paru favoriser Alexandre. Mais enfin peu de tems après le même Alexandre fils de Polysperchon sortant de Sicyone à la tête d'un corps de troupes, fut tué par Alexion de cette même ville, & par quelques autres citoyens qui faisoient semblant d'être de ses amis. Alors Cratesipolis veuve d'Alexandre qui étoit extrémement respectée des soldats, par le bien qu'elle avoit trouvé occasion de leur faire, les rassembla elle-même, & succeda en quelque sorte au commandement de son mari. Elle avoit eu soin pendant qu'il vivoit de secourir ceux d'entr'eux qui étoient pauvres ou infirmes; & de plus elle étoit douée d'une grande intelligence dans les affaires publiques, & d'un courage supérieur à son sexe. En effet les Sicyoniens lui ayant donné quelques marques de mépris depuis la mort d'Alexandre, & ayant pris les armes pour se mettre en liberté, elle les reçut en ordre de bataille, & remportant la victoire sur eux, elle en fit tomber par terre un grand nombre dans le combat, après lequel, elle en condamna trente à être mis en croix.

Ayant assuré ainsi son pouvoir dans la ville, elle se trouva réellement souveraine des Sicyoniens, & se fit une garde de soldats disposés à tout pour sa défense. Voilà le point où nous laissons les affaires du Peloponnese.

Cassander sachant que les Ætoliens qui avoient fait alliance d'armes avec Antigonus, étoient actuellement en guerre avec les Acarnaniens, jugea qu'il étoit de son intérêt de se joindre à ceux-ci pour abbaisser les premiers. C'est pourquoi sortant de la Macedoine avec une forte armée, il vint camper dans l'Ætolie sur les bords d'un fleuve nommé Campulus, à cause de ses tortuosités (*a*). Formant là une assemblée d'Acarnaniens, il leur représenta qu'ayant été de tout tems inquiétés par les attaques de leurs voisins, il leur convenoit d'abandonner les forts, & les hauteurs où ils se retiroient séparément les uns des autres, pour habiter un petit nombre de villes où ils seroient plusieurs ensemble, & par conséquent plus à portée de se défendre reciproquement contre les irruptions subites & fréquentes

___

(*a*) Du verbe καμπτω, ficao, curvo. adition | de Rhod. dans sa traduction.

de leurs ennemis. Les Acarnaniens se rendant à ces remontrances se réunirent pour la plus part dans leur ville de Stratus (*a*), place très-grande & déja fortifiée. Les Œniades & quelques autres se retirerent à Saurie, & les Dériens (*b*) avec tous les autres à Agrinium. Cassander laissant-là Lyciscus avec un nombre suffisant de troupes, & chargé d'aider en tout les Acarnaniens, vint lui-même à la tête de son armée devant Leucade, & mit par ses Ambassadeurs cette ville dans son parti. Se jettant de-là dans la province nommée Adria, il y prit d'emblée la ville d'Apollonie (*c*) : passant ensuite dans l'Illyrie, & ayant traversé le fleuve Drinus (*d*), il livra bataille à Glau-

(*a*) Palmerius impute ici à Ortelius d'avoir placé Stratopolis dans son Dictionaire, ce que je ne trouve point vrai. Ortelius avertit seulement que Stratopolis se trouve dans Diodore, & il n'employe lui-même que Stratus.

(*b*) Rhodoman traduit les Doriens par faute d'impression sans doute, à consulter son texte Grec & celui de H. Etienne.

(*c*) Etienne de Byfance allegue 24. villes de ce nom-là, auſquelles Ortelius ajoute sept autres.

(*d*) Le texte porte le fleuve Hebrus, auquel Palmerius a raison de substituer le fleuve Drinus. Le premier appartenoit à la Thrace dont il n'est pas ici question, au lieu que le Drinus, fleuve de Dalmatie, se trouve sur la route dont il s'agit.

cias Roi des Illyriens. Sorti vainqueur du combat, il fit avec le vaincu un traité par lequel il étoit interdit à ce dernier d'attaquer aucun des alliés de Cassander. Ayant enfin attiré à son parti la ville des Epidamnes qui reçut une garnison de sa part, il revint dans la Macedoine. Dès que Cassander se fut éloigné de l'Ætolie, les habitans de cette province assemblés au nombre de trois mille, ayant fait une circonvallation autour d'Agrinium, assiégerent cette ville en forme. Les assiégés signerent bien-tôt un traité par lequel ils cédoient leur ville à condition qu'on les en laissat sortir en toute sureté pour leurs personnes. Mais à peine s'étoient-ils mis en chemin sur la foi publique, que les Ætoliens violant indignement leur parole, se mirent à la poursuite de ces citoyens qui se bannissoient eux-mêmes, & les tuerent presque tous.

Cassander revenu en Macedoine, apprit qu'on attaquoit dans la Carie toutes les villes alliées à Ptolemée & à Seleucus. Sur cette nouvelle il envoya des troupes dans cette Province, non-seulement dans la vue de secourir ses alliés, mais encore pour jetter

Antigonus dans des embarras qui l'empêchassent de passer en Europe. Il manda outre cela à Demetrius (a) de Phalere & à Denys, qui gardoit actuellement le fort de Munychie, d'envoyer incessamment vingt vaisseaux dans l'Isle de Lemnos. Celui-ci ne manqua point de faire partir aussitôt cette escadre, commandée par le Capitaine Aristote. Cet Officier appellant encore à son secours Seleucus avec sa flotte, ils exhortoient ensemble les insulaires de Lemnos d'abandonner le parti d'Antigonus. Mais comme ces derniers ne se rendoient point à cet avis, il ravagea toute la campagne des environs, & entoura la ville d'un retranchement pour l'assiéger. Dans ces entrefaites Seleucus se détacha pour aller à l'Isle de Cos. Dioscoride, un des Capitaines de vaisseaux d'Antigonus, apprenant cette retraite, fit voile aussi-tôt vers Lemnos, d'où il chassa Aristote, après lui avoir enlevé beaucoup de vaisseaux, avec tout l'équipage qui étoit dedans.

A l'égard des troupes que Cassan-

(a) Déja nommé au l. 18. p. 647. de Rhod.

der avoit envoyées dans la Carie (*a*), il leur avoit donné pour chefs un autre Caffander & Prépelas (*b*). Ceuxci apprenant que Ptolemée, Commandant de l'armée d'Antigonus, avoit féparé ses troupes pour les mettre en quartiers d'hyver, & que luimême s'occupoit beaucoup des funérailles de son pere qui venoit de mourir à sa suite, envoyerent Eupoleme pour surprendre les ennemis, actuellement postés aux environs de Caprime, ville de Carie. Celui-ci étoit accompagné de huit mille hommes d'Infanterie & de deux mille Cavaliers. Ptolemée instruit par quelques transfuges du mouvement des ennemis, tira de ses quartiers d'hyver les plus voisins, huit mille trois cents hommes d'Infanterie, & six cents Cavaliers; & tombant en pleine nuit sur les retranchemens des affiégeans qu'il trouva pour la plus part endormis ou hors de leurs postes, il prit Eupoleme vivant, & obligea tous ses soldats de se rendre. Ce fut là le sort des troupes que Caffander avoit envoyées en Asie. Mais Antigonus instruit par

(*a*) Province de l'Asie mineure.   (*b*) Nommé ci-deffus. p. 706. de Rhod.

cette entreprise de Cassander, des projets qu'il formoit sur l'Asie, laissa son fils Demetrius dans la Syrie, avec ordre d'observer & même de surprendre les troupes de Ptolemée, si elles entreprenoient, comme on en avoit le soupçon, de passer dans la Syrie. Il lui avoit donné pour l'exécution de ce dessein, dix mille hommes d'Infanterie étrangere, deux mille Macedoniens, cinq cents Lyciens ou Pamphiliens, quatre cents archers ou frondeurs de Perse, cinq mille cavaliers, & plus de quarante Elephans. Mais outre cela il lui forma un Conseil de quatre personnages considérables, Néarque de Crete, Pithon (*a*) fils d'Agenor arrivé de Babylone depuis quelques jours, Andronicus d'Olynthe & Philippe (*b*) tous quatre d'un âge mûr, & qui avoient accompagné Alexandre dans toutes ses expéditions. Car Demetrius étoit encore alors dans la premiere fleur de son âge, ayant à peine vingt-deux ans. Pour Antigonus, se mettant à la tête

---

(*a*) Nommé ci-dessus au bas de la p. 618. de Rhod.

(*b*) Apparemment celui qui est nommé Satrape de la Parthie. même p. 618. de Rhod.

d'une autre armée, il paſſa par deſſus le mont Taurus, où voulant traverſer un terrible amas de neige, il perdit un grand nombre de ſes ſoldats. C'eſt pourquoi revenant pour lors dans la Cilicie, il attendit une ſaiſon plus favorable, pendant laquelle en effet il arriva par-deſſus cette montagne à Celæne de Phrygie, d'où il diſtribua ſon armée en différens quartiers d'hyver. Là même il fit venir de Phœnicie, ſa flotte commandée par le Général Medius. Celui-ci ayant rencontré par hazard des vaiſſeaux de Pydne, au nombre de trente ſix, & leur ayant livré combat, ſe rendit maître des vaiſſeaux & de tous ceux qui les montoient ; c'eſt-là qu'en étoient alors les affaires de la Grece & de l'Aſie.

XXI.

711.

En Sicile, les Réfugiés de Syracuſe dans Agrigente ne ceſſoient d'exhorter les Magiſtrats de cette derniere ville à ne point regarder indifféremment les entrepriſes d'Agathocle ſur toutes les villes de la Sicile. Ils leur repréſentoient qu'il leur ſeroit bien plus avantageux d'attaquer le tyran volontairement de leur part, & avant qu'il eut le tems de ſe fortifier, que d'attendre qu'il ſe fut rendu ſupérieur

LIVRE XIX.

à eux. Comme cette invitation leur parut raisonnable & légitime, la République d'Agrigente lui déclara la guerre par un décret public ; & choisissant pour alliés les habitans de Gela & de Messine, ils députerent quelques-uns des exilés de Syracuse à Lacedemone, pour demander à cette ville un Général capable de les commander tous, & de conduire à une heureuse fin une entreprise de cette importance. Car les uns & les autres craignoient leurs propres citoyens comme aspirans presque tous à la tyrannie : au lieu que l'exemple encore récent du Corinthien Timoléon (*a*) leur faisoit esperer plus d'équité & de succès réel de la part d'un chef étranger. Dès que les députés furent arrivés dans la Laconie, ils rencontrerent Acrotatus, fils du Roi Cleomene, haï d'un assez grand nombre de jeunes gens de Lacedemone, & très-disposé à accepter de l'occupation hors de son pays. Car au sortir de la bataille que les Lacedemoniens avoient perdue contre Antipater (*b*) ; com-

(*a*) Mort depuis 24. ou 25. ans. l. 16. p. 478. de Rhod.

(*x*) On a vû une bataille gagnée par Antipater sur les Lacede-

me leur Sénat consentoit de relever de l'ignominie ceux qui en étoient échapés ; Acrotatus s'étoit opposé seul à ce décret : & par-là il s'étoit attiré la haine, non-seulement de ceux qui avoient subi la rigueur de la loi, mais encore d'un grand nombre d'autres citoyens : de sorte qu'ayant conspiré entr'eux ils vinrent jusqu'à s'attrouper pour le battre, & ils ne cessoient de lui faire essuyer d'autres affronts. C'est par cette raison que ravi de trouver l'occasion d'un commandement étranger, il accepta avec joie l'offre des Agrigentins. Ainsi se jettant dans cette entreprise sans le consentement des Ephores ; il fit voile avec peu de vaisseaux pour Agrigente. Mais poussé par les vents dans la mer Adriatique, il aborda au territoire des Apolloniates. Il y trouva leur capitale assiégée par Glaucias Roi d'Illyrie, auquel il persuada de faire plutôt un traité d'alliance avec cette nation. Passant de-là à Tarente, il amena les habitans de cette ville jusqu'à s'inté-

moniens, au liv. 18. p. 537. de Rhod. mais par les dattes marginales, elle est déjà ancienne de 16. ans : & ces jeunes gens ennemis d'Acrotatus, ne devoient plus être si jeunes.

resser à la délivrance de Syracuse, & à lui fournir pour cet effet une vingtaine de Vaisseaux. Car son nom & la famille Royale dont il sortoit, donnoit alors un grand poids à ses paroles & à ses invitations. Les Tarentins en étoient encore à faire leurs préparatifs dans cette vue, qu'il partit le premier pour Agrigente, où il prit le commandement militaire ; & flattant d'abord le peuple des espérances les plus heureuses, il fit attendre à tout le monde la prochaine destruction du tyran. Mais on s'apperçut bientôt qu'il n'étoit capable d'aucune action digne ni de sa patrie ni de son sang. Au contraire, se laissant découvrir comme plus cruel & plus meurtrier que les tyrans mêmes, il se rendit odieux à la multitude. Outre cela renonçant à la frugalité de Lacedemone, il s'abandonna impudemment à toutes sortes de voluptés, & on l'auroit pris plutôt pour un Perse que pour un Spartiate. Enfin après avoir consumé une grande partie du trésor public, ou par sa mauvaise administration, ou même par son infidélité ; il invita à un repas Sosistrate le plus illustre des Bannis de Syracuse, & qui avoit sou-

712.

vent conduit des armées. Dans ce repas il le tua lâchement & en trahison, n'ayant d'ailleurs aucun lieu de se plaindre de lui, & n'ayant en vue que de se délivrer d'un homme intelligent, & capable d'appercevoir les mauvaises intentions d'un Général, ou de tout homme à la tête d'une République. Dès qu'on eut appris ce meurtre, tous les exilés s'assemblerent autour de lui, & tout le monde le regardoit avec horreur : on commença par lui ôter le commandement; & plusieurs amassoient des pierres pour les lui jetter. Ainsi la crainte le fit disparoître, & dès la nuit suivante, il s'embarqua pour la Laconie. D'abord après sa retraite les Tarentins rappellerent la flotte qu'ils envoyoient en Sicile : & les Agrigentins, aussi bien que les habitans de Gela & de Messine renoncerent à la guerre qu'ils avoient déclarée à Agathocle ; acceptant à cet égard la médiation que le Carthaginois Amiscar avoit offerte aux uns & aux autres : en voici le principal article. Entre les villes Greques de la Sicile ; Heraclée, Selinunte & Himere appartiendroient comme auparavant aux Carthaginois;

toutes les autres se gouverneroient elles mêmes, en reconnoissant néanmoins la supériorité de Syracuse.

Agathocle voyant la Sicile dénuée de gens de guerre, profita de cette circonstance pour joindre à sa domination des villes & des campagnes; & par-là il se procura bientôt une puissance inébranlable. Il s'étoit fait un grand nombre d'alliés, il avoit acquis des revenus immenses, & il se voioit une armée complete sur pié. Car outre les soldats, ou étrangers, ou de Syracuse même qui s'étoient fait inscrire dans sa milice, il avoit en soudoyés étrangers & tous gens choisis, dix mille hommes de pié & trois mille cinquante hommes de cheval. Il s'étoit pourvû d'ailleurs de toute sorte d'armes & de traits, sachant que les Carthaginois avoient déja reproché à Amilcar son indifférence sur l'infraction des traités, & qu'ils s'armoient actuellement contre la Sicile. Telle étoit alors dans cette Isle la situation des choses.

En Italie les Samnites qui faisoient depuis long-tems aux Romains une guerre qui paroissoit avoir pour objet la supériorité de l'une ou de l'autre nation, assiégerent & emporterent Plistique (*a*). Ils perſuaderent auſſi aux habitans de Læra (*b*) d'égorger tous les Romains qui ſe trouvoient dans leur ville, & de faire enſuite alliance avec eux-mêmes contre Rome. Les Romains ayant entrepris encore le ſiége de Saticole (*c*), les mêmes Samnites ſe montrerent en corps d'armée dans le deſſein de le faire lever. Il ſe donna à cette occaſion un combat violent, où les deux partis ayant perdu beaucoup de monde, la victoire ſe déclara pour les Romains. Après quoi emportant de force la capitale, ils vinrent bientôt à bout de toutes les villes & bourgades de la province. De-là portant la guerre dans la Fouille, ils donnerent lieu aux Samnites d'enroller toute leur jeuneſſe comme pour une guerre qui devoit décider de leur ſort : ce qui engagea les Romains qui ſe défioient toujours de l'avenir à envoyer là toutes les troupes néceſſaires pour aſſurer leur entrepriſe. Ainſi comme dans les conjonctures importantes & ſérieuſes, leur coutume étoit de nommer pour

(*a*) T. Live L. 9. C. 22. dit Pliſtie.
(*b*) Ville des Volſques.
(*c*) Saticule dans T. Live, ville des Samnites. En général, les noms des villes de l'Italie ſont rarement les mêmes, dans Diodore & dans T. Live.

dictateur un de leurs citoyens les plus distingués, ils défererent cet honneur à Q. Fabius, & lui donnerent Q. Aulius pour maître de la cavalerie, *Magister equitum*. Ils se mirent aussitôt l'un & l'autre en marche à la tête de leurs troupes, & étant arrivés en un lieu appellé Laustoles, ils livrerent aux Samnites une bataille qui ne fut pas heureuse, & où ils perdirent un grand nombre de soldats. Pendant que le reste de l'armée prenoit la fuite; Aulius seul, quoique sans espérance de resister à tant d'ennemis, incapable de quitter son poste, fit voir en lui seul sa Patrie invincible : & sans participer à la honte de ses concitoyens, il se procura du moins une mort glorieuse. Les Romains pour ne pas perdre absolument la Pouille, envoyerent une colonie à Lucerie (*a*) ville considérable de cette province, & d'où ils firent souvent des incursions sur les terres des Samnites. Ils pourvurent avantageusement à leurs intérêts par l'acquisition de ce fort, qui dans la suite leur procura non-seulement tout l'avantage de cette guerre; mais qui depuis ce tems-là jusqu'à nos

(*a*) Le texte porte - Luceia.

jours leur a servi de place d'armes, pour maintenir dans la crainte & dans le respect tous les peuples des environs.

Olympiade 116. an. 4. 313. ans avant l'Ere Chrétienne.

XXII.

L'année où ces choses se passerent étant révoluë, Theophraste fut fait Archonte d'Athenes, & les Romains eurent pour Consuls M. Poëtelius & C. Sulpitius. Les Callantiens habitans de la Rive-gauche du pont Euxin chasserent la garnison qui avoit été mise dans leur ville par Lysimachus (*a*), & se mirent en liberté. Aidant ensuite eux-mêmes à délivrer la capitale des Istriens & toutes les villes de leur voisinage, elles déclarerent la guerre toutes ensemble à leur nouveau commandant. Elles attirerent encore à leur alliance tous les révoltés de la Thrace, & de la Scythie; de sorte que cette ligue devenoit un objet de très-grande conséquence, & alloit bientôt former une puissante armée. Lysimachus instruit d'un pareil soulevement s'arma de son côté contre les rebelles. Il tra-

(*a*) Lysimachus Satrape de la Thrace L. 18. p. 587. de Rhod. Il livre à Seuthés Roi du pays un combat dont le succès demeure douteux p. 597. & est engagé par Seleucus dans le parti opposé à Antigonus en ce L. même, p. 699. de Rhod.

versa la Thrace, & passant sur le mont Æmus, il vint poser son camp au pié des murailles d'Odesse. La seule circonvallation qu'il fit de cette ville en épouvanta les habitans, qui se rendirent à lui par composition. Après avoir fait avec la même facilité la conquête de l'Istrie, il passa chez les Callatiens. Cependant les Thraces & les Scythes venoient en grand nombre au secours de leurs alliés, conformément aux traités qu'ils avoient signés entr'eux. Lysimachus marcha à leur rencontre; & surprenant d'abord les Thraces il les fit retourner sur leurs pas : A l'égard des Scythes, les ayant défaits dans une bataille en forme, où ils perdirent un grand nombre de leurs gens, il poussa tout le reste hors de ces Cantons. De-là revenant à la ville des Callantiens, il en forma le siége, avec une forte envie de chatier en eux les premiers auteurs de la révolte. Il en étoit là lorsqu'il lui vint des nouvelles qu'Antigonus leur envoyoit du secours par mer & par terre; que Lycon général de ses deux armées faisoit voile actuellement sur la mer du Pont, & que Pausanias Commandant d'un détachement considérable campoit déja en un lieu qu'on appelloit le champ Sacré. Lysimachus frappé de cette nouvelle, laissa au siége de Callante un nombre de soldats suffisans pour l'entretenir; & lui-même avec la plus forte partie de son armée vint à la rencontre des ennemis : Prêt à passer par-dessus le mont Æmus, il se trouva en face du Roi de Thrace Seuthés qui s'étoit joint au parti d'Antigonus, & dont la nombreuse armée fermoit tous les passages. Ayant néanmoins pris son tems pour l'attaquer ; il parvint, au prix d'une assez grande perte de sa part, à mettre par terre un bien plus grand nombre de ces Barbares. Les poursuivant ensuite jusques dans les gorges & les retraites de la montagne où ils se refugioient, il les força tous ; & après y avoir tué Pausanias lui-même, il rendit la liberté à quelques-uns de ses soldats, & incorpora les autres dans ses troupes. Voilà pour le présent ce qui concerne Lysimachus.

Antigonus ayant mal réussi dans cette derniere entreprise, envoya Télesphorus dans le Peloponnese à la tête de cinquante vaisseaux montés d'un nombre convenable de soldats, avec ordre d'y rendre la liberté à toutes les villes. Il se flattoit d'attirer la confiance des Grecs par cette démarche, & d'être dans la suite instruit par eux-mêmes des intentions & des entreprises de Cassander. Télesphorus arrivé où on l'envoyoit, parcourut toutes les villes occupées par les garnisons d'Alexandre & les délivra toutes, à l'exception de Sicyone & de Corinthe, où Polysperchon pere de celui-ci faisoit sa résidence la plus ordinaire, où il avoit des troupes considérables, & dont les fortifications étoient excellentes. Cependant Philippe un des capitaines de Cassander envoyé contre les Ætoliens avoit déja fait du ravage, & dans l'Acarnanie & dans l'Ætolie, lorsqu'il apprit qu'Æacidés (*a*) Roi d'Epire revenu dans son Royaume y faisoit de grandes levées de soldats ; il se mit aussi-tôt en marche pour l'attaquer seul, & avant qu'il eut pû se joindre aux Ætoliens. Philippe trouva en arrivant les Epirotes préparés à se défendre, & le combat fut livré à son abord. Il leur tua bien des soldats & fit sur eux beaucoup de pri-

(*a*) Le même qui entreprenoit ci-devant de porter du secours à O- | lympias. pp. 681. 682. de Rhod.

fonniers, entre lesquels le sort fit rencontrer une cinquantaine de ceux qui avoient contribué au rappel de leur Roi, Philippe les envoya les mains liées à Cassander : Les fuyards de l'armée d'Æacidés s'étant rejoints, & ayant pris parti dans les troupes de l'Ætolie, Philippe revint à la charge, & ayant battu encore une fois les uns & les autres, le Roi Æacidés lui-même fut tué. Par tous ces avantages qu'il remporta en très-peu de jours, il jetta l'Ætolie dans une telle consternation, que ses habitans laissant toutes leurs villes sans défense, se refugierent avec leurs femmes & leurs enfans dans les fentes ou dans les creux de leurs montagnes. Ce fut ainsi que se termina pour lors la guerre de la Grece.

En Asie, quoique Cassander y possedat déja la Carie(*a*). Cependant las de la guerre, il signa avec Antigonus un traité par lequel il lui cédoit tous les soldats qu'il avoit de ce côté-là ; à condition de mettre en liberté les villes grecques, & de lui laisser à lui-même pour toujours la Satrapie (*b*) qu'on lui avoit donnée, dès la premiere dis-

(*a*) Correction de Palmerius sur le texte qui dit l'Asie.
(*b*) C'étoit la Carie.

tribution qui en avoit été faite. De son côté Cassander promettoit de demeurer inviolablement attaché à Antigonus : Il lui donna même son frere Agathon en ôtage de cette alliance. Mais peu de jours après s'étant repenti de ce traité, il lui enleva son frere secretement, & envoya à Ptolemée & à Seleucus une Ambassade, par laquelle il les prioit de venir incessamment à son secours. Antigonus indigné de ce procédé fit partir des troupes de mer & de terre, pour la délivrance des villes dont Cassander s'étoit emparé sous le voile du traité précédent. Le chef de l'armée de mer étoit Medius, & celui de l'armée de terre étoit Docimus. Ceux-ci arrivés d'abord à Milet, proposerent aux habitans de se mettre en liberté, & les aiderent eux-mêmes à chasser la garnison qui occupoit la citadelle. Pendant qu'ils en étoient là, Antigonus de son côté assiégeoit Tralles en Lydie & la prit, & passant de là à Caunus de Carie dont il fit approcher sa flotte, il emporta encore cette ville, à l'exception néanmoins de la citadelle. Mais

716.

même, L. précédent p. ⎱ de Rhod.
619, & des la p. 587. ⎰

faisant ensuite une circonvallation au pié de celle-ci, il l'attaqua par tous les côtés où on pouvoit l'aborder. Cependant le capitaine Ptolemée envoyé dans Yasus de Carie pour la défendre, fut obligé de joindre ses troupes à celles d'Antigonus, & par cette jonction avantageuse, toute la Carie se trouva soumise à ce dernier. Quelques jours après il lui vint des Ambassadeurs de la part des Ætoliens & des Bœotiens, qui lui offrirent leur alliance. Lui-même s'étant abouché avec Cassander dans l'Hellespont, ils ne purent convenir de leurs faits entr'eux, & se séparerent sans avoir rien conclu : & Cassander ne comptant plus sur la paix, résolut de prendre comme auparavant la superiorité dans la Grece. Aussi-tôt il vint accompagné de trente vaisseaux former le siége d'Orée en Eubée. Il avoit fait aux murailles de cette ville des attaques continuës, & il étoit sur le point de l'emporter d'assaut; lorsque Telesphorus arriva du Peloponnese à la tête de vingt vaisseaux chargés de mille hommes ; & Medius de l'Asie accompagné de cent autres, au secours de cette place : Ces deux généraux voyant les vaisseaux de Cassander qui bordoient l'intérieur du port, y mirent le feu qui en brûla quatre & endommagea tous les autres. Mais les Atheniens ayant envoyé du secours à cette flotte maltraitée; elle eut le courage de se jetter sur des ennemis qui la méprisoient; & les vaisseaux de Cassander tombant sur ceux de leurs adversaires en coulerent un à fond, & en prirent trois avec tous les hommes qui étoient dedans. C'est là ce qui se passa alors de plus remarquable dans les mers de la Grece & de l'Hellespont.

En Italie les Samnites armés en grand nombre parcouroient & pilloient toutes les villes du parti contraire au leur; les consuls Romains armés de leur côté se hâtoient de secourir tous les peuples qui leur étoient alliés. Il formerent un camp bien retranché devant la ville de Cinna (*a*) qu'ils délivrerent ainsi de toute crainte; & peu de jours après les deux nations opposées étant venuës en présence l'une de l'autre, il se donna un combat sanglant qui fit perir bien du monde de part & d'autre. Enfin pour-

---

(*a*) Cluverius L. 4. de l'Italie, ne connoît pas cette ville & lui substitue Luceric. Suivant cette correction cet article se rapporte au L. 9. C. 26. de T. Live.

tant les Romains l'emporterent sur leurs adversaires ; & les ayant poursuivis fort loin, ils en mirent par terre plus de dix mille. Cette victoire n'étant pas encore parvenuë à la connoissance des Campaniens, ces derniers se séparerent des Romains avec des marques de mépris. Aussi-tôt le peuple fit marcher contr'eux une armée considérable commandée par le Dictateur C. Ménius, auquel on joignit suivant la coutume Manius Follius, comme maître de la cavalerie. Les Romains s'étant campés auprès de Capoue, les Campaniens eurent d'abord la pensée de les aller attaquer là. Mais instruits bientôt de la défaite des Samnites, & craignant que les Romains vainqueurs ne vinssent tomber sur eux, ils ne songerent plus qu'à obtenir la paix de leur part. Dans cette vûe ils leur livrerent les Auteurs de leur révolte, qui après les premieres interrogations, jugerent à propos de prévenir leur jugement & se tuerent eux-mêmes. Les autres villes ayant obtenu leur pardon rentrerent dans tous les droits de leur alliance avec Rome.

L'Année suivante Polemon fut Archonte

LIVRE XIX.

chonte d'Athenes, & l'on fit Consuls à Rome L. Papirius pour la cinquiéme fois, & C. Junius pour la seconde (*a*). On célébra la dix-septiéme Olympiade où Parmenion de Mitylene remporta le prix du Stade. En ce tems-là Antigonus envoya en Grece le Capitaine Ptolemée (*b*) pour la délivrance des Grecs. Il le fit accompagner de cent cinquante vaisseaux longs commandés par Medius. Ils étoient chargés de cinq mille hommes de pié, & de cinq cents hommes de cheval. Il avoit fait un traité d'alliance avec les Rhodiens qui lui avoient fourni dix vaisseaux de guerre, toujours sous la prétention ou le prétexte de la délivrance des Grecs. Ce Capitaine arrivé dans le port de la Bœotie qu'on appelloit le port profond, avoit emprunté de la république des Bœotiens dix mille deux cents fan-

an. 1. 312. *ans avant l'ere Chrétienne.*

(*a*) Non pas dans le texte, mais dans la traduction de Rhod. En effet ce Junius se trouve déja sous l'Olymp. 116. an 1. du texte p. 665. de Rhod. & dans sa seconde table chronologique, corrigée sous l'Olympiade 115. an 4.
(*b*) Correction de Palmerius sur le texte qui dit Polemon, ce n'est pas qu'il n'y ait eu un Polemon nommé au l. 18. dans l'affaire d'Antigonus contre Alectas, p. 623. de Rhod. & depuis encore dans ce livre même, p. 564. de Rhod.

tassins, & treize cents hommes de cavalerie. Il avoit fait venir aussi des Vaisseaux du port d'Orée; & après avoir relevé les murs de Salganée, il y mit comme en dépôt toutes ses troupes. Il espéroit que les habitans de Chalcis, qui seuls de toute l'Eubée avoient chez eux une garnison de la part de Cassander, ne demanderoient pas mieux que de se donner à lui-même. C'est pour cela que Cassander, qui craignoit en effet la défection des Chalcidiens, abandonna le siége d'Orée pour venir avec toutes ses troupes à la défense ou à la garde de Chalcis.

Antigonus apprenant toutes les divisions & tous les troubles de l'Eubée, rappella en Asie Medius avec sa flotte; & réunissant toutes ses forces, il s'avança en toute diligence vers l'Hellespont, comme pour passer delà en Macedoine. Son dessein étoit de trouver ce Royaume vuide de défenseurs, si Cassander s'obstinoit dans son entreprise sur l'Eubée: ou que s'il jugeoit plus à propos de venir à la défense de la Macedoine, qu'il sembloit regarder comme son Royaume propre, il se vit contraint d'abandonner les affaires de la Grece. Caſſander qui s'apperçut du piége qu'on lui tendoit de part ou d'autre, laiſſa Pliſtonax à la garde de Chalcis d'Eubée; & paſſant dans le continent le plus proche, il prit Orope d'emblée & obligea les Thebains d'entrer avec lui en alliance. Laiſſant enſuite à Eupoleme l'inſpection ſur la Grece, il paſſa dans la Macedoine, pour parer à la deſcente que les ennemis y pourroient faire. Antigonus de ſon côté étant arrivé dans la Propontide, envoya des Agens aux Byſantins pour les inviter à faire alliance avec lui. Mais comme ils avoient actuellement chez eux des Ambaſſadeurs de Lyſimacus qui les invitoient à ne prendre parti ni contre Caſſander ni contre lui-même, ils ſe tinrent neutres, & conſerverent même l'amitié de l'un & de l'autre. Mais Antigonus très-mécontent de ces conventions, voyant d'ailleurs que la ſaiſon s'avançoit, diſtritribua ſes troupes en différentes villes pour y paſſer leur quartier d'hyver.

En ce même tems les inſulaires de Corcyre étant venus au ſecours des citoyens d'Appollonie & d'Epidamne, renvoyerent les ſoldats de Caſſander sur leur parole ; après quoi ils mirent Apollonie en forme de gouvernement Républicain, & donnerent Epidamne à Glaucias Roi d'Illyrie. Cependant Ptolemée chef des troupes d'Antigonus profitant de la retraite de Cassander en Macedoine, donna l'épouvante à la garnison de Chalcis, malgré laquelle il prit cette ville, dont il laissa le gouvernement à elle-même; afin de verifier la promesse qu'Antigonus avoit faite à toutes les villes Grecques de leur rendre la liberté. Chalcis en particulier, étoit une ville importante, & dont la fortune actuelle influoit beaucoup dans la situation générale des affaires de la Grece. Polemon (*a*) de son côté ayant pris Orope la remit aux Bœotiens, & retint prisonniere la garnison de Cassander. Ayant ensuite fait un traité d'alliance avec les citoyens d'Eritrée & de Caryste, il conduisit son armée dans l'Attique, Démétrius de Phalere étant alors Gouverneur d'Athenes. Les Atheniens avoient déja envoyé à Antigonus une Ambassade secrete, par laquelle ils l'invitoient à

(*a*) Autre Capitaine d'Antigonus, ci-dessus p. 717. de Rhod.

venir délivrer leur ville : & comme le Capitaine Ptolemée campoit dès lors fort près de leurs murailles, ils avoient obligé Demetrius à envoyer une Ambassade à Antigonus même, pour lui offrir d'entrer avec lui en alliance. Dans cet intervalle de tems, Ptolemée passant de l'Attique dans la Bœotie prit la citadelle de Cadmée, d'où il chassa la garnison de Cassander, & délivra Thebes. Entrant de-là dans la Phocide où il emporta plusieurs villes, il leur rendit le même service. Venant enfin dans la Locride, où il trouva que les Opuntiens étoient eux-mêmes du parti de Cassander, il les assiegea en forme, & leur donnoit des assauts continuels.

719.

Dans ce même été les habitans de Cyrene révoltés contre le Roi Ptolemée (*a*) assiégèrent leur propre citadelle, occupée par une garnison qui y étoit entretenue par ce Roi. Il vint bien-tôt des députés de sa part, pour inviter les Cyrénéens à se désister de leur entreprise. Mais les Cyrénéens eurent l'audace de les égorger, &

XXIII.

___

(*a*) Nous avons vû au l. 18. pp. 604. & 605. de Rhod. les Cyré- | néens se donner eux-mêmes à Ptolemée Roi d'Egypte.

continuerent leur siége avec la même vigueur. Ptolemée outré d'une pareille offense fit marcher contr'eux Agis à la tête d'une armée de terre, accompagnée d'une flotte commandée par Epænete. Agis pressant vivement les rebelles emporta la ville de force, & chargeant de fers les auteurs de la révolte, il les envoya aussi-tôt à Alexandrie, après quoi il dépouilla de leurs armes tous les autres habitans. Ayant mis enfin dans Cyrene tout l'ordre qui convenoit à l'autorité que son Roi devoit avoir dans cette ville, il s'en revint lui-même en Egypte. Mais le Roi encouragé par le succès qu'il avoit eu dans les provinces de l'Afrique, partit bien-tôt lui-même de l'Egypte, pour aller en Chypre, dans le dessein de réduire les petits Rois de cette Isle, qui tentoient de se soustraire à son pouvoir: en arrivant il fit mourir Pygmalion, qui agissoit-là de la part d'Antigonus. Il en usa de même à l'égard de Praxippe Roi de Lapithie (*a*), de celui de Ceranie, qu'il soupçonnoit lui être contraire; & de Stasiœ-

_____

(*a*) On trouve dans les Géographes beaucoup de variation sur tous ces noms de lieux, que je traduis au plus près du texte de Diodore.

cus Roi des Mariens; après quoi il détruisit leur ville, & en fit transporter tous les habitans à Paphos: il établit enfin pour Commandant de l'Isle entiere Nicocreon, auquel il donna toutes les villes & tous les revenus des Rois détruits. Pour lui se transportant dans la Syrie, qu'on appelle supérieure, il y prit les villes de Posidée & de Potamocarus qui furent pillées. Passant de-là dans la Cilicie, il emporta Mallus, & en fit vendre tous les habitans. Il ravagea ensuite tout le pays d'alentour; & après avoir rassasié ses soldats de pillage & de butin, il revint en Chypre. Sa politique à l'égard de ses troupes dans le cours de cette expédition, avoit été de les animer aux entreprises les plus périlleuses par l'espérance des richesses.

Cependant Demetrius (*a*) fils d'Antigonus habitoit toujours la Cœlesyrie, dans le dessein d'y attendre l'armée Egyptienne à son retour & sur son passage. Mais apprenant la prise de tant de villes; il laissa Pithon dans cette province avec ses Elephans & toute la milice pesamment armée; &

(*a*) Déja nommé p. 1 710. de Rhod.

prenant à sa suite la cavalerie & tous les armés à la légere, il passa incessamment dans la Cilicie, pour la garantir de l'incursion dont elle étoit menacée. Mais étant arrivé un peu trop tard & après la retraite des ennemis, il revint à son camp avec une telle vitesse qu'il perdit plusieurs chevaux sur la route. Car il fit en six jours la marche de vingt-quatre, de sorte qu'aucun ni des valets d'armée ni des palefreniers ne put le suivre : cependant Ptolemée ayant eu tout le succès qu'il pouvoit souhaiter, revint en Egypte : mais peu de tems après, animé par Seleucus qui n'aimoit pas Antigonus, il repassa dans la Cœlesyrie ; avec le dessein formé d'y attaquer Demetrius. Ainsi ayant assemblé ses forces de toutes parts, il vint d'Alexandrie à Peluse, suivi de dix-huit mille hommes d'Infanterie, & de quatre mille cavaliers, dont les uns étoient Macedoniens & les autres soudoyés. Ils étoient suivis d'un grand nombre d'Egyptiens qui portoient des traits & autres sortes d'armes ou d'instrumens propres à la guerre. Au sortir de Peluse, ayant traversé le désert, il vint camper dans le voisinage des ennemis, auprès de l'ancienne Gafa de Syrie. Demetrius de son côté rappellant toutes ses troupes de leurs quartiers d'hiver, aux environs de cette même ville, y attendoit l'arrivée des troupes Egyptiennes. Ses amis lui conseilloient de ne point se mesurer avec un si grand Capitaine, suivi d'une armée plus nombreuse que la sienne. Mais lui ne faisant aucun compte de leur avis timide, voulut absolument tenter le combat, quoiqu'il fut encore dans sa premiere jeunesse, & privé-là de la présence & des conseils de son pere. Cependant faisant assembler le Conseil, & étant monté couvert de ses armes sur un terrain un peu élevé, il parut être saisi de quelque crainte & de quelque défiance. Mais les troupes l'inviterent toutes d'une voix à bien espérer de sa fortune ; & avant que le Héraut eut parcouru tous les rangs, elles préterent d'elles-mêmes silence. Car il n'y avoit encore aucun sujet de murmure contre lui, ni à l'occasion de combats donnés, ni dans sa conduite privée avec les troupes, puisqu'il n'entroit dans le commandement que de ce jour-là : au lieu qu'à l'égard des anciens Capitai-

H v

nes, les soldats gardent pour le jour d'une action tous les reproches qu'ils ont à leur faire, & comme à un Général d'armée, & comme à un homme chargé de l'entretien & de la conservation d'un grand nombre d'autres. Car la multitude qui demeure trop long-tems dans les mêmes travaux s'en ennuie, & tous ceux qui ne s'avancent point ne demandent que le changement : mais à l'égard de Demetrius comme Antigonus son pere étoit déja vieux, la succession prochaine de son Empire ou de ses Provinces lui attiroit d'avance l'affection, & une espérance heureuse de la part de tous les soldats. Il étoit d'ailleurs d'une grande taille & très-beau de visage; & portant des armes convenables à son rang, son air seul étoit capable d'inspirer autant d'effroi aux ennemis que de confiance à son armée. A tout cela se joignoit une douceur de Physionomie très-décente à un jeune Prince, qui lui gagnoit l'affection de tout le monde, & qui attiroit au plus près de lui qu'il étoit possible, ceux-mêmes qui n'étoient point soldats, pour l'entendre parler : de sorte que s'intéressant à sa jeunesse, ils étoient véritablement inquiets du succès du combat qui s'alloit donner. En effet il ne s'agissoit pas-là seulement d'une armée nombreuse qui lui étoit opposée, mais de deux des plus grands Capitaines de leur siécle, Ptolemée & Seleucus ausquels il alloit avoir affaire. Ceux-ci non-seulement avoient suivi Alexandre dans toutes ses conquêtes, & avoient conduit ses troupes avec succès dans les différens lieux où il les avoit envoyés : mais depuis sa mort même, ils étoient demeurés invincibles jusqu'à ce jour-là.

Demetrius ayant adressé à cette multitude des exhortations convenables, lui ayant promis la dépouille des ennemis, à laquelle il ajouteroit encore des présens de sa part, mit son armée en bataille. Sur l'aîle gauche dont il devoit lui-même partager le péril, il posa deux cents cavaliers choisis, & ses amis particuliers, entre lesquels se trouvoit Pithon qui avoit combattu sous Alexandre, & qui depuis avoit été créé Général des troupes d'Antigonus, & son Ministre. Sur le devant aussi bien que sur les deux côtés étoient trois lignes de cavalerie; & un peu plus loin encore,

H vj

& dans le même sens, trois compagnies de Tarentins. Son avant-garde étoit composée de trois files de Cavalerie, il y avoit encore plus loin trois autres lignes de cavaliers, & trois autres rangs de Tarentins : & la personne du Prince étoit environnée de halebardiers, de cinq cents hommes de Javelot & de cent autres Tarentins : après eux il avoit placé les cavaliers qu'on appelloit les amis, & qui montoient au nombre de huit cents ; & après ceux-ci les cavaliers de tout pays, qui ne faisoient pas moins de quinze cents hommes. A la tête de cet escadron étoient trente Elephans, dont les intervalles étoient remplis d'armés à la légere : les uns au nombre de mille portoient des flêches & des traits, & les autres au nombre de cinq cents & tous Perses, se servoient de la fronde. Tel étoit la disposition de l'aîle gauche, avec laquelle Demetrius comptoit d'ouvrir le combat. D'abord après venoit la phalange, où commençoit l'Infanterie, composée seule de onze mille hommes, dont deux mille étoient Macedoniens, mille Lyciens ou Famphyliens ; & les huit mille autres des soudoyés. L'aîle droite étoit formée de tout le reste de la cavalerie, au nombre de quinze cents hommes, commandés par Andronicus. On les avoit postés de biais, & ils avoient ordre de se battre en reculant, & en quelque sorte comme pour suivre seulement le cours que Demetrius feroit prendre à la fortune. Il plaça le reste des Elephans, au nombre de treize devant la phalange, en remplissant encore leurs intervalles d'armés à la légere. Voilà qu'elle fut l'ordonnance générale de l'armé de Demetrius.

A l'égard de Ptolemée & de Seleucus : Comme ils ne sçavoient pas certainement par où les ennemis avoient dessein de les attaquer, ils crurent d'abord devoir fortifier leur aîle gauche : mais instruits bien-tôt par leurs coureurs, ils se disposerent de telle sorte que leur aîle droite bien fortifiée eut affaire à l'aîle gauche de leurs adversaires ; & ils avoient déja placé dans cette aîle droite trois mille cavaliers d'élite qu'ils vouloient commander eux-mêmes. Ces cavaliers avoient devant eux des hommes qui portoient des barreaux de fer liés les uns aux autres par des chaînes, espece de défense préparée contre l'attaque des Elephans, & qui les empêchoit d'avancer. Cette barriére mobile & à laquelle on pouvoit donner plus ou moins d'étenduë, étoit même accompagnée ou précédée d'enfans perdus qui accabloient continuellement de traits, & ces animaux & leurs conducteurs. Dans cette disposition & dès le commencement du combat, Ptolemée & Seleucus conduisirent avec de grand cris toute leur aîle droite & ses accompagnemens contre l'ennemi. On attaqua & l'on se défendit vigoureusement de part & d'autre. La bataille parut s'ouvrir par la cavalerie, qui couvroit les deux aîles opposées, & où l'on eut dit d'abord que l'avantage demeureroit à Demetrius : mais peu de tems après, Ptolemée & Seleucus faisant face par leur grand nombre à toute l'étenduë que les ennemis affectoient de se donner, le combat devint sanglant par la valeur des uns & des autres. S'attaquant d'abord à coups de lance, il y eut de part & d'autre un grand nombre de blessez : Plus loin où l'on ne se battoit qu'avec l'épée, il n'en tomba pas moins par terre. Les Commandans s'exposant aux mêmes périls que les moindres soldats, exhortoient les leurs à surmonter toutes les difficultés d'un pareil combat. Les cavaliers chargez de garder les pointes & de maintenir la forme des escadrons & des bataillons, & plus exposez que le gros des soldats à la vûë des Commandans, remplissoient leurs fonctions, non-seulement avec zele ; mais avec émulation. Enfin le combat étoit demeuré long-tems douteux, lorsque les Elephans animés par leurs conducteurs Indiens, s'élancerent avec une fureur à laquelle il ne sembloit que rien fut capable de resister. Cependant à peine furent-ils arrivés à ces barreaux de fer dont nous avons parlé plus haut, qu'une multitude de flêches accabloit ces animaux & ceux qui les montoient. En vain les conducteurs tâchoient de les maintenir sur la même ligne, quelques Elephans, pris entre les barres de fer & recevant là toutes sortes de blessures, commencerent à mettre du trouble dans les rangs ; d'autant plus que cette espece de monstre qui est d'une force épouvantable sur un terrain uni, ne peut rien sur un sol scabreux, à cause de la mollesse de ses pieds. C'est par-là que Ptolemée qui connoissoit à merveille ses propriétés, sçût rendre inutile par ses précautions & ses préparatifs tout l'effort de ces animaux. Il arriva aussi de-là, que la plûpart des Indiens ayant été tués ou blessés, tous les Elephans qui restoient en vie tomberent en son pouvoir & en sa possession. Une prise si importante mit en fuite toute la cavalerie de Demetrius ; de sorte qu'exhortant en vain tous les siens de ne pas l'abandonner, il fut obligé lui-même de quitter prise & de chercher une retraite.

Une grande partie de sa cavalerie, gardant toujours son rang autour de lui, l'accompagna jusqu'à Gaza ; de sorte que dans cette étenduë de chemin, il n'étoit point facile à l'ennemi, quoique vainqueur, de l'aborder. La route qui conduisoit jusqu'à cette ville, étant fort unie & fort large, étoit extrêmement favorable à une retraite mesurée & faite en bon ordre. Quelques soldats même de son Infanterie qui avoient formé le dessein de l'abandonner & de chercher fortune ailleurs, le suivoient reguliérement encore. Mais comme arrivé sur le soir auprès de Gaza, il vouloit passer cette ville & poursuivre son chemin, la plûpart de ses cavaliers au contraire avoient dessein de s'y reposer; & d'y faire passer la nuit à leur équipage. Ainsi en ayant fait ouvrir les portes, & y entrant en foule & en tumulte; ils donnerent lieu à Ptolemée qui les suivoit d'y arriver en même-tems qu'eux. Le désordre fut si grand, qu'on n'eut point le tems de les refermer; de sorte que cet ennemi vainqueur entra lui-même dans la ville & s'en rendît le maître.

La bataille que Demetrius avoit perduë ayant eu encore cette malheureuse suite; ce Prince arriva à Azotus sur le milieu de la nuit suivante, après avoir fait tout d'une traite deux cents soixante & dix stades (*a*). C'est de-là qu'il envoya demander au vainqueur par un Héraut la sépulture de ses morts, comme étant extrêmement jaloux de leur rendre ce dernier devoir. En effet, il avoit perdu dans cette bataille de véritables amis dont les plus considérables étoient Piton, qui avoit partagé avec lui le com-

724.

(*a*) A 24. stades pour une lieue. 270. stades font onze lieues & un quart.

mandement, & Bœotus qui avoit vécu long-tems avec Antigonus, & qui avoit été le confident de tous ses secrets. Il étoit resté sur le champ de bataille plus de cinq cents hommes les plus distingués de la cavalerie ; & l'on avoit fait sur lui plus de huit mille prisonniers. Ptolemée & Seleucus accorderent sur le champ la sepulture des morts, & rendirent même à Demetrius tous les officiers de sa cour sans aucune rançon : en disant que ce n'étoit pas-là le sujet de leur querelle avec Antigonus. Mais qu'ils se plaignoient seulement de ce qu'ayant fait la guerre (*a*) avec eux d'abord à Perdicas, & ensuite à Eumenés, il n'avoit point partagé avec ses amis les provinces qu'il avoit conquises par leur secours ; & qu'après s'être reconcilié avec Seleucus, il lui avoit ôté contre toute sorte de justice la Satrapie de Babylone (*b*). Cepen-

(*a*) Nous avons vu le Roi Ptolemée lié d'intérêt avec Antigonus. au l. 18 p. 608. de Rhod. & Seleucus dans le même parti en ce livre même 19. p. 662. de Rhod.

(*b*) Il paroît dans ce livre p. 698. de Rhod. que Seleucus par la crainte qu'il avoit de quelque trahison de la part d'Antigonus, avoit abandonné lui-même cette Satrapie pour se réfugier auprès du Roi Ptolemée. Du reste, Seleucus Ma-

dant Ptolemée envoyant le reste de ses prisonniers en Egypte, les fit distribuer dans ses vaisseaux pour le service de mer. Après quoi faisant ensevelir avec beaucoup de cerémonie ceux des siens qui avoient été tués dans le combat, il passa avec son armée dans la Phœnicie, où il prît quelques villes de force & quelques autres par composition.

Aussi-tôt après, Demetrius qui manquoit de troupes, envoya à son pere un courrier, par lequel il le prioit de lui fournir incessamment de nouveaux secours. Passant lui-même à Tripoli de Phœnicie, il fit venir là les soldats de la Cilicie, & toutes les garnisons des places ou forteresses un peu éloignées de l'ennemi. Ptolemée de son côté s'étant saisi de tout le plat pays de la Phœnicie, arriva jusqu'à Sidon qu'il mit dans ses interêts ; &

cedonien d'origine, appellé le plus noble de tous les Capitaines de l'armée d'Alexandre, avoit été nommé chef de la compagnie des Amis, d'abord après la mort de ce Roi. Au commencement du liv. 28. p. 588. de Rhod.

Du reste la noblesse attribuée à Seleucus vient peut-être de ce que Laudicé sa mere avoit persuadé à son mary Antiochus, que le vrai pere de cet enfant étoit Apollon. V. Justin l. 15. c. 4.

de-là s'approchant de Tyr, il fit proposer à Andronicus de lui livrer cette ville pour de riches préfens & de grands honneurs qu'il lui promettoit. Mais Andronicus lui déclara qu'il ne violeroit point la parole qu'il avoit donnée à Antigonus & à Demetrius, & refufa fes offres en termes très-durs. Ce Gouverneur chaffé de Tyr dans la fuite par la révolte de fa propre garnifon, & tombé entre les mains de Ptolemée, s'attendoit à une punition griéve du refus qu'il lui avoit fait, & de la dureté dont il l'avoit accompagné. Mais Ptolemée bien loin de fe reffentir de cette injure, lui fit des préfens confidérables, le mit au nombre de fes amis, & le combla d'honneurs. Car ce Prince étoit finguliérement équitable, indulgent & bien-faifant ; ce qui contribua beaucoup à augmenter fa puiffance & fon crédit. Il avoit prêté de même un azyle favorable à Seleucus, exclu de la Satrapie de Babylone ; & lui avoit fait trouver une retraite gracieufe dans fa cour, & des amis dans les fiens propres. Seleucus lui ayant même demandé des troupes pour recouvrer fon gouvernement, il lui en prêta

725.

sur le champ, & lui promit de l'aider en tout, jusqu'à ce qu'il fut rentré en possession d'une province qui lui étoit dûë : Voilà où en étoient pour lors les affaires de l'Asie.

XXIV.

En Europe Telesphorus (*a*) commandant de la flotte d'Antigonus, & qui se tenoit toujours à la vûe de Corinthe, s'appercevant que le capitaine Ptolemée (*b*) étoit plus avant que lui dans les bonnes graces de son maître qui lui avoit confié toutes les affaires de la Grece, remit aussi-tôt à ce competiteur tous les vaisseaux qu'il commandoit. Mais attirant à son parti le plus de soldats qu'il lui fut possible, il entreprit de faire lui-même sa fortune. Ainsi sans déclarer encore la rupture qu'il méditoit il entra dans Elis, où il fit bâtir une citadelle, qui le rendit maître de la Ville ; bien plus il pilla le temple d'Olympie, d'où ayant tiré plus de mille talens d'argent, il s'en servit pour lever des soldats étrangers. C'est ainsi que Telesphorus par jalousie

(*a*) Voyez ci-dessus p. 714. de Rhod.
(*b*) Neveu d'Antigonus nommé pour la premiere fois. p. 700. de Rhod. & que nous appellons toujous le Capitaine Ptolemée, pour le distinguer de Ptolemée fils de Lagus, & Roi d'Egypte.

contre son compagnon d'armes trahit la confiance de son maître. Aussi-tôt le capitaine Ptolemée chargé comme nous venons de le dire des affaires de la Grece, apprenant la révolte de Telesphorus l'invasion d'Elis & le pillage du temple d'Olympie, arriva sans perdre de tems dans le Peloponnese à la tête de ses troupes ; & commençant par Elis, il y fit raser la citadelle qui venoit d'être bâtie, rendit la liberté aux citoyens, & remit même dans le trésor d'Olympie autant d'argent qu'on en avoit tiré. Il vint aussi à bout de persuader à Telesphorus de lui rendre Cyllene où celui-ci avoit mis une garnison ; & aussi-tôt après il la rendit lui-même aux Eléens, ausquels cette ville appartenoit. Ce fut en ce même tems que les Epirotes, à la mort de leur Roi Æacidas, mirent à sa place son frere Alcetas que leur pere Arymbus (*a*) avoit exilé. Alcetas étoit ennemi de Cassander. C'est pourquoi Lyciscus que Cassander avoit fait gouverneur de l'Acarnanie passa à la tête d'une armée dans l'Epire, se flattant de renverser aisément le nouveau

(*a*) Correction de Palmerius sur Asybitus] qui est dans le texte.

Roi d'un thrône où il ne faisoit que d'arriver. Mais dans le tems que cet ennemi campoit auprès de la ville de Cassope, Alcetas envoya ses deux fils Alexandre & Teucer en différentes villes, avec ordre d'y faire des levées de soldats les plus fortes qu'il leur seroit possible. Cependant partant lui-même avec ce qu'il avoit actuellement de troupes, & s'étant campé assez pres de l'armée ennemie, il attendoit le retour de ses fils. Mais comme l'armée de Lysiscus plus nombreuse que la leur, se disposoit à tomber sur eux, les Epirotes effrayés se joignirent d'eux-mêmes à lui. Alcetas ainsi abandonné se réfugia à Eurymene ville de l'Epire; Il y étoit déja assiégé, lorsque son fils Alexandre arriva avec le secours qu'il amenoit: il se donna une bataille vive, où périrent entr'autres, le capitaine Micythus & l'Athenien Lysander, auquel Cassander avoit confié la garde du promontoire de Leucade. Mais Dinias (*a*) étant venu au secours des vaincus, il se donna un second combat, dans lequel Alexandre & Teucer battus, chercherent

726.

(*a*) Capitaine dans le parti de Cassander, déja nommé ci-dessus p. 681. de Rhod.

avec leur pere une retraite dans un fort voisin. Cependant Lysiscus alla assiéger sur le champ Eurymene (*a*) premiere retraite d'Alcetas, & l'ayant prise, il la rasa. Cassander qui ne savoit alors que le désavantage que ses troupes avoient essuyé quelques jours auparavant, & qui n'étoit pas encore instruit de la revanche qu'elles en avoit prise, venoit à grandes journées au secours de Lysiscus dans l'Epire, ou le trouvant vainqueur il oublia sa haine contre Alcetas même & se lia d'amitié avec lui. Il mena ensuite une partie de ses troupes du côté d'Adria (*b*), & il forma le siége d'Apollonie, parce que cette ville ayant chassé la garnison qu'il y avoit mise (*c*), s'étoit donnée aux Illyriens. Les Apolloniates ne s'effrayerent pas de son entreprise, & après avoir envoyé demander du secours à leurs alliés, ils se mirent en posture de défense au dehors de leurs murailles. Il se donna là un combat qui dura long-tems. Mais enfin les Apolloniates se trouvant supérieurs en nombre mirent ensuite leurs adversai-

(*a*) Ville de la Thessalie.
(*b*) Ville qui a donné son nom à la mer Adriatique, aujourd'hui, Golphe de Venise.
(*c*) Ci-dessus p. 709. de Rhod.

res. Ce désavantage de Cassander qui avoit perdu un grand nombre de soldats, qui n'avoit plus assez de monde pour tenir la campagne, & qui voyoit d'ailleurs l'hyver s'approcher, le fit revenir dans la Macedoine. Dès qu'il se fut ainsi retiré, les Leucadiens empruntant du secours des Insulaires de Corcyre, chasserent la garnison que Cassander avoit mise dans leur ville. Cependant les Epirotes, après avoir souffert pendant quelque tems le gouvernement d'Alcetas; se lassant enfin de sa dureté à l'égard du peuple, l'étranglerent lui & deux de ses fils Hesionée & Nisus, tous deux encore à la fleur de leur âge.

En Asie Seleucus après la défaite de Demetrius auprès de Gaza de Syrie, n'empruntant du Roi Ptolemée que huit cens hommes de pié, & deux cents hommes de cheval, se mit en marche du côté de Babylone; flatté de la persuasion où il étoit que quand il ne meneroit aucun soldat, & qu'il n'auroit avec lui que ses amis & ses enfans, il seroit reçû dans une Satrapie qu'il avoit déja possedée. Il pensoit d'ailleurs que les Babyloniens qui lui avoient marqué tant de bienveil-

727.

lance dans le tems qu'il les gouvernoit, le reverroient avec de grands tranſports de joye; ou que du moins Antigonus occupé alors fort loin (*a*) de-là à la tête d'une armée, lui laiſſeroit tout le tems néceſſaire pour rétablir ſon ancienne domination. Mais les amis qui l'accompagnoient voyant autour d'eux très-peu de ſoldats, que l'on conduiſoit contre une forte armée ſoutenue de bien des troupes alliées, & fournie d'amples proviſions, ne penſoient pas comme lui, & ſe défioient beaucoup du terme où ils alloient aboutir. Seleucus qui s'apperçut de leur défiance, entreprit de les ranimer en leur diſant que des hommes qui avoient combattu avec Alexandre, & que ce Prince avoit avancés lui-même en recompenſe de leur valeur, devoient meſurer leur eſpérance, non au nombre d'hommes ou à la quantité des proviſions, mais à l'intelligence & à l'experience, qui avoient conduit ce grand Roi à des exploits qui avoient fait l'admiration de toute la terre. Il ajoûta qu'il ſe fioit en particulier aux aſſu-

---

(*a*) Il paroît que nous avons laiſſé en dernier lieu Antigonus dans la Propontide. p. 718. de Rhod.

rances que les Dieux lui avoient données que ses desseins auroient un succès digne de leur équité : puisqu'ayant consulté l'oracle des Branchides (*a*), le Dieu l'avoit appellé Roi dans sa réponse : Mais de plus Alexandre lui étant apparu en songe, lui avoit donné de sûrs indices de l'Empire, auquel il parviendroit avec le tems : que cependant il savoit bien que tout ce qui est grand & glorieux ne pouvoit s'acquerir qu'au prix des dangers & des travaux. Il agissoit d'ailleurs familierement avec ses soldats, se rendant en quelque sorte égal à eux tous, ce qui lui attiroit de leur part un respect qui approchoit de l'adoration, & auquel il ne s'opposoit pas. Quand il fut arrivé à Carres de Mesopotamie, il engagea d'amitié ou de force tous les Macedoniens qui se trouverent là, à s'enrôler dans sa milice. Mais étant enfin parvenu jusqu'à Babylone, presque tous les citoyens vinrent au-devant de lui, & l'assurerent d'une soumis-

(*a*) Il est fait une assez longue mention des Branchides, dans le premier supplément tiré de Q. Curce pour remplir la grande lacune du l. 17. qui tombe en la page 554. de Rhod. Mais ils n'avoient pas encore été nommés, dans ce qui nous reste du texte de Diodore.

sion pleine & entiere à ses volontés.

A dire le vrai, pendant les quatre années consécutives que Seleucus avoit gouverné cette Satrapie, il s'étoit attiré l'affection de la multitude, & avoit mis d'avance bien des gens dans son parti, pour le cas où il arriveroit qu'on lui disputât son partage. Il vint entr'autres s'offrir à lui un capitaine nommé Poliarchus qui commandoit plus de mille soldats. Cependant ceux qui tenoient le parti d'Antigonus, ne pouvant surmonter la fougue du peuple, se refugierent dans une citadelle gardée par Diphitus. Seleucus en entreprit le siége, & l'ayant emportée de force il tira de cette prison ses enfans & ses amis qu'Antigonus y tenoit enfermés, depuis que Seleucus étoit sorti de Babylone pour se refugier en Egypte. Il assembla aussi des troupes, & ayant acquis beaucoup de chevaux, il fit des cavaliers de tous ceux de ses soldats qui pouvoient l'être. Recueillant gracieusement les uns & les autres, il les remplit d'espérances favorables, & les intéressa tous au succès de son entreprise. Ce fut aussi par leur secours qu'il rentra bientôt après en possession de la Babylone.

Cependant Nicanor gouverneur de la Medie (*a*) tira de cette province aussi-bien que de la Perside & des païs circonvoisins, plus de dix mille hommes de pié & de sept mille hommes de cheval, pour les opposer à Seleucus qui n'étoit point encore arrivé. Celui-ci n'avoit en tout qu'environ trois mille hommes de pié & quatre cents chevaux, lors qu'après avoir traversé le Tygre, il apprit que les ennemis n'étoient plus qu'à la distance de quelques journées. Là dessus il s'avisa de cacher ses soldats derriere les roseaux des marais voisins, pour les faire tomber subitement sur les ennemis qui devoient passer par-là. Ainsi Nicanor arrivé jusqu'au Tygre sans avoir rencontré personne, s'arrêta dans un camp qui avoit déja servi aux armées Royales ; & duquel il croyoit que la crainte seule de sa rencontre avoit bien éloigné les ennemis. Mais dès la nuit suivante Seleucus tombant sur ce camp en désordre & qui n'avoit ni garde ni sentinelle y fit un carnage effroyable dans lequel fut compris le Satrape Evagre, & quelques autres des principaux chefs. Et La suite de cet événement fut que ce

(*a*) De la part sans doute d'Antigonus.

reste de soldats vaincus, mécontens de leurs chefs & de tout le gouvernement d'Antigonus, passa dans le parti de Seleucus. Ainsi Nicanor laissé presque seul & craignant d'être livré aux ennemis, s'enfuit avec ceux qui lui demeurerent attachés, par les routes les plus désertes qu'il pût trouver. Seleucus arrivé ainsi à une très-haute puissance, & s'étant acquis l'amitié de tout le monde, parvint jusqu'à joindre à sa Satrapie de Babylone, la Susiane, la Medie & quelques autres provinces voisines; & élevé au rang des plus grands Rois, il fit part de ses succès à Ptolemée & à ses autres amis.

XXV.

729.

Ptolemée après la victoire qu'il venoit de remporter sur Démetrius (*a*) fils d'Antigonus, laissoit reposer ses troupes dans la Coele-Syrie (*b*), lorsqu'il apprit que Démetrius étoit revenu dans Cilicie, & campoit dans la Syrie supérieure. Sur cet indice, il choisit pour le projet qu'il avoit conçu un de ses officiers en qui il avoit de la confiance, & qu'on nommoit Cillés de Macedoine. Il lui donna un nombre suffisant de troupes avec lesquelles

(*a*) Ci-dessus. p. 723. de Rhod. | (*b*) Entre la Palestine & l'Egypte.

il le chargea de mettre cet ennemi hors de toute la Syrie, ou même s'il pouvoit l'y prendre à son avantage, de l'attaquer & de le détruire. Mais Démetrius instruit par ses espions que Cillés campoit auprès de Myonte avec assez peu de précaution, se fit accompagner des plus hardis de ses soldats, avec lesquels il prit de nuit un chemin de traverse; & tombant sur les ennemis avant le lever du soleil, il les fit tous prisonniers de guerre, & entr'autres leur commandant Cillés, sans aucun combat. Cependant comme il s'attendoit que Ptolemée arriveroit bientôt lui-même avec une armée en forme, il fit dresser son camp dans un lieu environné de marais. De-là il écrivit à Antigonus son pere une lettre, par laquelle il lui rendoit compte de l'avantage qu'il venoit de remporter, en l'invitant de lui envoyer encore de nouvelles forces, ou de s'avancer lui-même dans la Syrie. Antigonus se trouvoit alors à Celenes de Phrygie. La lettre de son fils lui causa une extrême joye, & il fut ravi de le voir se former tout seul, & se rendre digne du thrône dès sa premiere jeunesse. Mais de plus rassemblant ses soldats, il se mit en marche lui-même, & à la tête de son armée il passa le mont Taurus en peu de jours, & vint ne faire qu'un même camp avec son fils : Ptolemée instruit de l'arrivée d'Antigonus, assembla son conseil de guerre, pour délibérer s'il demeureroit dans la Syrie où l'on se trouvoit, pour y combattre l'ennemi ; ou s'il ne seroit point plus à propos de retourner en Egypte, pour y profiter des eaux & des sables du Nil, dont il avoit tiré tant d'avantage dans la guerre que Perdicas lui étoit venu porter (*a*). Toute l'assemblée lui conseilla de ne point s'exposer contre une armée plus forte que la sienne sans parler des eléphans, & commandée par un général tel qu'Antigonus qui n'avoit pas encore été vaincu. Ils ajoûterent qu'il seroit plus avantageux pour lui en toute maniere de combattre dans son propre royaume, où ses provisions étoient toutes faites, & où le terrain seul & le fleuve lui fourniroit des défenses naturelles. Sur cet avis unanime Ptolemée résolu d'abandonner la Syrie commença par y

―――――――――――――

(*a*) Il s'agit ici de la déroute de Perdiccas sur le Nil, rapportée dans le livre précédent p. 615. de Rhod.

faire raser tout ce qu'il y avoit de places fortes, telles qu'étoient Acé de Phœnicie, Ioppe, Samarie & Gaza de Syrie. Ensuite rassemblant son armée, & emportant avec lui tout ce qu'il put amasser & rassembler d'or & d'argent, il revint en Egypte. Antigonus se voyant aussi par cette retraite maître unique & paisible de la Syrie & de la Phœnicie, entreprit d'abord de porter la guerre aux Arabes Nabathéens, nation qu'il savoit lui être contraire. Il choisit pour chef de l'entreprise un officier son ami nommé Athenée, auquel donnant quatre mille de ses meilleurs fantassins, & six cens cavaliers exercés à la course, il le chargea de tomber à l'impourvû sur ces barbares, & de rapporter toute la proye qu'il pourroit faire sur eux.

730.

Il ne sera pas hors de propos de dire ici quelque chose des mœurs de cette nation, & de la façon de vivre par le moyen de laquelle elle croit conserver sa liberté. Ils habitent en pleine campagne sans aucun toit. Ils appellent eux-mêmes leur patrie une solitude, & ils ne choisissent point pour leur séjour les lieux pourvus de rivieres & de fontaines, de peur que

I v

cet appas même n'attire des ennemis dans leur voisinage. Leur loi ou leur coutume ne leur permet ni de semer du blé, ni de planter des arbres fruitiers, ni d'user de vin, ni de vivre sous des toits: & celui qu'on surprendroit en quelqu'une de ces pratiques, seroit infailliblement puni de mort, dans la persuasion où ils sont que ceux qui se sont assujettis à de pareilles commodités s'assujettissent bien-tôt à des maîtres pour les conserver. Quelques-uns d'entr'eux font paître des Chameaux, & d'autres des Brebis en pleine campagne. Entre tous les Arabes, il n'y en a point de plus riches que ces derniers: car bien qu'ils ne soient pas les seuls qui ayent des troupeaux en des campagnes désertes, ceux dont nous parlons, qui ne passent pas le nombre de dix mille, portent encore vendre aux bords de la mer de l'encens, de la myrrhe & d'autres aromates prétieux qu'ils ont reçus des habitans de l'Arabie heureuse. Ils sont d'ailleurs extrêmement jaloux de leur liberté: & quand ils ont nouvelle que quelque armée s'approche d'eux, il se refugient au fond du désert, dont les bords, par leur étendue leur tiennent lieu de rempart. Car les ennemis n'y appercevant point d'eau n'oferoient le traverfer: au lieu que les Arabes s'en étant fournis dans des vaiffeaux cachés fous terre & dont eux feuls fçavent les indices, fe font mis à l'abri de ce befoin. Tout le fol n'étant formé que d'une terre argilleufe & molle, ils trouvent moyen d'y creufer de profondes & vaftes cavernes en forme quarrée, dont chaque côté eft de la longueur d'un arpent, & dont l'ouverture eft extrêmement petite. Ayant rempli ces cavernes d'eau de pluyes, ils en bouchent l'entrée qu'ils rendent uniforme à tout le terrain qui l'environne, & fur laquelle ils laiffent quelque indice imperceptible & qui n'eft connu que d'eux-feuls. Ils accoutument les troupeaux qu'ils enlevent à ne boire que tous les trois jours; afin que dans le cas où il faudroit fuir un peu loin à travers des plaines arides, ils fuffent habitués à foutenir quelque tems la foif. Pour eux ils vivent de chair, de lait & de fruits communs & ordinaires; ils ont dans leurs champs l'arbre qui porte le poivre, & beaucoup de ce miel que l'on appelle fauvage & qu'ils boivent avec de l'eau. Il y a d'autres especes d'Arabes qui travaillent à la terre, ils sont tributaires comme les Syriens, & ont avec eux plusieurs autres conformités, excepté néanmoins qu'ils n'habitent pas dans des maisons. Voilà à peu près quelles étoient les mœurs de ce peuple.

Or, comme ils avoient entre eux un marché souterrain dans lequel ils se rendoient, les uns pour y débiter leurs marchandises & les autres pour y faire leurs provisions, les Nabathéens y étoient venus, après avoir laissé sous un rocher leur richesses, leurs vieillards, leurs femmes & leurs enfans. Cette retraite étoit extrêmement forte, quoique sans murailles, & se trouvoit à deux journées de distance de toute habitation. Le Capitaine Athenée instruit de cette absence, prit ce tems-là pour aller attaquer le rocher avec un nombre suffisant de troupes : & partant de l'Idumée, il fit en trois jours & trois nuits un chemin de deux mille deux cents stades (*a*), il se saisit du rocher à la faveur des ténèbres, & à l'insçu des Arabes absens, on tua une partie de ceux qui

(*a*) Ce sont au juste 91. lieues & ⅔.

s'y trouverent, on en prit d'autres vivans, & on y laissa beaucoup de blessés. Il emporta une grande partie de l'encens & de la myrrhe qui étoit-là en reserve, & de plus de cinq cents talens d'argent. Ils ne voulurent pas demeurer là plus de trois heures; & la crainte du retour des Arabes, leur fit faire encore deux cents (*a*) stades pour s'éloigner d'eux, au bout desquelles accablés de fatigue, ils se dresserent un camp. Se croyant là fort éloignés des ennemis, ils se tenoient peu sur leur gardes, persuadés qu'il falloit deux ou trois jours pour venir du rocher jusqu'à eux. Mais les Arabes instruits par leurs coureurs de l'expédition & du poste de leurs adversaires, abandonnent sur le champ le rendez-vous de leur négoce, & reviennent d'abord au rocher. Là instruits par les blessés de l'insulte qu'ils venoient d'essuyer, ils se mettent aussitôt en marche à la poursuite des Grecs. Or comme les soldats d'Athenée étoient peu attentifs à la défense de leur camp, & que la plûpart d'entre eux accablés de lassitude, étoient plongés dans le sommeil, quelques

(*a*) 8. lieues & $\frac{1}{3}$.

prisonniers Nabathéens s'échaperent des tentes, pour venir rendre compte de l'état des choses à leurs compatriotes, qui à la troisiéme veille de la nuit tomberent sur le camp au nombre de huit mille hommes. Ils égorgerent un grand nombre de Grecs, plongés encore dans le sommeil, & percerent à coups de traits, la plûpart de ceux qui se levoient pour prendre leurs armes. En un mot tout ce qu'il y avoit d'Infanterie fut tué dans cette surprise, & il n'échappa que cinquante cavaliers dont plusieurs mêmes étoient blessés. C'est ainsi que les soldats d'Athenée après avoir bien commencé, périrent enfin par leur imprudence. Mais le succès est ordinairement suivi de négligence & d'une sécurité téméraire. C'est pour cela que les sages pensent qu'il est plus aisé de soutenir courageusement l'adversité, que d'user sobrement & avec sagesse de la prospérité & des grands succès : d'autant que l'adversité nous porte d'elle-même à craindre & à prévoir l'avenir ; au lieu que les grands succès présens nous font oublier le passé, & négliger le futur.

Les Nabathéens après avoir donné

cette leçon à leurs ennemis, vinrent remettre dans leur Rocher les effets qu'ils avoient recouvrés. De-là, ils écrivirent à Antigonus une lettre en langue Syriaque, par laquelle ils se plaignoient beaucoup d'Athenée, en se justifiant eux-mêmes. Antigonus leur fit une réponse par laquelle il approuvoit la défense qu'ils avoient faite, & protestoit qu'Athenée les avoit attaqués de son chef & sans aucun ordre de sa part. Il usoit de cette dissimulation dans le dessein de mettre ces barbares hors de toute défiance, & de les attaquer lui-même lorsqu'ils s'y attendroient le moins. Car il n'étoit pas aisé de subjuguer sans quelque détour des hommes qui menoient une vie sauvage, & qui avoient pour retraite un désert inaccessible. Cependant les Arabes, quoique réjouis des assurances d'Antigonus qui les délivroit d'une crainte présente, ne laisserent pas de se défier de ses discours. Ils mirent sur les pointes de leurs rochers des sentinelles qui découvroient au loin tous ceux qui pouvoient entrer du moins en corps de troupes dans l'Arabie; & se tenant eux-mêmes prêts à se joindre au premier signal, ils attendoient l'évenement. Mais Antigonus les ayant laissés quelque temps en repos, & les croyant assez trompés par ce délai, choisit sur toute son armée quatre mille fantassins, & plus de quatre mille cavaliers, des plus dispos à la course, & leur ordonna de se pourvoir de vivres secs pour plusieurs jours. Il mit son fils Demetrius à la tête de l'avant-garde, en le chargeant de tomber sur les Arabes, au premier moment & du premier côté qu'il le pourroit. Celui-ci marchant trois jours par des chemins détournés & difficiles tâchoit de se cacher aux barbares.

733. Mais leurs espions ayant bien-tôt apperçu une armée en forme, en donnerent aussi-tôt avis à leurs compatriotes par des signaux de feu dont on étoit convenu. Aussi-tôt ces barbares mirent tous leurs effets à couvert sous des rochers, avec une garde suffisante contre l'avidité des Grecs : car on ne pouvoit entrer dans ce lieu de reserve que par un chemin étroit, fait de main d'homme. A l'égard de leurs troupeaux, ils les partagerent pour les sauver au fond du désert, les uns d'un côté & les autres de l'autre.

Demetrius arrivé jusqu'au rocher, & s'appercevant qu'on avoit écarté les troupeaux, fit des attaques continuelles à cette espece de Fort. Mais comme les assiégés se défendoient vaillamment, & sçavoient profiter de l'avantage de leur poste, il entra en défiance de son entreprise, & fit sonner la retraite. Mais revenant à l'attaque dès le lendemain, un des barbares élevant sa voix, lui dit d'assez loin : Roi Demetrius, à quel dessein, ou par quel conseil venez-vous faire la guerre à un peuple qui habite un désert sans eau, sans vin, sans provision, en un mot, sans aucune des choses qui font l'objet ordinaire de votre cupidité & de vos concussions. C'est par l'aversion invincible que nous avons pour la servitude, que nous nous sommes réfugiés dans un lieu dénué de tous les biens qui passent ailleurs pour nécessaires, que nous nous sommes réduits à une vie solitaire & sauvage, qui nous met par elle-même hors de portée de vous nuire en quoique ce soit. Nous vous supplions donc & vous & le Roi votre pere, de nous laisser en repos. Nous vous ferons même des présens pour vous engager à retirer votre armée, & à mettre les Nabathéens au nombre de vos amis les plus fidelles & les plus conſtans. D'ailleurs vous ne ſauriez demeurer long-tems ici, manquant d'eau & de toutes les néceſſités de la vie ; & vous ne viendrez jamais à bout de nous aſſujettir à d'autres coutumes. Vous ne pouvez au plus faire ſur nous que quelques eſclaves qui ne vous ſerviront que malgré eux, & que vous ne pourrez jamais plier à vos mœurs & à vos uſages.

Frappé de ce diſcours, Demetrius retira ſon armée, & ſe réduiſit à leur demander des Ambaſſadeurs pour traiter avec eux : Les Arabes les choiſirent entre leurs vieillards. Ceux-ci lui repeterent à peu près les mêmes choſes qu'il avoit entenduës, & lui préſentant ce qu'ils avoient de plus précieux, ils l'engagerent à les laiſſer tranquilles. Ainſi acceptant de leur part, & des préſens & des ôtages, il abandonna le rocher. Au bout de trois cents (a) ſtades de chemin, il campa ſur les bords du lac Aſphaltide, de la nature duquel il eſt à propos de faire ici quelque mention. Il eſt pla-

(a) 12. lieues & 1/2.

cé au milieu de la Satrapie de l'Idumée ; il a cinq cents stades (*a*) de long, & environ soixante (*b*) de large. Son eau est amère & puante, de sorte qu'on n'y trouve ni poisson, ni aucun autre animal aquatique, & qu'elle corrompt absolument la douceur des eaux d'un grand nombre de fleuves qui vont s'y rendre. Il s'éleve tous les ans sur sa surface une quantité d'Asphalte sec, de la largeur de trois arpens pour l'ordinaire, quelque fois pourtant d'un seul, mais jamais moins. Les Sauvages du canton, nomment Taureau la grande quantité & Veau la petite. Cette matiére qui change souvent de place, donne de loin l'idée d'une Isle flottante. Son apparition s'annonce près de vingt jours d'avance par une odeur forte & puante de bitume, qui fait perdre au loin à l'or, à l'argent & au cuivre leur couleur propre, à près d'une demi lieuë à la ronde. Mais toute cette odeur se dissipe, dès que le bitume, matiére liquide, est sorti de cette masse. Le voisinage du lac exposé d'ailleurs aux grandes ardeurs du soleil, & chargé de vapeurs bitumi-

(*a*) 20. liéues & $\frac{5}{6}$. (*b*) 2. lieues & $\frac{1}{2}$.

neufes, est une habitation très-mal saine, & où l'on voit peu de vieillards ; mais le terroir en est excellent pour les palmiers, dans les endroits où elle est traversée par des fleuves, ou arrosée par des fontaines qui en rafraîchissent le sol. Il y a surtout un canton où croît le beaume, dont ils tirent un gros revenu, d'autant que l'arbrisseau qui le porte ne se trouve en aucun autre endroit du monde, & que les medécins en font un usage très-avantageux dans leurs remedes. A l'égard de l'Asphalte, les habitans du tour du lac l'enlevent à l'envi les uns des autres, comme feroient des ennemis reciproques, & sans se servir de bateaux. Ils ont de grandes nattes faites de roseaux entrelassés, qu'ils jettent dans le lac : & pour cette operation, ils ne font jamais plus de trois ensemble qui se mettent tous trois sur ces nattes, mais desquels deux seulement navigent avec des rames pour arriver à la masse ou au monceau de l'Asphalte, & le troisiéme armé d'un arc, n'est chargé que d'écarter à coups de traits ceux qui voudroient disputer à leurs camarades la part qu'ils veulent avoir. Quand ils sont arrivés à l'Asphalte; ils se servent de fortes hâches, avec lesquelles ils enlevent comme d'une terre molle la part qui leur convient, ou tout ce que leur natte en peut porter, après quoi ils reviennent sur leur rivage. Si quelqu'un d'eux tomboit dans l'eau par la rupture de sa natte, il ne se noyeroit point quand même il ne sçauroit pas nager, comme il le lui arriveroit dans les eaux que nous connoissons : car il n'enfonceroit pas dans celle-ci, qui a la propriété de soutenir tout corps capable de respiration, ce qu'elle ne fait point à l'égard des corps matériels & inanimés, comme l'or, l'argent, le plomb & autres semblables, qui cependant vont ici au fond beaucoup plus lentement que dans toute autre espéce d'eau. Ces barbares qui n'ont guére d'autre sorte de commerce, apportent leur Asphalte en Egypte, & le vendent à ceux qui font profession d'embaumer les corps : car sans le mélange de cette matiére avec d'autres aromates, il seroit difficile de les préserver long-tems de la corruption à laquelle ils tendent.

735.

Antigonus au retour de son fils, qui lui rendît un compte exact de tout ce qu'il venoit de faire, commença par désapprouver le traité qu'il avoit passé avec les Arabes Nabatéens; en disant qu'il les avoit rendu plus entreprenans en les laissant impunis; & leur avoit donné lieu de dire que c'étoit par impuissance & non par compassion qu'il s'étoit désisté de son attaque. Mais il le loua beaucoup de la découverte qu'il avoit faite des propriétés du lac Asphaltide, & de la maniére d'en tirer l'Asphalte & le bitume, qu'il regardoit comme un revenu de son empire. Il en donna l'intendance à l'Historien Jerôme de Cardie, (*a*) qu'il chargea de faire faire des vaisseaux propres à cette pêche, qu'il feroit transporter en un lieu qu'on lui désignoit. Mais cette entreprise ne réussit pas; car les Arabes s'étant assemblés sur des clayes au nombre de six mille contre les Grecs qui étoient dans des barques, ils les tuerent presque tous à coups de traits: ce qui fit abandonner absolument à Antigonus l'espérance de ce revenu, & tourner ses vûës sur

---

(*a*) Il a été déja parlé deux fois de cet Historien: l'une au l. 18. p. 621. de Rhod. & l'autre dans le livre présent. p. 688. du même.

quelque chose de plus important.

Il lui vint en ce tems-là un Envoyé de la part de Nicanor (a), commandant de la Medie, & de quelques autres Satrapes. On lui rendoit compte de l'arrivée de Seleucus dans la Babylonie, & du succès de son entreprise. Antigonus inquiété par ces nouvelles de ce qui pouvoit arriver aux Satrapies supérieures, envoya son fils à la tête de cinq mille fantassins Macedoniens, de dix mille Soudoyés, & de quatre mille chevaux. Il lui ordonna de passer jusqu'à Babylone ; & après avoir reconquis cette Satrapie, de s'avancer jusqu'à la mer. Demetrius partit aussi-tôt de Damas de Syrie pour exécuter les ordres de son pere. Mais le Capitaine Patrocle, auquel Seleucus avoit laissé le Gouvernement de la Babylonie, apprenant que les ennemis étoient déja dans la Mésopotamie, & ne se sentant pas assez fort contr'eux, ne jugea pas à propos de les attendre. Il conseilla même aux citoyens de la capitale, d'abandonner la ville, & de se retirer les uns au-delà de l'Euphrate dans le désert, & les autres

---

(a) Celui que nous avons vu quelques pages auparavant battu par Seleucus. p. 728. de Rhod.

au-delà du Tygre dans la Susiane (a), où sur l'Océan méridional. Pour lui se mettant à la tête de ce qu'il avoit de soldats, & se faisant un abri des fleuves & des fossez naturels dont le pays est plein; il défendoit de tout son pouvoir la Satrapie de Babylone, & rendoit compte par des lettres fréquentes à Seleucus, résidant alors dans la Médie, de ce qui se passoit dans la principale de ses provinces, en l'invitant sans cesse de lui envoyer de nouveaux secours. Cependant Demetrius arrivant à Babylone, & trouvant la ville presqu'abandonnée, entreprît d'en assiéger les Forts: après en avoir pris le premier, en abandonna le pillage à ses soldats. Venant ensuite au second, & prévoyant que le siége en seroit long & demanderoit plus d'un jour, il en confia la continuation à un de ses amis, nommé Archélaüs, auquel il laissa cinq mille hommes de pied, & mille hommes de cheval; & lui-même voyant arriver le tems que le Roi son pere lui avoit prescrit pour son retour, revint avec le reste de ses troupes du côté de la mer.

(b) Il y a ici deux ou trois mots Grecs qu'il faut supprimer, suivant l'avis de Rhod. dans sa note sur cet endroit.

Pendant

XXVI.

Pendant que toutes ces choses se passoient en Asie ; comme les Romains étoient alors en guerre contre les Samnites, on ne voyoit dans la campagne que des incursions réciproques, des siéges de ville, ou des campemens différens de l'une & de l'autre armée (*a*): car les deux nations les plus guerriéres de toute l'Italie, se disputoient ardemment la supériorité l'une sur l'autre. C'est dans cette vûë que les Consuls formerent une enceinte exacte autour du camp de leurs ennemis ; ils attendoient là le moment favorable pour une bataille, dont le succès mettroit en sûreté toutes les villes qui leur étoient alliées. D'un autre côté, Q. Fabius alors Dictateur, emporta la ville des Fretomans (*b*), où il fit prisonniers de guerre les citoyens qui s'étoient déclarés le plus hautement contre Rome. Il les y amena au nombre de plus de deux cents, & après les avoir fait frapper de verges selon l'ancienne coutume, il leur fit trancher la tête dans la place publique.

(*a*) Ceci paroît se rapporter au l. 9. c. 28. de Tite Live.
(*b*) *Cluverius. Italia* l. 3. c. 8. écrit. *Fregellanorum*, d'après Tite-Live. l. 9. c. 12.

Revenant ensuite quoiqu'avec peu de troupes dans le pays ennemi, il emporta de force Celia & la citadelle de Nole ; il en laissa toute la dépouille à ses soldats, & de plus leur distribua au sort une partie des terres de la campagne. Le peuple Romain voyant que la fortune secondoit en tout ses désirs & ses espérances, envoya une colonie dans l'Isle appellée Pontia.

737. En Sicile, après la derniere paix signée entre Agathocle & les Siciliens, à l'exception pourtant des citoyens de Messine : tous les bannis de Syracuse s'étoient refugiés là, comme dans la seule ville qui ne s'entendit pas avec le Tyran. Mais Agathocle, qui ne cherchoit que l'occasion de violer sa parole, fit partir pour Messine son Lieutenant Pasiphile avec un corps de troupes, & chargé d'ordres secrets sur ce qu'il avoit à faire. Celui-ci s'étant jetté dans la campagne des environs contre toute attente, & y ayant enlevé des hommes & fait du pillage, proposa aux Messinois de se lier d'amitié avec Agathocle, au lieu de prendre le parti de ses ennemis les plus déclarés. Là-

dessus les Messinois concevant l'espérance de se tirer de cette affaire sans guerre, mirent leurs réfugiés hors de leur ville ; & ouvrirent leurs portes à Agathocle qui y entra bien accompagné. Il témoigna d'abord de l'amitié aux habitans, & leur persuada de rappeller tous ceux qu'ils avoient bannis ci-devant, sous le prétexte de la liaison qu'ils avoient eue avec lui. Mais après cela rassemblant dans Messine & faisant venir de Tauromene ceux qui s'étoient opposés à sa domination & à son autorité absolue, & qui montoient au nombre de six cens, il les fit égorger tous. Car méditant dès lors la guerre qu'il vouloit porter aux Carthaginois, il regardoit comme une précaution nécessaire de purger la Sicile de tous ses ennemis particuliers. Les Messinois ayant mis ainsi hors de chez eux les plus sages de leurs étrangers, & les plus capables de les défendre de l'oppression qui les menaçoit, témoins de la mort de tous ceux qui pouvoient les sauver des mains du Tyran, contraints de recevoir dans leurs murailles tout ce qu'il y avoit de scelerats & d'hommes fletris par sentences judiciaires, se repentoient assez de leur complaisance ; mais ils étoient forcés de se soumettre à une puissance supérieure à tous leurs efforts. Cependant Agathocle partit de là pour aller à Agrigente dans le dessein de piller cette ville : Mais les Carthaginois s'étant montrés à la rade au nombre de soixante vaisseaux, il abandonna ce projet, & se contenta de piller le territoire des environs qui appartenoit à Carthage. Il enleva dans la campagne quelques Forts d'emblée, & en reçut quelques autres à composition.

Dans ces entrefaites Dinocrate (*a*) chef des Bannis de Syracuse envoya demander du secours aux Carthaginois pour résister à Agathocle avant qu'il se fut rendu maître de toute la Sicile. Lui-même ayant recueilli tous les bannis de Messine, & se trouvant assez de forces, il fit partir un de ses officiers de guerre nommé Nymphodore à la tête d'un corps de troupes pour se saisir de Centorippe, sur la parole que quelques-uns des habitans lui avoit donnée de lui livrer leur ville, pourvû qu'il en rendît le gouverne-

_____
(*a*) Il avoit d'abord été ami d'Agathocle. p. | 657. de Rhod.

ment au peuple. Mais les gardes des portes s'étant bientôt apperçus de cette irruption tuerent Nymphodore lui-même, & tous ceux qu'il l'accompagnoient. Agathocle apprenant cette avanture, eut l'injustice de l'attribuer aux Centorippins en général, & sur ce prétexte il fit égorger tous ceux d'entr'eux qu'il crut capables de quelque revolte contre lui. Pendant que le Tyran s'occupoit à ces exécutions, les Carthaginois firent entrer cinquante vaisseaux dans le grand port de Syracuse : Mais il leur fut impossible de pousser leur entreprise plus loin ; & n'ayant pû s'attacher qu'à deux vaisseaux de charge qui venoient d'Athenes, ils couperent les mains à tous ceux qu'ils trouverent dedans. Tout le monde jugea qu'ils avoient exercé une cruauté inouie à l'égard de gens dont ils n'avoient aucun sujet de se plaindre, & la providence le leur fit bientôt sentir à eux-mêmes ; Car quelques-uns de leurs vaisseaux, ayant été écartés par la tempête, & jettés sur les côtés des Brutiens, tomberent entre les mains des officiers de guerre d'Agathocle, qui ayant pris presque tout l'equipage en vie, le traita comme il avoit traité les prisonniers Atheniens. Cependant les soldats de Dinocrate, qui ne montoient pas à moins de trois mille hommes de pié, & de deux mille hommes de cheval prirent la ville de Galarie, du consentement des citoyens mêmes qui les avoient appellés, & en ayant chassé la garnison d'Agathocle, Dinocrate campa lui-même au dehors & au pié des remparts.

Agathocle ayant envoyé sur le champ contr'eux Pasiphile & Démophile à la tête de cinq mille hommes, ils livrerent un vigoureux combat aux Bannis commandés par Dinocrate & par Philonide, qui conduisoient chacun une aîle. L'Animosité reciproque des combattans tint la bataille assez long-tems douteuse : mais la chute de Philonide, un des deux chefs des Bannis, ayant donné lieu à son bataillon de reculer, Dinocrate fut bientôt obligé d'en faire autant. Pasiphile les poursuivant à la tête de son bataillon mit par terre un grand nombre de ces fuyards ; & ayant repris la ville de Galarie, il y fit punir tous les Auteurs de la révolte. Cependant Agathocle ayant appris que les Carthaginois s'étoient emparés dans le Canton de Gela d'un fort appellé Ecnome, résolut d'employer toutes ses forces pour le recouvrer. Ainsi marchant contre eux, & arrivé fort près de leur camp, il les appelloit au combat, encouragé qu'il étoit par sa précédente victoire. Mais les Barbares n'oserent pas se présenter : Ainsi Agathocle se voyant maître du plat pays sans qu'il lui en eut beaucoup couté, revint à Syracuse, où il orna les principaux temples des dépouilles des vaincus. C'est-là ce qui s'est passé dans cette année, autant que nous avons pû le recueillir.

739.

Simonides étant Archonte d'Athenes, & les Romains ayant pour consuls M. Valerius & P. Decius : Cassander, Ptolemée & Lysimachus firent avec Antigonus une paix dont les articles furent couchés par écrit. Il y étoit porté que Cassander seroit le commandant général de l'Europe, jusqu'à la majorité d'Alexandre fils de Roxane, que Lysimachus garderoit la Thrace qui avoit été son premier partage, que Ptolemée continueroit de regner en Egypte, & sur les villes, tant de l'Afrique que de l'Arabie qui en étoient voisines : & qu'Antigonus gouverneroit toute l'Asie ; enfin que

Olymp. 117. an. 2. 311. ans avant l'Ere Chrétienne.

les Grecs conserveroient leur liberté. Ces contendans ne s'en tinrent pourtant pas à leurs propres conventions, & chacun d'eux, sous des prétextes apparens, travailloit à s'aggrandir. Cassander en particulier voyant croître le jeune Alexandre, & lui étant revenu que les Macedoniens disoient souvent entr'eux qu'il étoit tems de le tirer de sa prison, & de le mettre sur le thrône de son pere, il donna ordre à Glaucias auquel il avoit confié la garde, & de l'enfant & de la mere, de les égorger secretement l'un & l'autre & de cacher leurs corps, ce qui fut exécuté. A cette nouvelle, non-seulement Cassander, mais Lysimachus, Ptolemée & Antigonus furent soulagés de la crainte des prétentions de ce Prince sur les provinces qui leur étoient échûes. Car n'y ayant plus d'héritier légitime de l'Empire d'Alexandre, chacun d'eux se flatta de demeurer souverain dans son partage, & d'avoir acquis le tire de Roi, & sur ses possessions actuelles, & sur les conquêtes qu'il pourroit faire dans la suite. Voilà quelle étoit la situation des choses en Europe, en Asie, dans la Macedoine & dans la Grece. En Italie les Romains ayant assemblé une forte armée, tant en infanterie qu'en cavalerie, allerent attaquer Pollitium (a) ville des Marruciniens, & après l'avoir prise ils envoyerent une partie de ses habitans à Interamne où ils vouloient établir une colonie.

En Sicile, la puissance d'Agathocle croissoit visiblement, & il avoit une très-forte armée sur pié. Les Carthaginois apprenant qu'il s'emparoit tous les jours de quelques villes, & que ses troupes étoient plus nombreuses que celles qu'ils eussent encore données à aucun de leurs généraux, résolurent de se préparer à la guerre plus sérieusement qu'ils n'avoient fait jusqu'alors. Ils équiperent donc cent trente galéres dont ils confierent le commandement à Amilcar le plus fameux de leurs capitaines. Ils joignirent à lui deux mille de ces soldats qu'on appelloit citoyens, & dont plusieurs étoient même des hommes distingués, dix mille soudoyez de la province de Libye, deux cents conducteurs de Chars & mille tireurs de fronde levés

XXVII.

740.

_____

(a) On trouve Politorium dans T. Live, l. 1. c. 33. mais les Marruciniens sont nommés au l. 9. c. 45.

K v

dans les Isles Baleares (*a*). On lui remit aussi de grosses sommes d'argent, d'amples provisions de bouche & d'armes de toute espece ; en un mot de tout ce qui peut être utile à la guerre. Cette flotte étant enfin sortie du port de Carthage, & se trouvant en pleine mer, fut accueillie d'une tempête affreuse qui fit d'abord disparoître soixante galéres, & deux cens vaisseaux portant les vivres. Le reste battu des vents & des flots aborda avec beaucoup de peine en Sicile ; on avoit perdu un grand nombre des plus considérables d'entre les Carthaginois, dont la ville prit un duëil public. Car la coutume étoit dans les adversités considérables comme celles-ci de couvrir les murailles des remparts mêmes de draps noirs.

Amilcar ayant recueilli ceux de ses soudoyez qui étoient échappés à la tempête, les incorpora dans la compagnie des alliés de la Sicile : rassemblant ensuite tout ce qu'il avoit de soldats en état de servir, & les ayant pourvus de tout ce qui étoit nécessaire pour leur subsistance & pour le

---

(*a*) Majorque & Minorque, vis-à-vis la côte | Orientale de l'Espagne.

combat, il dreſſa ſon camp en pleine campagne. Il ſe trouva encore quarante mille hommes de pié, & près de cinq mille hommes de cheval. Ainſi couvrant ſon infortune précédente, de la réputation qu'il s'étoit acquiſe de grand capitaine; non-ſeulement il rendit l'eſpérance à ſes alliés abbattus, mais il fit rentrer la crainte dans l'ame de ſes ennemis.

Agathocle voyant l'armée des Carthaginois en ſi bon ordre, ne douta point que toutes les fortereſſes du voiſinage ne ſe rendiſſent à eux, auſſi-bien que toutes les villes mécontentes de lui : entre leſquelles il ſoupçonnoit ſurtout celle de Gela, d'autant plus que toutes les forces des Carthaginois ſe trouvoient alors dans ſon voiſinage. Il arriva même en ce tems-là un échéc aſſez conſidérable à ſa flotte ; car une vingtaine de ſes vaiſſeaux qui naviguoient dans le détroit tomberent avec tout leur équipage au pouvoir des Carthaginois. Cependant quoiqu'il eut une extrême envie de s'aſſurer de Gela, par une garniſon, il n'oſoit pas l'y faire entrer en corps, de peur que les citoyens prétextant les circonſtances préſentes, ne s'excuſſaſſent de la recevoir, & qu'il ne manquât pour toujours l'acquisition d'une ville dont il devoit tirer de grands avantages. Il y envoya donc les uns après les autres des soldats détachés qui s'y introduisoient sous d'autres prétextes ; & qui ne laisserent pas d'y faire à la fin un nombre d'hommes qui passoit celui des citoyens mêmes. Il s'y rendit bientôt après eux, & là il reprocha aux habitans leur trahison ou leur changement de parti, soit en effet qu'ils en eussent eu le dessein, ou qu'il déferât trop au rapport que lui en avoient fait quelques citoyens refugiés auprès de lui; ou plûtôt enfin, parce qu'il ne cherchoit qu'un prétexte pour s'emparer de leurs possessions. En effet il fit égorger plus de quatre mille habitans, dont il s'appropria tous les biens, & donna ordre à tous les autres de lui remettre tout l'or & tout l'argent monnoyé ou non monnoyé, qui se trouveroit dans leur ville, sous peine du dernier supplice. La crainte les fit bientôt obéïr, & cet exemple, outre les grandes richesses qu'il lui procura, servit encore à imprimer une grande terreur dans tout le pays de sa domination. Mais comme il sentoit que sa cruauté paroîssoit exorbitante à tout le monde, il prit le soin de faire ensevelir autour des murailles de la ville tous ceux qu'il avoit fait égorger; & laissant dans la ville même une garnison convenable, il alla placer son camp en face de celui des ennemis.

Les Carthaginois s'étoient saisis du fort nommé Ecnome, jadis occupé, dit-on, par le tyran Phalaris. Car on racontoit que c'étoit là que ce barbare faisoit périr ses prisonniers dans un taureau d'airain sous lequel on mettoit du feu; cruauté qui avoit fait donner à ce Fort le nom qu'il portoit. Car Ecnome signifie sans mœurs & sans loi. Agathocle occupoit à quelque distance de-là un autre fort que lui-même avoit nommé Phalaris. Entre les deux camps il y avoit un fleuve (*a*) dont chacun d'eux se faisoit une défense, & on alleguoit une ancienne prédiction, selon laquelle il devoit y avoir un jour sur les bords de ce même fleuve un combat qui seroit suivi d'un grand carnage. Mais comme l'oracle n'énon-

(*a*) Ce fleuve s'appelloit Himere, & sera nommé ainsi dans la p. suivante. C'est à ce combat sur l'Himere que l'Auteur dans le préambule de ce livre 19. a dit qu'il le termineroit, comme il va le faire.

çoit pas de quel côté seroit la perte, les deux armées en partageoient la crainte, & se hâtoient peu de s'avancer. Elles sembloient attendre reciproquement que leurs adversaires entreprissent les premiers de traverser le fleuve, lorsqu'une avanture inopinée les anima tout d'un coup l'une contre l'autre : Quelques Africains ayant passé les premiers, eurent la hardiesse de venir piller la campagne dans le voisinage de l'armée ennemie. Agathocle offensé de leur audace se resolut de leur rendre la pareille. Quelques Grecs vinrent donc aussi autour du camp des Carthaginois, d'où ils emmenoient des bêtes de charge. Mais les Carthaginois ne manquerent pas de les poursuivre. Ainsi pour plus de sûreté, Agathocle jugea à propos de placer dans une embuscade des hommes choisis entre les plus braves de ses gens, qui tomberent sur les Carthaginois dans le désordre de leur descente, & lors qu'ensuite ils ne cherchoient qu'à regagner leur camp. Jugeant alors que le moment étoit venu de leur livrer bataille, il fit passer toute son armée de leur côté, & tomba inopinément sur leur camp dont il avoit fait bientôt combler le fossé &

arracher les palissades. Les Carthaginois surpris d'une attaque si imprévue, & n'ayant pas eu le temps de se réunir se défendoient sans ordre contre le premier ennemi qui se présentoit à eux : & comme c'étoit sur la ligne de circonvallation qu'étoit le plus grand dérangement ; ce fut-là aussi que la terre fut bien-tôt couverte de morts. Les Carthaginois qui voyoient leur camp en risque d'être forcé, le défendoient de tout leur pouvoir ; & l'armée d'Agathocle encouragée par son avantage présent, & flattée de l'espérance de terminer la guerre dans cette journée, s'animoit à chaque moment d'un nouveau courage. Amilcar s'appercevant que les siens avoient du dessous, & que les Grecs se présentoient toujours en plus grand nombre, fait avancer ses frondeurs des Isles Baleares au nombre de mille. Ceux-ci jettant continuellement des pierres d'une grosseur considérable, blessoient un grand nombre de leurs ennemis, n'en étendoient gueres moins de morts par terre ; & brisoient même souvent les armes sur le corps de ceux qui les portoient. Ils s'étoient accoutumés à lancer des pierres du poids d'une (a) mine ou de cent Drachmes, ce qui contribuoit beaucoup à la victoire en plusieurs cas épineux : & comme ils s'étoient formés dès l'enfance à cette espece d'exercice, ils vinrent à bout de mettre l'armée Grecque hors de leur enceinte.

Agathocle chercha pourtant encore à les attaquer par d'autres endroits, & il étoit sur le point de les forcer, lorsqu'il arriva de la Libye aux Carthaginois un secours inopiné. A cet aspect ceux-ci renouvellerent de courage, & se défendoient avec encore plus de vigueur. Cependant les nouveaux arrivés environnent les Grecs mêmes, dont plusieurs étant blessés, firent bien-tôt comprendre que la fortune du combat alloit changer de face. En effet, les Grecs prirent la fuite, les uns d'un côté du fleuve d'Himere, & les autres dans leur camp même, de la distance de quarante stades, dont ils s'en étoient écartés. Cette troupe de fuyards n'étoit guére composée que de gens de pied, qui furent bien-

---

(a) Si une dragme étoit la huitiéme partie de l'once, comme nous l'estimons aujourd'hui, cent drachmes devoient faire 11. à 12. onces, ou près d'une livre de poids.

tôt atteints par les cinq mille cavaliers qu'avoient les barbares. Dans un moment on vit tout le rivage couvert de morts, & le voisinage du fleuve contribua beaucoup encore à la ruine totale des Grecs. Car comme on étoit alors dans la canicule, & que cette poursuite se faisoit en plein midi, les soldats mourant de chaud & de soif, ne pouvoient rencontrer dans le fleuve même trop voisin de son embouchûre que de l'eau salée ; aussi arriva-t'il que dans la recherche qu'on fit des corps, après la retraite des ennemis, on trouva un grand nombre de morts sans blessure. Les barbares avoient perdu environ cinq cents hommes ; mais les Grecs avoient laissé sur la place plus de sept mille des leurs. Agathocle désolé de cette perte, mit le feu à tout le bois qui formoit la clôture de son camp, & se retira dans Gela. Mais ayant fait courir le bruit qu'il partoit incessamment pour Syracuse, trois cents cavaliers de la Libye, rencontrerent quelques soldats d'Agathocle, qui leur dirent que leur General s'étoit déja retiré dans la capitale. Là-dessus, les premiers se présenterent aux portes de

Gela comme amis, & furent bien trompés dans leur espérance ; car on les perça à coups de traits du haut des murailles.

Au reste, Agathocle s'étoit renfermé dans Gela, non qu'il ne pût se retirer aisément à Syracuse, mais pour attirer les Carthaginois au siége de Gela même, afin que les Syracusains eussent tout le loisir qu'il leur falloit pour enfermer leur récolte dont c'étoit alors la saison. Amilcar avoit bien eu en effet le dessein d'assiéger d'abord Gela : mais apprenant qu'Agathocle y avoit une forte armée qui ne manquoit de rien, il abandonna ce projet, & il parcourut quelques autres villes ou forts, où il faisoit des amitiés à tout le monde, dans le dessein de gagner la bienveillance des Siciliens. Il y réussit en effet, car les citoyens de Camarine & de Leontium, aussi-bien que ceux de Catane & de Tauromene, lui envoyerent des Ambassadeurs, par lesquels ils s'allioient aux Carthaginois. Cet exemple entraîna dans peu de jours plusieurs villes considérables, telles que Messine, Abacene & d'autres encore à la même alliance, & elles disputoient entr'elles, à qui en feroit la premiere démarche. C'étoit-là le fruit de la bataille qu'Amilcar avoit gagnée, & surtout de la haine universelle que le Tyran s'étoit attirée. Cependant Agathocle ayant remené à Syracuse ce qui lui restoit encore de troupes, entreprit d'en relever ou d'en reparer les murailles. Il y fit transporter tous les grains de la province, & y mettant d'ailleurs une garnison suffisante, son dessein étoit de conduire une armée considérable dans la Libye, & de faire passer la guerre de l'Isle dans la terre ferme. C'est à ce passage que nous commencerons le livre suivant ; conformément à la promesse que nous en avons faite au commencement de celui-ci.

Fin du Livre XIX. de l'Histoire universelle de Diodore de Sicile.

HISTOIRE
UNIVERSELLE
DE
DIODORE DE SICILE.

LIVRE VINGTIE'ME.

Chiffres des pages de Rhodoman. 746.

CE ne seroit peut-être pas sans raison que l'on condamneroit ceux qui inserent de longues harangues dans leurs histoires : car ils interrompent le fil de la narration par des discours hors de propos, & impatientent un Lecteur qui ne cherche que des faits. Il est permis à ceux qui ont le talent de la parole, & le gout des discours oratoires, d'intenter en leur particulier des accusations, ou d'imaginer des objets d'ambassades, sans parler des éloges de la vertu, ou des invectives contre le vice qu'ils peuvent faire sur des sujets supposés; & il leur est permis d'acquérir de la réputation par de semblables essais. Mais au lieu de cela, quelques-uns de nos Historiens n'ont fait de leur histoire qu'un recueil de harangues: & par-là ils se sont attiré le reproche d'avoir mal écrit; ou du moins d'avoir mal placé un genre d'écrire, qui employé ailleurs, auroit pu avoir du succès & leur donner de la réputation. De-là vient aussi que la plûpart des lecteurs passent par-dessus tous ces essais de Réthorique, en présupposant même qu'ils sont bien-faits; ou que d'autres choqués de cette interruption perpétuelle, laissent-là le livre, comme n'y trouvant point ce qu'ils y cherchoient: & ce n'est point sans juste raison. Car l'histoire est un genre simple, & partout semblable à lui-même, & qui ne conserve que par l'union des parties qui lui conviennent, cette forme & cette beauté que l'addition d'un corps étranger lui feroit perdre. Mais comme tout ce qui est à sa place contribue à la perfection de l'ouvrage entier ; nous n'excluons pas absolument de l'histoire toute espece de harangue : car comme elle se soutient principalement par la variété, on a cru dans cette vue devoir employer en quelques occasions le tour des harangues, dont je ne voudrois pas me priver moi-même. En effet, dans le cas où quelque incident nouveau demanderoit par exemple qu'un Officier public ou un Orateur détournat le peuple de quelqu'émotion dangéreuse, celui des deux qui ne monteroit pas courageusement dans la tribune, seroit un mauvais citoyen. Mais indépendamment des harangues, il y a encore bien des occasions où l'Historien a besoin d'emprunter les ornemens de la Rhéthorique. Il ne doit pas omettre, par exemple, les choses qui ont été dites avec beaucoup de force & de courage, & dont les expressions sont aussi dignes d'entrer dans l'histoire que les faits mêmes. Mais d'ailleurs quand les faits ont par eux-mêmes un certain éclat, l'Historien doit les présenter sous une forme qui ne les avilisse pas. D'autrefois enfin nous avons

747.

cru devoir changer de ton, quand l'évenement ne répondoit pas à la grandeur des espérances. Cela étant dit, nous reprenons le fil de notre histoire, en rappellant en général la suite des années qui se sont écoulées depuis son commencement. Nous avons rapporté dans les livres qui précedent celui-ci, les choses les plus remarquables qui ont été faites par les Grecs ou par les barbares, jusqu'à l'année qui a précédé la descente d'Agathocle en Afrique, que l'on place 883. ans après la prise de Troye. Dans le livre présent qui contiendra huit années, après avoir parlé de cette descente, nous suivrons les autres objets que l'histoire nous présentera, pour finir au tems où tous les successeurs d'Alexandre se réunirent pour faire la guerre à Antigonus (*a*) fils de Philippe.

I. Olympiade 117. an. 3. 310. ans avant l'Ere Chrétienne. An de Rome 443.

Hieromnemon étant Archonte d'Athenes, & Rome ayant pour consuls C. Junius & Q. Æmilius: Agathocle battu à Himere en Sicile par les Carthaginois, & qui venoit

(*a*) C'est le même Antigonus Macedonien, un des successeurs d'Alexandre, que nous avons vu jusqu'à présent agir dans l'Asie. Mais l'Auteur n'avoit pas dit encore que son pere s'appellat Philippe.

de perdre une grande partie & la meilleure de son armée, s'étoit enfui à Syracuse. Voyant là que tous ses alliez l'avoient abandonné, que les Barbares s'étoient emparés de presque toute la Sicile, à l'exception de cette capitale, & qu'ils étoient très-supérieurs à lui en forces de terre & de mer, il conçut un dessein qui devoit paroître téméraire & sans espérance de succès. Car dans le tems où l'on pensoit qu'il n'entreprendroit pas même de se défendre contre les Carthaginois il forma le projet de laisser une garnison suffisante dans Syracuse, & de prendre avec lui l'élite de ses soldats, pour passer lui-même à leur tête dans la Libye. Il se flattoit de trouver Carthage ensevelie dans les douceurs d'une paix déja ancienne, deshabituée par conséquent de tous les travaux de la guerre, & qui par-là, cederoit bien-tôt à des soldats actuellement exercés comme les siens. D'un autre côté, il se réprésentoit les Alliez des Carthaginois, comme des gens las d'un service de plusieurs années, dont ils ne cherchoient que l'occasion de se délivrer. Mais surtout il se flattoit que tombant tout
d'un

d'un coup sur un pays engraissé par la tranquillité dont ses côtes & ses provinces jouïssoient depuis longtems, il y feroit une proye immense, & tourneroit à son profit la longue félicité de l'Afrique. Il esperoit principalement que son irruption rappelleroit de la Sicile le grand nombre de Carthaginois qui s'y étoit répandu, & qu'il transporteroit ainsi chez les ennemis tous les inconveniens de la guerre: ce qui arriva en effet. Car ne faisant confidence à personne de son dessein, il laissa son frere Antander Gouverneur de Syracuse, avec une bonne garnison: après quoi il ordonna à ses fantassins de le suivre bien armés. A l'égard de ses cavaliers, outre l'armure qu'il devoit avoir sur eux, il leur ordonna de se charger d'un frein & d'une selle pliante, *un panneau*, pour monter les chevaux qu'ils trouveroient dans le pays même. Car dans le dernier combat qu'il avoit donné, il avoit perdu la plus grande partie de son infanterie; mais il avoit sauvé le plus grand nombre de ses cavaliers, qu'il avoit peu employés, & dont les chevaux l'auroient embarrassé dans le trajet qu'il avoit à faire.

D'un autre côté pour prévenir les complots qui pourroient se faire contre lui à Syracuse pendant son absence ; il prît soin de séparer les sujets d'une même famille, par exemple les cousins d'avec les cousins, & surtout les freres d'avec les freres ; en laissant les uns dans la ville, & emmenant les autres avec lui. Car il devoit arriver de-là, que ceux mêmes qui auroient été capables de quelque soulevement dans son absence, seroient contenus par la crainte que le Tyran n'en tirât vengeance sur leurs propres parens qu'il auroit auprès de lui. Mais ayant besoin d'argent, il prît tous les biens des orphelins entre les mains de leurs tuteurs, en disant qu'il le feroit beaucoup mieux valoir, & sur tout qu'il le leur rendroit à leur majorité beaucoup plus fidellement qu'eux. Il fit outre cela des emprunts considérables chez les Banquiers, il emporta plusieurs offrandes faites aux Dieux, & exigea des femmes de la ville la plus grande partie de leurs bijoux. Voyant ensuite qu'il avoit mis les familles riches au désespoir, & qu'il avoit même soulevé toute la ville contre lui, il convoqua une assemblée

LIVRE XX.

générale des citoyens, dans laquelle se lamentant sur les malheurs d'un siége prochain qu'ils alloient essuyer; il leur dit qu'étant élevé dans les fatigues de la guerre, il étoit peu touché des travaux que ce siége devoit lui coûter; mais qu'il plaignoit extrêmement les citoyens prêts à se voir emprisonnez dans leurs murailles: qu'ainsi il conseilloit à tous ceux qui ne se sentoient pas assez de résolution pour s'exposer aux calamités où un siége pouvoit les conduire, de se retirer avec tous leurs effets à la campagne. Ayant fait sortir ainsi de la ville tout ce qu'il y avoit d'hommes riches qui le haïssoient souverainement, il envoya après eux ses Spadassins qui les égorgerent tous; de sorte qu'il n'eut plus qu'à s'aller saisir lui-même de leur dépouille. Devenu prodigieusement riche par cet horrible massacre, & délivré ainsi de ses ennemis capitaux, il donna la liberté à tous ceux des esclaves des morts, qui se trouverent propres au service militaire. Ayant fourni ses soixante vaisseaux de cette recruë, il n'attendoit plus que le tems propre pour mettre à la voile. Mais comme il ne manifestoit

749.

point encore son dessein, les uns croyoient qu'il vouloit porter la guerre en Italie, & les autres qu'il ne pensoit qu'à ravager toute la partie de la Sicile qui appartenoit aux Carthaginois. Mais tous regardant sa flotte comme déja perduë, s'attendoient à n'en jamais voir revenir un seul homme, & traitoient de manie le dessein du Général, quel qu'il pût être.

Cependant comme les ennemis bloquoient en quelque sorte le port de Syracuse avec un grand nombre de galeres, Agathocle fut obligé de tenir les siennes à l'ancre pendant plusieurs jours, comme n'étant pas en état de forcer cette barriere : enfin pourtant quelques barques qui apportoient des vivres dans cette capitale s'étant montrées, les vaisseaux Carthaginois eurent l'imprudence de quitter leur poste pour aller au-devant d'elles, & s'écarterent même fort au loin pour les poursuivre. Agathocle qui désespéroit déja de pouvoir jamais s'échaper, profita de cet écart pour sortir du port, & à force de rames, il se trouva bientôt en pleine mer. Les Carthaginois crurent d'abord que cette sortie n'avoit d'autre but que de venir au secours des vaisseaux de charge ; & dans cette pensée, ils se mirent en ordre de bataille contre les vaisseaux d'Agathocle : mais voyant que ceux-ci qui ne cherchoient qu'à disparoître étoient déja bien loin, ils entreprennent de les poursuivre. Les vaisseaux de vivres profiterent de cette méprise, & même de quelque attaque que les Carthaginois faisoient déja à la flotte d'Agathocle, pour se jetter dans le port de Syracuse, où ils apporterent un grand soulagement aux citoyens qui commençoient déja à souffrir de la famine. Agathocle de son côté sur le point d'être opprimé par l'ennemi, fut sauvé contre sa propre espérance par l'arrivée de la nuit. Le lendemain il y eut une éclipse de soleil qui fut telle que toutes les étoiles parurent comme elles paroissent dans une nuit sans nuages. Les soldats d'Agathocle ne manquerent pas de tirer un sinistre présage de ce phénomene. Enfin ayant navigué six jours & six nuits consécutives, ils découvrirent la flotte Carthaginoise assez proche d'eux : ainsi s'animant de part & d'autre, on faisoit force de rames pour se joindre. Les Carthaginois se flattoient que cette victoire leur ouvriroit la route & les portes de Syracuse, & délivreroit à jamais leur nation de la crainte des Grecs; & les Grecs de leur côté étoient prévenus que s'ils ne mettoient les premiers le pié dans l'Afrique, les ennemis étoient sur le point de les punir de leur entreprise, après quoi ils iroient bientôt réduire à la plus dure servitude leurs familles qu'ils avoient laissées dans Syracuse. Ainsi dès qu'ils eurent apperçu les rivages de la Libye, ils s'animoient & s'encourageoient les uns les autres. Les galeres Africaines qui s'étoient mises à leur poursuite, voguoient à la vérité plus vîte que celles des Grecs, à cause de la longue habitude de leurs rameurs à cet exercice. Cependant celles des Grecs leur cédoient peu & s'approchoient de plus en plus du rivage : de sorte qu'ils y toucherent en effet un peu avant que la flotte Africaine les eut atteints. Arrivés au bord, ils se jetterent à terre avec une émulation entre eux qui ressembloit à celle des Atheletes qui vont se battre. Les vaisseaux Afriquains étoient arrivés alors à la portée du trait de la flotte de

Syracuse, & commençoient à l'attaquer à coups de fleches. Mais celle-ci qui surpassoit de beaucoup la premiere en force l'obligea de revirer, alors Agathocle ayant fait descendre tranquillement tout l'équipage de la sienne dans un endroit qu'on appelloit les carrieres, fit tracer un chemin creux par lequel on amena tous ses vaisseaux à terre.

Etant venu à bout de ce projet, il en conçut un autre beaucoup plus hazardeux encore : car ayant proposé son dessein à ceux de ses Officiers qui lui paroissoient les plus soumis à ses volontés, il fit préparer un sacrifice en forme à Cerès & à Proserpine ; après quoi faisant assembler toute son armée, il se présenta couvert d'une robe éclatante, & portant une couronne de fleurs sur la tête ; & lui dit que dans le tems qu'ils étoient poursuivis par les vaisseaux Carthaginois, il avoit fait vœu aux deux Déesses de la Sicile de mettre le feu en leur honneur à tous les vaisseaux de sa flotte ; & qu'après avoir été sauvés par une protection si manifeste de ces deux Divinités, ils étoit tems de remplir son engagement à leur égard.

Il ajouta qu'il ne tenoit qu'à eux d'acquérir un bien plus grand nombre de vaisseaux par leur courage, d'autant plus que dans les sacrifices particuliers qu'il avoit faits, il avoit eu des indices certains d'une victoire complette & décisive. Pendant qu'il parloit encore, un de ces Officiers lui apporta un flambeau allumé. Il le prit aussi-tôt à la main, & en faisant donner un semblable à tous les Officiers de son armée, il marcha à leur tête en invoquant les Déesses ; & montant le premier dans la galere du Commandant, il ordonna à tous les chefs de suivre l'exemple qu'il leur alloit donner. Aussi-tôt tous les chefs munis d'un flambeau comme lui, mirent à son imitation le feu à la galere, commandée par chacun d'eux. La flâme s'éleva bien-tôt en l'air, accompagnée du bruit des trompettes, pendant que toute l'armée poussoit des cris de joie, & demandoit en même tems aux Dieux un heureux retour dans leur patrie. Agathocle n'employa cette supposition que pour ôter à ses soldats toute ressource de fuite, & afin qu'ils ne vissent eux-mêmes de salut pour eux que dans la victoire. Il prévoyoit de plus que n'ayant qu'un assez petit nombre de soldats (*a*), il auroit fallu partager son armée pour la garde de ses bâtimens, ce qui l'auroit rendu trop foible dans un combat, ou que faute d'être gardez, ses bâtimens mêmes seroient devenus une acquisition avantageuse pour les ennemis.

A la vue néanmoins de cet incendie qui occupoit un très-grand espace, la terreur se glissa peu à peu dans l'ame des soldats Siciliens ; car séduits d'abord par l'enthousiasme apparent d'Agathocle, & ne s'étant pas donné le loisir de méditer sur leur entreprise, ils s'étoient portés d'eux-mêmes à un pareil sacrifice. Mais le tems amenant la réflexion, ils tomberent dans le repentir, & le grand trajet de mer qu'ils avoient à faire pour regagner leur patrie se présentant à leur imagination, les jettoit dans le désespoir. Agathocle se hâtant de les tirer de cet état, les conduisit incessamment dans un canton voisin, qu'on appelloit la grande ville, & qui appartenoit

(*a*) Nous avons vû au livre 17. p. 504. de Rhod. qu'Alexandre avoit pris une précaution à peu près semblable, à la veille d'une bataille contre Darius.

L v

aux Carthaginois. Le pays qu'il falloit traverser pour y arriver étoit garni de toutes sortes d'arbres & traversé par plusieurs canaux d'eau courante. Il s'offroit à la vue de tous côtés, des maisons de campagne incrustées de pierres de toutes couleurs, & qui indiquoient la grande richesse de ceux à qui elles appartenoient. Les avant-cours que l'on découvroit du chemin étoient garnies de tout ce qui entre dans l'usage & dans les plaisirs de la vie, & donnoient l'idée d'un pays depuis long-tems à l'abri de toute guerre. Le terroir y produisoit une grande quantité de vignes, d'oliviers, & d'arbres fruitiers de toute espece. D'un autre côté, on appercevoit dans la campagne des troupeaux immenses de bœufs, de vaches & de brebis, ou d'amples haras de chevaux ; en un mot tout ce pays sembloit être le séjour de la félicité, & donnoit des Carthaginois l'idée, non-seulement d'un peuple très-riche, mais encore d'une nation délicate dans le choix des commodités & des plaisirs de la vie. A l'aspect de toutes ces choses, les Siciliens en admiroient & la beauté & l'abondance ; ils se laissoient aller aussi à l'espoir d'en profiter eux-mêmes, & il leur paroissoit qu'une semblable conquête étoit bien digne des travaux & des périls auxquels on s'exposeroit pour la faire.

II.

Agathocle voyant ses soldats ainsi revenus du découragement auquel ils s'étoient d'abord abandonnés, & prets désormais à s'exposer aux plus grands périls, les mena sur le champ au pié des murailles de Megalopolis, *où la grande ville*, qui ne les attendoit en aucune sorte, & qui n'ayant aucune expérience de la guerre, ni même aucun soupçon d'une attaque prochaine à soutenir, fut emportée de force, & livrée aux soldats d'Agathocle, que cette proye combla de richesses, & remplit même de courage pour l'avenir. En effet partant de-là pour une autre ville qu'on appelloit le Tunis blanc (*a*), à deux mille stades de Carthage, il la prit, ses soldats souhaitoient qu'il les gardât toutes deux, & ils y avoient déja déposé tout le pillage qu'ils avoient pu faire. Mais Agathocle qui ne perdoit point son projet de vue, persuada à ses soldats mêmes, que le gain d'une

752.

(*a*) 83. lieues ⅓ à 24. stades pour une lieue.

L vj

bataille étoit le seul titre réel & décisif d'une victoire véritablement remportée sur des ennemis. Ainsi il renversa les deux villes qu'il venoit de prendre, & dressa son camp en pleine campagne.

Cependant les Africains qui avoient vu mettre le feu à la flotte de Syracuse, se réjouissoient dans la pensée confuse où ils étoient, que l'ennemi n'avoit pris un parti si violent que pour les priver eux-mêmes d'une proye qu'ils jugeoient bien devoir tomber entre leurs mains. Mais les voyant ensuite s'avancer de plus en plus sur leur territoire, ils jugerent bien-tôt que l'embrasement de cette flotte tourneroit à leur propre dommage. C'est pour cela qu'ils couvrirent d'abord de larges peaux les proues de leurs propres vaisseaux, ce qui chez les Carthaginois étoit un signe que l'on craignoit quelque malheur prêt à tomber sur la République. Ensuite ayant recueilli les ferremens détachés des vaisseaux d'Agathocle, ils les mirent dans quelques galeres qu'ils envoyoient à Carthage, pour instruire le Sénat de tout ce qui s'étoit passé. Mais elles avoient déja été prévenues par des gens de la campagne qui avoient eu soin d'avertir la capitale de la premiere apparition des ennemis. La ville frappée de cette nouvelle, craignit d'abord que toutes les forces de mer & de terre qu'elle avoit envoyées dans la Sicile n'eussent absolument péri dans cette expédition : car on ne pouvoit pas concevoir qu'Agathocle, à moins que d'avoir remporté une pleine victoire sur elles, eut abandonné sa propre ville à la discrétion de ses ennemis, demeurés maîtres de la terre & de la mer, & qui auroient dû l'empêcher lui-même de venir jusqu'à eux. Des conjectures si naturelles, ou des soupçons si bien fondés jetterent de grandes allarmes dans toute la ville, & donnerent lieu à de nombreuses assemblées du peuple dans les places publiques, & à une convocation très-sérieuse du sénat, pour consulter sur ce qu'il y avoit à faire dans une pareille conjoncture. On n'avoit actuellement aucune armée capable de tenir tête à celle d'Agathocle. Le gros de la ville n'étoit point fait à l'exercice des armes, & étoit tombé d'ailleurs dans un découragement extraordinaire. Les ennemis au contraire sembloient s'avancer de plus en plus. Il passa par l'esprit de quelques-uns d'envoyer proposer la paix à Agathocle, par des députés qui fussent en même tems des espions assez adroits pour observer la situation & la contenance des ennemis, de sorte même que quelques-uns d'entre eux demeurassent secretement autour d'eux pour s'instruire à loisir de toutes ces circonstances. La ville étoit encore dans les mêmes inquiétudes, lorsque les députés vinrent rendre compte de leur commission. Le Sénat commença par reprimander tous les Capitaines de vaisseaux, d'avoir laissé aborder une flotte Greque jusqu'aux rivages de la Libye. Il nomma en même tems pour nouveaux Commandans Annon & Bomilcar, quoiqu'il y eut entre l'un & l'autre des inimitiés de famille : se flattant de tirer de leur émulation ou de leur jalousie même la sureté de la patrie, en quoi il se trompa beaucoup ; car Bomilcar qui aspiroit depuis long-tems à la tyrannie, & qui n'avoit trouvé encore aucune occasion d'éxécuter son projet, se prévalut du commandement qu'on lui donnoit alors pour y réussir. Le principe de son mécontentement étoit l'extrême dureté des Carthaginois dans les punitions: ils ne manquoient point dans les périls qui les menaçoient de choisir les plus habiles de leurs Capitaines, qu'ils prétendoient aussi devoir s'exposer à tout pour leur défense. D'un autre côté, dès qu'ils étoient en paix ils formoient contre eux des accusations téméraires, ausquelles ils avoient l'injustice de les faire succomber par haine & par jalousie; de sorte que plusieurs de leurs plus grands Généraux appréhendant ce facheux retour, refusoient le commandement, ou ne l'acceptoient que dans la vue de se rendre tyrans eux-mêmes. C'est le parti que prit Bomilcar en cette occasion, comme nous le raconterons bien-tôt.

Cependant, les deux chefs voyant qu'il n'y avoit point à différer, ne jugerent point à propos d'attendre la jonction de leurs alliés, & conduisirent au dehors les seules troupes de la ville qui montoient à quarante mille hommes de pié, à mille cavaliers & à deux mille chars. Et s'étant postés sur une hauteur voisine du camp ennemi, ils tomberent de-là sur l'armée Sicilienne. Hannon commandoit l'aîle droite, dans laquelle étoit comprise la bande sacrée. Bomilcar à l'aîle gauche, conduisoit la phalange à laquelle il avoit donné beaucoup de profondeur, parce que la nature du terrain ne lui permettoit pas de présenter un grand front. Elle étoit bordée sur le devant de cavaliers & de chariots, par l'effort desquels ils vouloient commencer le combat, & déranger les bataillons Grecs. Agathocle ayant bien observé cette ordonnance des ennemis, donna le commandement de son aîle droite à son fils Archagatus, suivi de deux mille cinq cents hommes d'Infanterie. Ces premiers étoient soutenus par trois mille cinq cents hommes de Syracuse même, & par trois mille Grecs soudoyés, à la suite desquels étoient trois mille hommes, ou Samnites, ou Thyrreniens, ou Celtes. Lui-même environné de sa propre garde, & à la tête de mille hommes d'armes, s'étoit mis en face du bataillon sacré des Carthaginois, & avoit placé sur les aîles de son bataillon cinq cents tireurs d'arc ou de fronde. Cependant tous ses soldats étant à peine fournis d'armes défensives, il imagina pour y suppléer de faire couvrir de peaux des baguettes arrangées, de sorte qu'on les prit de loin pour des boucliers en forme ; ce qui à la vérité ne suffisoit pas pour une défense réelle, mais donnoit l'apparence d'une armure véritable, & servoit à tenir les ennemis dans la circonspection. S'appercevant néanmoins que ses soldats s'effrayoient de plus en plus du grand nombre de leurs adversaires, & sur tout de leur cavalerie, il s'avisa de faire lâcher sur son armée une multitude de hiboux qu'il avoit assemblés depuis long-tems dans la vue de ranimer le courage de ses soldats. Ces oiseaux s'allant poser sur les boucliers ou sur les casques des uns ou des autres, encourageoient les soldats, par la prévention qu'étant consacrés à Minerve, ils leur apportoient l'augure d'une victoire certaine : & bien que quelques-uns d'entre eux n'eussent pas beaucoup de confiance en un pareil signe, il ne laissoit pas d'inspirer du courage à quelques autres, & d'amener quelquefois de grands succès, ce qui arriva dans cette occasion même. Car se disant les uns aux autres que la Déesse leur donnoit un signe manifeste de sa protection, ils se livroient hardiment au péril. Les chariots des ennemis venant à passer, ils s'écartoient à propos pour leur faire place, ils abbattoient les conducteurs à coup de traits, & ils en contraignirent plusieurs à retourner vers leur propre Infanterie. Ils soutinrent avec la même vigueur l'attaque de la cavalerie, qu'ils obligerent de revenir sur ses pas, en laissant sur la place un grand nombre de blessés.

A la suite d'un premier essai si avantageux pour les Grecs, toute l'Infanterie des barbares en vint aux mains. Hannon à la tête du bataillon sacré tout composé d'hommes choisis ; & dès le premier pas, impatient de remporter la victoire, se jetta avec impétuosité sur les Grecs, & en tua du premier choc un très-grand nombre : les traits pleuvant sur lui de toutes parts, il ne cédoit point encore, jusqu'à ce qu'enfin couvert de blessures, il tomba par terre & mourut sur le champ. A sa chute tous les Carthaginois qui étoient autour de lui perdirent courage, au même tems que ce succès ranima les soldats d'Agathocle. A cette nouvelle Bomilcar, l'autre Commandant de l'armée Carthaginoise, crut que le moment étoit arivé d'établir la tyrannie ou le pouvoir souverain dont il s'imaginoit que les Dieux mêmes avoient dessein de le revêtir. Dans ce projet il fit réflexion que si l'armée d'Agathocle venoit à être défaite, il ne pourroit plus exécuter son projet sur un peuple qui se sentiroit vainqueur ; au lieu que si Agathocle vainqueur lui-même abbatoit le courage des Carthaginois, ceux-ci dans le besoin qu'ils auroient alors de son secours, se soumettroient bien plus aisément à ses volontés ; après quoi il trouveroit bien-tôt l'occasion de vaincre Agathocle même. Suivant ce projet il commença à reculer avec ses troupes, comme cédant l'avantage aux ennemis ; & ayant déclaré à ses soldats la mort d'Hannon, il leur fit entendre que la situation présente des choses demandoit qu'ils se retirassent actuellement sur la hauteur. Mais comme les ennemis les poursuivoient dans cette retraite qui avoit tout l'air d'une fuite : les Africains postés derriere eux, jugeant que leur avant-garde étoit défaite, prirent eux-mêmes la fuite. Cependant ceux qui compo-

755.

soient le bataillon sacré, après la mort même de leur chef Hannon, passoient en avant par-dessus leurs morts, & soutenoient courageusement le combat ; mais voyant enfin que la plus grande partie de leur armée étoit battue & dissipée, & que leurs ennemis prenoient le dessus de toutes parts, ils se virent obligés de céder comme elle, & ils se refugierent tous sous les murs mêmes de Carthage.

III. Agathocle les ayant poursuivis quelque tems, revint sur ses pas & se mit à piller leur camp. Il avoit perdu environ deux cents hommes, contre mille Carthaginois restés sur la place, & que quelques Historiens font monter jusqu'au nombre de six mille. Mais dans le pillage de leur camp, outre plusieurs autres provisions, on trouva un grand nombre de chars, qui portoient plus de vingt mille paires de menotes ou de chaînes qu'ils destinoient aux Grecs qu'ils comptoient de vaincre, & qu'ils étoient convenus entr'eux de prendre vifs pour les faire travailler dans leurs carrieres. Mais je ne puis m'empêcher de croire qu'il y a une puissance supérieure qui s'attache à renverser les projets des hommes présomptueux, & qui les fait arriver eux-mêmes au dégré d'humiliation où ils prétendoient réduire leurs adversaires. C'est ainsi qu'Agathocle ayant vaincu les Carthaginois, malgré toutes les apparences contraires, les renferma dans leurs murailles. Cependant la fortune qui fait succéder comme il lui plaît les malheurs aux prospérités, donna encore ici la revanche aux vaincus sur les vainqueurs. Car les Carthaginois ayant battu en Sicile les troupes d'Agathocle absent, assiégeoient Syracuse dans le même tems que celui-ci pressoit Carthage : & ce qu'il y a de plus surprenant, est que ce tyran qui avoit laissé en Sicile des troupes fraîches & entieres, y fut battu, pendant qu'en Afrique il opprimoit les barbares avec des troupes qui venoient elles-mêmes d'être battues. Ce fut cette considération même qui porta les Carthaginois, qui n'attribuoient leur situation présente qu'à un décret particulier de la providence divine, à mettre toute leur attention à appaiser les Dieux à leur égard. Craignant sur-tout qu'Hercule, protecteur particulier de leur colonie, ne fut en colere contre eux,

756.

ils envoyerent des offrandes magnifiques au temple qu'il avoit à Tyr. Le vrai est qu'ayant été amenés delà en Afrique sous les auspices de ce Dieu, ils avoient eu soin dans les premieres années de lui envoyer fidellement la dixme de tous leurs revenus ; & que dans la suite des tems étant devenus beaucoup plus riches, ils sembloient avoir diminué leurs offrandes à proportion de l'accroissement de leurs richesses. Mais enfin le désastre où ils venoient de tomber les fit rentrer en eux-mêmes, & rappella dans leur mémoire, non-seulement Hercule, mais toutes les divinités de Tyr. Ils leur envoyerent de petites formes de temples toutes d'or, ce qui étoit le véritable indice de la supplication à laquelle ils se croyoient alors obligés d'avoir recours. Ils soupçonnerent encore que le Dieu Saturne étoit irrité contre eux, parce qu'ayant eu autrefois la coutume de lui sacrifier les plus formés & les plus chers de leurs enfans, ils en étoient venus à ne lui offrir que des enfans achetés & nourris secretement qu'ils livroient aux Prêtres au lieu des leurs ; ce qui fut vérifié par la recherche qui en fut faite. Se repentant de ces prévarications, à la vue des ennemis postés devant leurs murailles, ils se regardoient eux-mêmes comme des prévaricateurs dans le culte que leurs Ancêtres rendoient aux Dieux : & se hâtant de réparer leur faute, ils commencérent par faire immoler par un décret public & en présence de tout le peuple, deux cents enfans (*a*) choisis dans les familles les plus distinguées de la ville : les accusés, au nombre de trois cents, vinrent d'eux-mêmes se présenter à la mort. Ils avoient dans leur ville une statue de Saturne, qui étendoit les deux bras panchés en bas, comme pour laisser tomber dans le feu un enfant qu'ils auroient apporté : il y a apparence que c'est de-là qu'Euripide a tiré la supposition mythologique des sacrifices qui se faisoient en Tauride, lorsqu'il introduit Iphigenie répondant à Oreste qui lui demandoit (*b*) :

Oref. En quel tombeau mon corps doit-il ici descendre :

Iphig. D'abord un feu sacré va le réduire en cendre.

(*a*) Où pouvoit aller la barbarie particuliere d'une nation, jointe à la barbarie générale des tems !

(*b*) Ces deux vers

C'est apparemment aussi de cette cruelle pratique qu'est née la fable de Saturne qui dévore ses propres enfans.

Cependant les Afriquains à l'occasion de cette décadence ou de ce découragement, envoyerent en Sicile des Députés à Amilcar, pour l'inviter à revenir au plutôt à leur secours, & ils eurent soin de lui faire porter en même tems tous les ferremens qu'on avoit recueillis de l'embrasement (*a*) de la flotte d'Agathocle. Les députés ayant mis pié à terre dans l'Isle, Amilcar les envoya d'abord avertir de garder un profond silence sur leurs propres désavantages, & de répandre au contraire le bruit qu'Agathocle avoit absolument perdu toute son armée & toute sa flotte : députant aussi-tôt à Syracuse quelques-uns de ceux qui arrivoient actuellement de l'Afrique, & suivis des ferremens dont nous venons de parler, ils les chargea de sommer les assiégés de se rendre, en les avertissant que toute leur ar-

---

sont tirés de l'Iphigenie en Tauride, d'Euripide. Acte 3. vers 625. & 626. édition de M. Barnez. *in-fol.* excepté pourtant que le dernier mot du second vers est πέτρας au lieu de χθονός, employé par Diodore.

(*a*) Ci-dessus p. 752. de Rhod.

mée avoit été défaite devant Carthage, & qu'on avoit fait périr leur flotte par un embraiement universel, dont les ferremens qu'on leur montroit étoient un témoignage évident. Ce discours soutenu par des preuves plausibles trouva créance dans la plûpart des esprits; & les Magistrats de la ville suspendant leur jugement sur le fait gardoient le silence, pour ne point exciter de tumulte, & renvoyerent les deputés. Les mêmes Magistrats chasserent en même tems de la ville tous les parens des bannis, & tous ceux qui paroissoient désaprouver leur conduite: & le nombre de ces derniers exilés monta au moins à huit mille personnes. Ce nouveau décret remplit Syracuse de troubles, de cris & de lamentations de femmes, dont aucune maison ne pouvoit en effet être exempte: car ceux mêmes qui favorisoient la tyrannie d'Agathocle, pleuroient la mort ou la captivité de leurs enfans, & ceux des citoyens que l'on condamnoit actuellement à l'exil, éprouvoient la double désolation de ne pouvoir ni demeurer dans leur patrie, ni en sortir sans tomber entre les mains des barbares, qui environnoient actuellement leurs murailles : désolation qu'augmentoit de beaucoup encore la loi qu'on leur imposoit d'emmener avec eux leurs femmes & leurs enfans. Cependant Amilcar assura la vie à tous ceux qui se mirent d'eux-mêmes entre ses mains. Mais faisant avancer ses troupes jusqu'aux piés des remparts d'une ville qui s'étoit rendue elle-même déserte, il menaçoit de l'emporter d'assaut, & de venger sur ceux qui y restoient ceux qui venoient d'en être chassés. Il envoya pourtant avant toutes choses une ambassade à Antander (a), par laquelle il lui fit dire secretement qu'il lui promettoit aussi bien qu'à tous les siens, une pleine sureté, s'il consentoit de lui livrer Syracuse. Antander ayant fait assembler son Conseil sur une pareille proposition, après beaucoup de raisons alléguées pour & contre, opina lui-même à se rendre, comme étant de son naturel peu courageux, & d'un caractere différent en tout de celui de son frere. Mais Erymnon d'Ætolie qu'Agathocle avoit laissé auprès de lui pour conseil, lui opposa

758.

(a) Frere d'Agathocle, livre précédent p. 653. de Rhod.

un avis tout différent, & invita toute l'assistance à une défense vigoureuse, du moins jusqu'à ce qu'on fut pleinement instruit de la vérité de la nouvelle qu'on lui débitoit. Amilcar bientôt informé du résultat de cette délibération, fit avancer toutes ses machines pour battre les murailles.

Agathocle de son côté au sortir du combat qu'il avoit gagné contre les Carthaginois, avoit fait faire deux galeres à trente rames, il en envoya une montée par ses plus forts rameurs à Syracuse, & il avoit chargé Néarque, celui de ses amis auquel il se fioit le plus, de porter dans cette ville la nouvelle de sa victoire. Cette navigation ayant été heureuse, on arriva la nuit du cinquiéme jour depuis le départ; & l'équipage couronné de fleurs, & chantant des cantiques de victoire, entra au lever du soleil dans le grand port. Les gardes du camp des Carthaginois s'en étant apperçus, on se mit aussi-tôt à la poursuite de cette galere, & comme on l'eut bien-tôt atteinte, il y eut là un combat de rameurs. Les cris qui s'éleverent de part & d'autre firent assembler dans le port les assiégés & les assiégeans, qui de part & d'autre exhortoient les leurs à se bien défendre. Cependant la galere étoit déja presque enveloppée, & les barbares commençoient à triompher ; pendant que les citoyens qui ne pouvoient pas aller à son secours, se contentoient d'implorer les Dieux en sa faveur. Mais au moment qu'on alloit tomber sur elle, elle se trouva à la portée des traits qu'on pouvoit tirer de la ville, & qui la sauverent de la poursuite des ennemis. Cependant Amilcar voyant que les citoyens, au premier bruit de la nouvelle surprenante qu'on avoit apportée, étoient en foule accourus au port, jugea qu'une partie des remparts étoit dégarnie, & dans cette pensée y envoya les plus braves de ses soldats avec des échelles. Ceux-ci trouvant en effet la plupart des portes sans défense y arriverent, & se saisirent sans obstacle de toute une courtine. Cependant les sentinelles qui faisoient la ronde comme à l'ordinaire, les ayant bien-tôt apperçus, rappellerent en cet endroit les citoyens : ce qui donna lieu un combat, par lequel on empêcha les ennemis d'aider ceux qui continuoient l'escalade, & l'on parvint même ensuite à précipiter ceux-ci dans le fossé. Amilcar désolé de ce revers se désista du siége, éloigna ses troupes de la ville, & renvoya cinq mille de ses soldats au secours de Carthage même.

Agathocle déja maître de toute la campagne au tour de la capitale avoit pris tous les forts des environs, quelques-uns à main armée, & la plûpart à raison de la haine que les petites villes avoient conçue contre le gouvernement de cette capitale, dont elles étoient dépendantes. Ayant laissé ensuite devant Tunis un camp bien muni & bien défendu, il s'avança du côté des villes maritimes, entre lesquelles ayant pris celle qu'on nommoit Néapolis, ou nouvelle ville, il en traita humainement les citoyens. Il vint de-là à Adrymete dont il forma le siége, & s'associa le Roi nommé Elimas. A cette nouvelle les Carthaginois conduisirent toute leur armée à Tunis, où ils s'emparerent du camp d'Agathocle, d'où ils battoient continuellement la ville, qu'ils avoient environnée de leurs machines de guerre. Agathocle instruit du fait, & des échecs qu'il avoit reçus en son abfence, laiffa des forces fuffifantes devant la ville qu'il affiégeoit actuellement, & s'avança fourdement du côté d'une hauteur d'où il pourroit être vû & d'Adrymete & des Africains qui affiégeoient Tunis. Ayant fait allumer fur cette hauteur un grand nombre de torches, il donna lieu aux Carthaginois de croire qu'il alloit tomber fur eux avec une groffe armée, & à la ville d'Adrimete qu'il venoit un nouveau fecours à l'ennemi qui les affiégeoit. Les uns & les autres furent également confternés par cette nouvelle idée; ceux qui affiégeoient Tunis s'en retournerent précipitamment à Carthage, fans fe donner le tems d'emporter leurs machines de guerre, & la même terreur fit céder par les citoyens d'Adrymete leur patrie à l'ennemi. Agathocle ayant reçu cette ville à compofition, emporta de vive force celle de Thapfos, & enfuite plufieurs autres de l'une ou de l'autre maniere: en ayant pris ainfi plus de deux cents, il s'avança de plus en plus dans l'intérieur de la Libye.

Dans le tems qu'il fe tranfportoit ainfi d'un lieu à un autre, & que ses jours de marche l'éloignoient de plus en plus de la mer; les Carthaginois ramenant leurs forces & tout leur équipage de la Sicile assiégerent eux-mêmes Tunis, & reprirent un grand nombre des places que l'ennemi étranger venoit de leur enlever. La nouvelle qu'en reçut Agathocle de la part des Officiers qu'il avoit laissez à Tunis, & qui lui faisoient un long détail de tout ce qui s'étoit passé en son absence, le fit revenir incessamment sur ses pas. Dans ce retour il plaça son camp à deux cents stades (*a*) des ennemis, & défendit à ses troupes d'y allumer du feu. Ainsi ayant caché sa marche à la faveur des ténébres, il tomba au point du jour sur ceux qui erroient en sécurité autour des murailles, il en tua plus de deux mille, en prit vivants un assez grand nombre, & se prépara par cet avantage de plus grands succès futurs. En effet, bien que les troupes Carthaginoises fussent recrutées par celles qui leur étoient revenues de la Sicile, & qu'ayant acquis de nouveaux alliés, ils parussent s'être rendus supérieurs à Agathocle; ce dernier avantage rem-

760.

(*a*) 8. lieues ⅓.

porté sur eux les replongea dans le découragement. Et le Roi Elimas qui venoit de se joindre à lui, lui ayant bientôt après manqué de parole il le battit, défit ses troupes, quelque nombreuses qu'elles fussent & le tua lui-même. C'est là le point où nous laissons actuellement l'Afrique & la Sicile.

IV. En Macédoine Cassander porta du secours à Autoleon Roi des Pæoniens, qui faisoit actuellement la guerre aux Autariates, ce qui tira ce Roi d'un grand danger; mais de plus il transporta ce peuple, hommes, femmes & enfans qui faisoient ensemble vingt mille personnes sur la montagne d'Orbite (*a*). Ce fut en ce même tems que le Capitaine Ptolemée, auquel Antigonus avoit confié le commandement de ses troupes, se plaignant du peu d'égard que son Général avoit pour lui, renonça à son service pour s'attacher à Cassander. Il avoit laissé pour son Lieutenant dans la Satrapie de l'Hellespont, un de ses amis les plus fidéles nommé Phœnix, auquel il envoya des soldats, en le priant de garder ses villes & ses forteresses,

(*a*) Dans la Pannonie.

LIVRE XX.

& de renoncer au service d'Antigonus. Et comme tous les chefs étoient convenus entre-eux de laisser libres les villes de la Grèce : le Roi d'Egypte Ptolemée fort mécontent de son côté de ce qu'Antigonus avoit mis des garnisons dans quelques-unes de ces villes, résolut de lui faire la guerre. Dans ce dessein il fit passer jusques dans la haute (*a*) Cilicie des troupes commandées par un de ses Capitaines nommé Leonidas, qui en effet y enleva plusieurs villes, dont Antigonus s'étoit emparé. Il envoya aussi des Députés à quelques autres de la domination de Cassander & de Lysimachus, pour les inviter à entrer dans ses vûës, & à s'opposer à l'augmentation de la puissance d'Antigonus. Celui-ci de son côté fit partir le plus jeune de ses fils nommé Philippe pour l'Hellespont, où il devoit s'opposer à Phœnix & à quelques autres transfuges : mais il réserva Demetrius pour la Cilicie. Ce dernier qui avoit toujours sur pié une forte armée, battit tous les Capitaines du Roi Ptolemée & recouvra un grand nombre de villes.

(*b*) *Aspera Cilicia* : dans les anciens Géographes.

D'un autre côté Polysperchon qui ne quittoit point le Peloponnese, toujours irrité contre Cassander, & qui songeoit de plus à gouverner la Macédoine; avoit fait venir de Pergame Hercule fils de Barsine (a). Ce jeune homme élevé dans la ville que nous venons de nommer, étoit véritablement fils d'Alexandre & avoit alors dix-sept ans: Polysperchon écrivit à tous les amis qu'il avoit dans ces cantons, & qu'il sçavoit être mécontens de Cassander, pour les presser d'amener ce jeune Prince, & de travailler à le mettre sur le trône de son pere. Il invita même en particulier la République des Ætoliens à lui fournir des troupes, se chargeant lui-même de la reconnoissance qu'il leur seroit dûe pour une entreprise si importante. Cette sollicitation eut son effet, & non-seulement les Ætoliens, mais d'autres peuples de ces cantons qui s'intéressoient à ce Prétendant, lui fournirent une armée qui monta à vingt mille hommes de pié, & à mille hommes au moins de cavalerie. Ayant pourvû ainsi à la levée d'un nombre

---

(a) Fille d'Artabaze Capitaine Perse, qu'A- | lexandre avoit aimée,

considérable de troupes, il eut soin d'amasser de l'argent pour leur subsistance, & il invita les Macédoniens à s'aider eux-mêmes de ce côté-là.

Cependant le Roi Ptolemée qui avoit actuellement soumis toutes les villes de Chypre, apprenant que Nicoclés Roi de Paphos s'étoit secrétement lié d'amitié avec Antigonus, envoya deux de ses confidens Argée & Callicrate dans cette Isle, avec un ordre secret d'y tuer Nicoclés ; parce qu'il craignoit beaucoup qu'à l'exemple de celui-ci & de quelques autres, la plûpart de ses Alliés ne changeassent de parti. Ces deux Emissaires arrivés dans l'isle, empruntérent-là des soldats de Menelas (*a*), avec lesquels ils assiégerent la maison de Nicoclés, auquel ayant déclaré l'ordre du Roi, ils lui conseillérent de s'ôter lui-même la vie. Là-dessus Nicoclés entreprit de faire son apologie ; mais voyant qu'elle ne persuadoit point les deux envoyés, il se tua en effet lui-même. Axiotée femme de Nicoclés ne fut pas plutôt instruite du sort de son mari, qu'elle égorgea de ses propres mains ses deux filles encore vierges, de peur

(*a*) Celui qui est nommé au l. 19. p. 704. de Rhod.

qu'elles ne tombaffent vivantes entre les mains de fes ennemis ; après quoi elle invita toutes les femmes des freres de Nicoclés de fe donner la mort à elles mêmes, fur l'exemple qu'elle leur en alloit donner la premiere. Il eft pourtant vrai que Ptolemée n'avoit rien ordonné contre ces femmes, & que même fon deffein étoit de leur procurer une pleine fûreté. Cependant tout le Palais des Rois de Chypre étant ainfi rempli de meurtres auffi nombreux que finguliers par la circonftance d'être volontaires; tous les freres de Nicoclés s'enfermerent dans leur palais, y mirent le feu, après quoi ils s'égorgerent auffi eux-mêmes : c'eft par cet événement tragique que périt dès-lors & pour toujours le palais, la famille & la fucceffion des Rois de Paphos. Pour nous après cette courte digreffion, nous reprendrons le fil de notre hiftoire générale.

V. Ce fut en ce tems ici qu'après la mort de Paryfadès (*a*) Roi de Pont & du Bofphore Cimmerien, fes fils Satyrus, Eumelus & Prytanis, fe fi-

(*a*) Celui qui a été nommé au l. 16 n. 450. de Rhod. & de cette traduction t. 4. p. 546.

rent la guerre pour la succession à sa couronne. Satyrus l'aîné des trois avoit été nommé par son pere qui avoit regné trente-huit ans. Mais Eumelus qui avoit fait alliance avec quelques barbares du voisinage, & auquel ceux-ci avoient fourni des forces considérables, lui disputoit cette succession. Satyrus instruit de cette entreprise marcha contre lui à la tête d'une forte armée; & après avoir traversé le fleuve Thapsis, il fit à son camp un rempart de tous les chariots qui avoient servi à apporter les provisions immenses dont il s'étoit fourni: se mettant en ordre de bataille, il occupa lui-même le centre, suivant l'usage établi parmi les Scythes. Il étoit suivi d'environ deux mille Soudoyez Grecs & d'autant de Thraces. Le reste de ses troupes consistoit en d'autres Scythes ses Alliés, qui passoient le nombre de vingt mille hommes de pié & de dix mille hommes de cheval. Eumelus avoit dans son parti Ariopharnès Roi des Thraces accompagné de vingt mille cavaliers & de vingt-deux mille hommes d'infanterie.

Le combat ayant commencé avec beaucoup de vigueur, Satyrus accompagné de l'élite de ses officiers de guerre, conduisit une attaque de cavalerie contre Ariopharnès placé dans le centre de l'armée ennemie. Après une grande perte de part & d'autre, il fit reculer enfin le Roi des Barbares: mais s'appercevant en même tems que son frere Eumelus avoit l'avantage dans l'aîle droite, & que de son côté les Soudoyez perdoient continuellement du terrain, il se désista de sa poursuite pour venir à l'appui des siens; & rétablissant une seconde fois le combat, il mit en fuite les ennemis, & prouva que son courage le rendoit aussi digne que son droit d'aînesse de succéder au trône de son pere. Ainsi Ariopharnès & Eumelus vaincus ensemble se retirerent dans une ville royale située sur le fleuve Thasis, qui étant extrémement profond en rendoit l'abord très-difficile. Elle étoit environnée d'ailleurs de hauts précipices, & d'une épaisse forêt qui ne laissoient d'accès à la ville que par deux routes faites de main d'homme. L'une traversoit le Palais même, défendu par de hautes tours & par des fortifications de toute espéce; l'autre route étoit pratiquée dans des marais & soutenue de part & d'autre comme un long & large pont, & ornée même à droite & à gauche de plusieurs maisons bâties sur pilotis, & qui s'élevoient à une très-grande hauteur. Cette retraite étant inaccessible, Satyrus se contenta d'en ravager les environs par le fer & par le feu, & les villages voisins lui fournirent un grand nombre d'esclaves & une proie considérable ; mais ayant voulu s'avancer ensuite jusqu'à ces tours & à ces maisons dont nous venons de parler, il perdit beaucoup de monde dans cette entreprise, & fut obligé de prendre enfin le parti de la retraite. Dans son retour néanmoins & en traversant le marais, il vint à bout d'emporter quelques tours de bois, & ayant pillé tout ce qu'il y trouva ; il tenta de faire à coups de hache dans la forêt un chemin jusqu'au Palais du Roi. Le Roi Ariopharnès se voyant alors menacé d'être pris lui-même dans la citadelle rappella tout son courage, comme devenu alors la seule ressource de son salut. Ainsi il plaça au dehors des deux côtés de son avenue des tireurs d'arc, qui sans être vûs eux-mêmes, perçoient à coups de traits

763.

les coupeurs de bois, aufquels l'épaiſſeur de la forêt ôtoit tout moyen de ſe défendre. Les ſoldats de Satyrus perſiſtérent néanmoins encore trois jours entiers dans l'entrepriſe laborieuſe d'abbatre des arbres de la forêt pour ſe faire une route juſqu'au château, au pié duquel ils parvinrent en effet le quatriéme jour. Mais accablés de traits ſur un terrain inégal & mal-aiſé, ils ne s'en trouvérent que plus mal. Meniſcus commandoit les Soudoyez, homme d'une valeur & d'une capacité ſupérieure : arrivé par bien des efforts au pié du mur, il y fut accablé avec un grand nombre de ſes gens par une ſortie d'un plus grand nombre des aſſiégés. Satyrus lui-même le voyant dans ce danger courut à ſon ſecours ; & après avoir ſoutenu quelque tems tout le poids de cette attaque, il fut lui-même bleſſé au bras d'un coup de lance : de ſorte que l'excès de la douleur l'obligea de revenir derriere ſa paliſſade. La nuit n'étoit pas encore arrivée qu'il en mourut, n'ayant regné que neuf mois depuis la mort de ſon pere Paryſadès. Le chef des Soudoyés Meniſcus ſe crut alors obligé de lever le ſiége, & il ramena ſes troupes dans la ville de Gargaza. Mais il eut soin de rapporter à Panticapée en-deçà du fleuve le corps du Roi, qu'il remit entre les mains de Prytanis le dernier des trois freres. Celui-ci lui fit faire des funérailles magnifiques, & après avoir déposé son corps dans un cercueil Royal, l'armée entiere se donna à lui & lui défera même la couronne de son frere. Eumelus qui étoit le second des trois, & qui avoit voulu l'emporter sur son aîné, proposa à ce dernier un partage & ne put l'obtenir de lui.

Prytanis laissant donc une garnison dans Gargaza revint à Panticapée, pour s'assurer la succession à laquelle il prétendoit. Eumelus de son côté soutenu par les Barbares avoit pris Gargaza & un assez grand nombre d'autres villes ou forteresses. En étant venus enfin à une bataille rangée, Eumelus la gagna sur Prytanis, & l'ayant enfermé dans l'Isthme voisin, il l'obligea d'accepter un traité par lequel celui-ci lui cédoit tous ses soldats, & abandonnoit toutes ses prétentions à la couronne. Ce dernier cependant étant venu à Panticapée, siége & capitale des Rois du Bosphore, entreprenoit encore de s'attribuer la Royauté ; mais ayant été battu & s'étant refugié dans un lieu qu'on appelloit les Jardins, il y fut tué. Eumelus après la mort de ses deux freres, voulant encore affermir sa puissance, fit mourir non-seulement tous les amis de Satyrus & de Prytanis, mais encore leurs femmes & leurs enfans. Il n'échappa de ce carnage que Parysadès fils de Satyrus, extrêmement jeune encore & qui prit néanmoins la précaution de s'enfuir à toute bride auprès d'Asarus Roi des Scythes. Cependant comme les sujets d'Eumelus étoient indignés de tant de meurtres, il les assembla pour faire devant eux son apologie, & pour leur promettre de ne rien changer au gouvernement de ses ancêtres. Il leur assura même l'immunité qui avoit été accordée de tout tems aux citoyens de Panticapée. Il leur promit de plus l'exemption de tous droits, & leur dit plusieurs autres choses très-propres à concilier à un Prince l'amour des peuples. Ainsi ayant regagné par ces discours la bienveillance que la nation avoit de tout tems marquée pour lui, il regna en effet avec beaucoup de sagesse & d'é-

quité, & s'attira une grande estime
par ses vertus. Il étendit même sa protection & ses bienfaits sur les habitans
de Bysance & de Sinope, & sur tous
les autres Grecs établis aux environs
du Pont-Euxin. Dans le tems que les
Callantins assiégés par Lysimachus,
tombérent dans la disette des vivres,
il en reçut mille qui vinrent se réfugier auprès de lui, & ausquels non-
seulement il procura la sureté de leurs
personnes, & des habitations commodes dans sa capitale : mais il leur fit
distribuer encore pour leur subsistance
tout le territoire de Psoa, dont il tirerent entre-eux les différentes portions au sort. Ce fut en faveur de ceux
qui navigeoient sur le Pont-Euxin,
qu'il déclara la guerre aux Henioques,
aux habitans du mont Taurus & aux
Achéens, qui infestoient les mers par
leurs brigandages : de sorte que ne
bornant pas ses bienfaits à son Royaume seul, il s'étoit attiré de la part de
tous les navigateurs & de tous les négocians du monde connu de la reconnoissance & des louanges, le plus digne prix de la vertu. Il avoit joint
aussi à ses Etats une grande partie du
territoire des barbares de son voisina-

ge, & s'étoit rendu par-là un Souverain très-considérable. Il entroit même dans ses vûes de soumettre tous les rivages du Pont-Euxin, & selon toutes les apparences il en seroit venu à bout, si le destin n'avoit abrégé sa vie. Il n'y avoit que six ans & six mois qu'il étoit sur le trône, lorsqu'un accident imprévu mit fin à tous ses projets ; car revenant de la Scythie dans sa capitale, & se hatant d'arriver à l'heure d'un sacrifice qui devoit se faire, son char qui étoit à quatre roues, & chargé d'une espece de pavillon dans lequel il étoit enfermé, fut emporté par ses chevaux : de sorte que son cocher ne pouvant plus les retenir, il eut peur de tomber dans un précipice qui bordoit sa route, ainsi il prit le parti de sauter à terre, mais son épée s'étant embarrassée dans les roues, lui fit faire à lui-même un tour qui le porta si violemment contre terre, qu'il en mourut sur le champ. On rapporte sur la mort des deux freres Satyrus & Eumelus des oracles assez frivoles, mais qui avoient acquis de la créance dans le pays. Il avoit été dit à Satyrus qu'il se défiat d'un petit rat, par la morsure duquel il étoit menacé de perdre la vie : c'est pourquoi il n'avoit permis à aucun de ses esclaves ni de ses autres Officiers de porter ce nom : & de plus par la crainte qu'il avoit de l'animal même ; tous ses gens étoient chargés & à la ville & à la campagne, d'en tuer autant qu'ils en pourroient rencontrer, & de boucher avec du plâtre tous les trous où ils pourroient s'être réfugiés. Il croyoit avoir ainsi détourné l'augure de sa mort, lorsqu'il fut blessé dans sa derniere bataille contre Eumelus au muscle (*a*) du bras. D'un autre côté Eumelus avoit été averti d'éviter une maison suspendue, de sorte qu'il n'entroit dans aucune qu'il ne l'eut fait visiter par ses gens depuis les fondemens jusqu'aux toits. Mais ayant été tué dans un char qui avoit versé, les deux freres tomberent ainsi l'un & l'autre dans le cas de la prédiction qui leur avoit été faite. Mais en voilà assez sur les affaires du Bosphore.

En Italie, les Consuls Romains s'étant jettés dans le pays des Samnites,

___

(*a*) μῦς en grec signifie un rat & un muscle : & *musculus* en latin signifie un petit rat & un muscle ; mais la vanité de la prédiction pourroit bien ici avoir influé sur les circonstances du fait même.

gagnerent une grande bataille contre ce peuple, dans un lieu qu'on appelloit Italion. Les vaincus s'étant réfugiés sur un mont qu'on nommoit sacré, & la nuit étant survenue, les Romains de leur côté se retirerent dans leur camp : mais le combat ayant recommencé dès le lendemain, les Samnites eurent encore du dessous, & l'on fit sur eux deux mille deux cents prisonniers au moins. Ces avantages rendirent les Consuls maîtres de tout le pays, & leur donnerent la facilité de soumettre toutes les villes rebelles. Ainsi ayant emporté Cararacte & Ceraunie, ils y mirent garnison ; & employant la persuasion à l'égard de quelques autres, ils les reçurent dans leur alliance.

766.

Olymp. 117, an. 4. 300. ans avant l'E-Cre chrétienne.

VI.

Demetrius de Phalere étant Archonte d'Athenes, les Romains firent Consuls Q. Fabius pour la seconde fois & Caius Martius. Ptolemée Roi d'Egypte ayant appris que ses Capitaines avoient perdu plusieurs places dans la Cilicie, conduisit lui-même une flotte à Phaselis qu'il assiégea & qu'il prit : après quoi continuant sa route vers la Lycie, il emporta d'assaut Xanthus, occupée par une garnison d'Antigonus. S'avançant de-là jusqu'à Caunus, il reçut la ville à composition : mais il prit d'assaut plusieurs citadelles, & entr'autres Heraclée. Persique lui fut livrée par la garnison même de cette place. Navigeant de-là jusqu'à l'Isle de Cos, il y fit venir le Capitaine Ptolemée. Celui-ci étoit neveu d'Antigonus, qui lui avoit même donné des corps d'armée à conduire. Mais depuis il avoit abandonné le parti (*a*) de son oncle pour s'attacher à Ptolemée Roi d'Egypte. Ce dernier reçut d'abord avec accueil ce transfuge qui partant de la Chalcide, s'étoit rendu dans l'Isle de Cos. Mais s'appercevant ensuite qu'il prenoit avec lui-même un ton trop haut, & qu'il tâchoit d'attirer à lui par des présens & par des entretiens secrets les Officiers mêmes de sa Cour, le Roi craignit qu'il ne poussat plus loin sa politique & ses prétentions, & le fit mettre dans une prison où on lui fit avaler par son ordre un verre de cigüe; après quoi gagnant par des promesses les soldats que ce Capitaine avoit amenés, il les incorpora dans ses trou-

(*a*) Comme nous l'avons vû ci-dessus dans ce livre même. p. 769. de Rhod.

pes. Pendant ce tems-là Polyſperchon ayant aſſemblé une forte armée conduiſoit Hercule, fils d'Alexandre & de Barſine, dans le Royaume de ſon pere : & ayant campé dans ſa route auprès de la ville de Stymphée, (a) Caſſander arriva ſur ſes pas à la tête d'une armée. Comme les Macedoniens n'étoient pas fachés de ſe voir un Roi, Caſſander qui craignit que cette nation, aſſez portée d'ailleurs au changement, & qui faiſoit la principale partie de ſes troupes, ne l'abandonnat lui-même, envoya des députés à Polyſperchon, par leſquels il lui fit entendre que dès qu'il ſeroit venu à bout de ſon deſſein, il ſeroit obligé d'obéir lui-même ; au lieu que s'ils entroient enſemble dans le projet de ſe défaire de ce prétendant, il recevroit ſur le champ les contributions que les Macedoniens lui avoient promiſes. Il ajouta que ſi Polyſperchon vouloit ſe joindre à lui-même, il ſeroit auſſi-tôt reconnû pour Commandant général dans le Pelo-

(a) C'eſt une correction de Palmerius, ſur Stymphalie que porte le texte, d'autant que Stymphalie appartenoit au Peloponneſe, & que Stymphée étoit une ville de la Macédoine, Royaume d'Alexandre, pere du jeune Hercule.

ponneſe,

ponnese, & qu'y étant déja très-estimé, il y partageroit avec lui tous les honneurs. En un mot, par toutes ces promesses Cassander gagna tellement Polysperchon, qu'ayant fait ensemble un traité secret, ce dernier en vint au point de faire assassiner en secret ce malheureux Prince. Après quoi lié publiquement avec Cassander, il reçut des présens de la Macedoine même, & fut mis comme on en étoit convenu, à la tête d'un corps d'armée, composé de quatre mille Macedoniens, & de cinq cents cavaliers de Thessalie : ayant reçu avec eux quelques volontaires, il entreprit de traverser la Bœotie pour arriver dans le Peloponnese. Mais il trouva partout des obstacles tels, qu'il fut obligé de revenir sur ses pas, & de se retirer dans la Locride, où il prit ses quartiers d'hyver. Pendant ce tems-là Lysimacus bâtissoit dans la Chersonnese une ville qu'il nomma Lysimachie de son nom. Cleomene Roi des Parthes mourut cette année après un regne de soixante ans & dix mois, son fils Areus (*a*) qui lui succéda, regna quarante quatre ans.

(*a*) Le texte porte Aretas : mais il faut lire

VII. En cette même année, Amilcar chef des troupes Carthaginoises en Sicile, les ayant établies en différens postes aux environs de Syracuse, attaqua cette ville à la tête de toutes ses forces, dans l'espérance de l'emporter d'emblée. Comme il étoit maître de la mer depuis assez long-tems, il lui coupa d'abord les vivres, & détruisant d'autre part tous les fruits de la terre, il se logea enfin autour de l'Olympium, principalement du côté qui regarde la ville. Il s'attendoit à attaquer de-là subitement les murailles, se fiant à la parole d'un Aruspice, qui sur l'inspection des entrailles de sa victime, lui avoit promis que le jour même de son attaque il souperoit dans Syracuse. Les assiégés qui s'apperçurent aisément de l'intention des Carthaginois envoyerent de nuit trois mille hommes de pié & environ quatre cents chevaux, avec ordre de se saisir du fort qu'on nommoit Eurycle. La chose ayant été exécutée, les Carthaginois espérant que la nuit cacheroit leur entreprise, s'avancerent

---

Arcus, vrai nom du fils de Cléomene dans tous les Historiens ; au lieu qu'Aretas est un nom Arabe. *Palmerius*.

vers le même fort pour s'y établir. Amilcar accompagné de sa garde ordinaire étoit à leur tête. Dinocrate Commandant de la Cavalerie Sicilienne, le suivoit de près. L'Infanterie d'Amilcar avoit été partagée en deux phalanges, celle des Africains & celle des Grecs soudoyés qui avoient pris parti dans ses troupes. Le reste étoit un amas d'hommes sans solde, qui n'étoient point même enrôllés, & que la seule espérance de quelque pillage avoit mis à leur suite: gens qui ne sont propres qu'à mettre du trouble dans une armée, & à l'exposer par-là aux plus grands périls. Aussi arriva-t'il alors que le chemin étant étroit & inégal, ceux qui étoient chargés de porter des provisions d'armes ou de vivres pour le fort où l'on comptoit d'entrer, rencontrant à tout moment sur leurs pas ces hommes débandés dont il s'agit, prirent querelle avec eux: des paroles on en vint aux coups, & chaque parti appellant son monde, il y eut bien-tôt un désordre tel que toute l'armée s'en ressentit. La garnison du fort Eurycle profitant d'une circonstance si favorable & de l'avantage que leur donnoit la hauteur de leur

768.

poste, tomberent sur les ennemis qui se battoient entr'eux ; & non contens de leur fermer le passage, ils en pousserent un grand nombre dans les précipices qui bordoient leur route. Quelques-uns d'eux demeurés dans le fort tiroient des flêches sur ceux qui essayoient de monter, d'autre serrés entr'eux leur barroient absolument le passage, & les autres l'épée dans les reins les forçoient à se précipiter. La nuit même grossissoit à leur vue le nombre de leurs adversaires. En un mot, l'ignorance des lieux, aussi bien que le désavantage de leur attaque, les réduisit à la fuite, dans laquelle même plusieurs furent foulés aux piés des chevaux de leurs camarades, ou ce qui est encore plus triste, ils s'égorgeoient les uns les autres faute de pouvoir se reconnoître dans les ténebres.

Amilcar avoit d'abord résisté courageusement aux ennemis & partagé le péril avec ses moindres soldats ; mais abandonné par eux-mêmes dans la suite, il tombe presque mort entre les mains des soldats de Syracuse : & c'est ici qu'on auroit lieu d'admirer la bizarrerie des fortunes humaines, & les contrariétés du fort attaché à la fin de leurs entreprises. Agathocle l'homme, du monde le plus entreprenant & le plus hardi, avoit conduit à Himere (*a*) une puissante armée, & là il est battu par les Carthaginois, & perd une grande partie de ses troupes: au contraire un petit nombre de soldats qu'il laisse pour garnison à Syracuse, reste de son armée battue & mise en fuite, non-seulement détruit l'armée nombreuse des Carthaginois qui l'assiégeoit, mais parvient à prendre vivant le plus illustre des Capitaines de Carthage, après avoir défait à la faveur d'un faux bruit & de la difficulté du terrain, une armée de six vingt mille hommes de pié & de cinq mille hommes de cavalerie. Cet événement justifie bien la maxime, qui dit que la guerre est extrêmement trompeuse. Après une semblable déroute les Carthaginois dispersés de tous côtés ne purent se rejoindre que le lendemain. Mais les Syracusains chargés de dépouilles, & rentrant dans leur ville avec Amilcar prisonnier, le livrerent aux citoyens qui avoient une grande envie de se venger

(*a*) Ci-dessus. l. 19. p. 742. de Rhod.

de lui. Il se ressouvint alors de la réponse de l'Aruspice qui lui avoit prédit qu'il souperoit le lendemain dans Syracuse. Les parens des morts l'ayant promené par toutes les rues de la ville chargé de chaînes, & couvert d'opprobres, finirent par l'égorger; après quoi lui coupant la tête ils l'envoyerent porter à Agathocle dans la Libye, par des hommes qu'ils firent partir exprès pour lui faire ce présent, & pour l'instruire du détail de leurs succès. Cependant l'armée Carthaginoise découvrant à la lumiere du jour les difficultés du chemin qui avoient été la cause de sa défaite, revint un peu de la terreur où elle étoit tombée; & comme il s'agissoit de se donner un nouveau Général, il y eut à ce sujet de la division entre les Africains & les Grecs déja soumis aux Carthaginois dans la Sicile. Les exilés des villes Greques de cette Isle, & les soudoyés Grecs de l'armée Carthaginoise choisirent Dinocrate (*a*) pour

_____

(*a*) Il a été parlé pour la premiere fois de Dinocrate dans le l. 19. p. 657. de Rhod. où Agathocle l'excepte d'un massacre qu'il faisoit faire dans Syracuse: & il est encore fait mention du même Dinocrate dans le même l. 19. p. 737. de Rhod. où en qualité de chef des ban-

chef, au lieu que les Carthaginois naturels se soumirent aux lieutenans de leur général mort. En ces mêmes circonstances les Agrigentins voyant toute la Sicile ébranlée par les désordres de la guerre, jugerent cette occasion favorable pour s'en attirer le commandement général. Ils jugeoient que les Carthaginois qui occupoient une partie de l'Isle seroient affoiblis par la guerre que leur faisoit actuellement Agathocle ; que Dinocrate, dont l'armée n'étoit composée que de fuyards ramassés de côté & d'autre, ne seroit pas en état de se soutenir long-tems ; que Syracuse actuellement désolée par la famine nétoit plus en état de défendre sa primauté : & surtout que ne prenant les armes que pour délivrer toutes les villes de l'oppression de leurs ennemis ou de leurs tyrans, elles se mettroient avec joye sous leur étendard, tant à cause de la haine & de la crainte que leur inspiroient les barbares, que par le penchant naturel que tous les hommes ont pour la liberté. Ayant donc choisi

Xenodicus pour leur Général, ils lui donnerent une armée en forme, pour la conduire où il jugeroit le plus à propos.

Il se mit d'abord en marche du côté de Gela, où étant introduit à la faveur des ténebres par quelques étrangers qui s'entendoient avec lui, il se vit maître en un instant de la ville, de la garnison Carthaginoise qui la gardoit, & de la caisse militaire destinée à son entretien. Les habitans de Gela délivrés à son arrivée, se joignirent d'eux-mêmes à ses troupes, dans le dessein d'aller tirer les autres villes de la Sicile, de la domination étrangere des Carthaginois; de sorte qu'elles conçurent toutes l'espérance de la liberté générale de leur Isle. Les citoyens d'Enna sur le premier bruit de cette expédition, se donnerent eux, & leur ville au Capitaine d'Agrigente, qui l'ayant en effet délivrée de la domination étrangere, & en ayant joint les habitans à ses premieres troupes, conduisit les unes & les autres à Erbesse, gardée aussi par les Carthaginois. Il y eut là un combat, où les citoyens s'étant joints à leurs libérateurs, la

770.

garnison fut défaite, & les barbares après avoir perdu beaucoup des leurs, rendirent les armes, & au nombre de cinq cents qu'ils étoient encore, se donnerent eux-mêmes au vainqueur. Dans le tems de cette course de l'armée Agrigentine, la garnison qu'Agathocle avoit laissée dans Syracuse se mit en campagne, & ayant d'abord pris Echetle, commença à ravager les champs de Leontine & de Camarine. Un dommage si considérable arrivé à ces villes qui perdoient par-là toute espérance de récolte, attira l'attention de Xenodicus, qui après avoir chassé les ennemis du territoire de Leontine & de Camarine; vint forcer la garnison d'Agathocle qui occupoit le fort d'Echetle, rendit le gouvernement démocratique aux citoyens, & fit ainsi une breche, & à la domination du tyran, & aux prétentions mêmes de Syracuse; parcourant enfin les autres villes ou forteresses, il les délivra toutes des garnisons Carthaginoises. En ce même tems les Syracusains attaqués par la famine, ayant eu avis qu'il venoit des vivres à la flotte Africaine qui continuoit de les bloquer, équipent dans leur port une vingtaine de navires, & prenant le tems où ils crurent les barbares moins attentifs, ils s'échapent & font voile jusqu'à Megare, où ils attendoient le passage des vaisseaux de vivres. Cependant les Carthaginois venant sur eux avec une trentaine de vaisseaux de guerre, ils entreprirent d'abord de se défendre. Mais bien-tôt poursuivis jusqu'à terre ils se trouverent à l'entrée d'un temple de Junon qui étoit sur le rivage : il se donna là un combat naval, dans lequel les Carthaginois employant des mains de fer, attirerent à eux une dixaine des galeres de Syracuse. Mais les autres furent sauvées par le secours que les habitans du lieu s'empresserent de leur prêter. Voilà l'état où en étoient alors les affaires de Syracuse.

VIII. Dans la Libye, Agathocle ayant reçu la tête d'Amilcar qu'on venoit de lui apporter, monta aussi-tôt à cheval, & s'approchant du camp des ennemis jusqu'à la portée de la voix, & faisant quelques pas à droite & à gauche, il leur montroit cette tête & leur racontoit en même tems la défaite de leur armée. Les Carthaginois consternés de la mort de leur Roi, après avoir en quelque sorte adoré sa tête par des inclinations à la maniere des barbares, se sentirent d'ailleurs extrêmement dégoutés de toute guerre: au contraire les soldats d'Agathocle déja enflés des succès qu'ils avoient eûs dans la Libye, se livrerent, à l'occasion des nouvelles qu'on leur apportoit, à des espérances démesurées, dont la moindre étoit de n'avoir plus rien à craindre de la part de leurs ennemis. Mais la fortune ne permit pas que cette tranquillité durat long-tems, & elle jetta Agathocle en de nouveaux dangers de la part de ses sodats mêmes. Lyciscus, un de ses Lieutenans généraux qu'il avoit invité à un repas, étant pris de vin, se mit à déclamer contre lui en sa présence. Agathocle qui avoit des égards pour lui à cause de sa capacité dans la guerre, tournoit ces reproches en plaisanterie. Mais son fils Archagatus prenant la chose au sérieux lui commanda avec menace de se taire. Au sortir du repas, chacun s'étant retiré dans sa tente, Lysiscus vint jusques dans celle d'Archagatus lui reprocher un mauvais commerce avec sa belle-mere; & il passoit en effet pour s'entendre secretement avec Alcia; c'étoit le nom de cette femme. Archagathus outré de ce reproche, prit aussi-tôt dans la main d'un garde qui étoit-là une demi pique & l'enfonça à travers les côtes de Lysiscus. Les gens du mort l'emporterent sur le champ dans sa tente. Dès le lendemain tous ses amis, & avec eux un grand nombre de soldats se rassemblant de tous côtés condamnerent extrêmement cette action, & remplirent tout le camp de murmures & de menaces. A cette occasion même plusieurs des Officiers de l'armée sur lesquels on avoit des sujets de plaintes, crurent pouvoir profiter de ce tumulte pour leur propre sureté. Ainsi armés de toutes piéces, ils demandoient hautement la vengeance du mort : de sorte qu'Archagatus couroit un grand danger d'être tué dans cette sédition. On entendit même des voix qui menaçoient Agathocle, s'il ne livroit pas lui-même son fils. Ils demandoient outre cela la paye qui leur étoit due, & ils en vinrent jusqu'à se donner de leur propre autorité de nouveaux chefs, sous la conduite desquels ils se saisirent enfin de la citadelle de Tunis (*a*), où ils tenoient

(*a*) Nous l'avons vu prise ci-dessus par Aga- | thocle, p. 752. de Rhod.

véritablement enfermés leurs anciens Commandans.

Les Carthaginois apprenant la sédition qui s'étoit élevée parmi leurs ennemis, envoyerent des émissaires aux rebelles, pour leur proposer de se donner à eux, en leur promettant une solde bien plus forte que celle qu'ils recevoient d'Agathocle, & des présens considérables: sur ces offres quelques Officiers Grecs s'engagerent à leur mener leurs compagnies. Agathocle croyant alors sa personne même en très-grand danger, & craignant beaucoup qu'étant livré aux Carthaginois, il ne lui fissent subir les tourmens le plus honteux & les plus terribles, jugea que s'il avoit à périr, il mourroit encore moins cruellement par les mains de ses soldats. Dans cette pensée quittant son vêtement de pourpre & se couvrant d'un habit simple & même pauvre, il se présenta à ses troupes. A un spectacle si nouveau, toute l'armée fit silence, & lui-même adressant la parole à cette nombreuse assemblée, & prenant un ton conforme à la situation périlleuse où il se trouvoit, il rendit compte de toutes les démarches qu'il avoit faites jusques

772.

alors, & déclara qu'il étoit prêt de subir la mort si elle étoit nécessaire au salut de son armée ; n'ayant jamais eu la lâcheté de faire aucune chose pour la seule conservation de sa vie : & pour leur en donner un témoignage présent, il tira son épée comme prêt à s'en percer le cœur. A cette vue toute l'armée poussa un cri par lequel elle retractoit tous ses reproches ; on l'exhorta de toutes parts à reprendre ses vêtemens royaux. Il le fit en rendant grace les larmes aux yeux à la multitude, qui de son côté confirma sa réhabilitation par un applaudissement universel. Cependant les Carthaginois attendant toujours l'armée Grecque comme devant se donner à eux, Agathocle jugea à propos de profiter de cette circonstance, & conduisit lui-même ses troupes au camp des ennemis. Ceux-ci qui ne sçavoient rien de la réconciliation qui venoit de se faire, les attendoient tranquillement. Mais Agathocle tombant sur eux, à la faveur de cette méprise, en fit d'abord un grand carnage. Les Carthaginois après avoir perdu un très-grand nombre des leurs, n'eurent point d'autre ressource que de se réfugier dans leur camp. C'est ainsi qu'Agathocle jetté à l'occasion de son fils dans le plus grand danger de sa vie, s'en tira par son propre courage, & en profita même pour battre les Carthaginois. Quelques-uns néanmoins des auteurs de cette derniere révolte, & d'autres anciens ennemis du tyran, au nombre d'environ deux cents, passerent d'eux mêmes suivant leur premier projet dans le camp des Carthaginois. Pour nous après avoir parcouru les articles de l'Afrique & de la Sicile, nous reviendrons à celui de l'Italie.

Les Tyrrheniens ayant assiégé la ville de Sutrion, colonie Romaine, furent battus par une forte armée des Romains, conduite par les Consuls mêmes, qui les poursuivirent jusques dans leur camp. En ce même tems ou environ, les Samnites profitant de l'éloignement de l'armée Romaine, attaquoient à leur aise les habitans d'Yapyge (*a*) alliés de Rome. Ainsi les Consuls étant obligés de partager leur forces, Fabius demeura dans l'Etrurie (*b*) ; & Marcius passant

_____
(*a*) Dans la grande Grece, vers la pointe de l'Italie.
(*b*) La Toscane.

chez les Samnites (*a*) emporta d'assaut la ville d'Allife (*b*), & délivra de toute crainte par cette prise, les alliés de Rome dans ces cantons. Fabius de son côté profitant de l'absence d'un grand nombre de Tyrrheniens, actuellement occupés au siége de Sutrium, se glissa à leur insçu, quoiqu'avec un assez grand nombre de gens armés dans la haute Tyrrhenie, qui n'avoit essuyé depuis long-tems le passage d'aucun ennemi. S'y jettant ainsi à l'impourvu il y ravagea une grande étendue de terres, y tua beaucoup d'habitans, & n'en amena gueres moins d'esclaves. Dans la suite ayant vaincu les Tyrrheniens dans un combat réglé auprès de Peruse, il imprima dans les esprits de toute la nation une grande terreur du nom Romain, étant le premier d'entre eux qui à la tête d'une armée eut pénétré si avant dans leur pays. Il signa ensuite une treve avec les citoyens d'Arretium, de Crotone & de Peruse. Allant de-là assiéger & prendre Castole (*c*), il obligea les Tyrrheniens de

---

(*a*) Samnium étoit placée vers le milieu de la longueur de l'Italie, du côté de la mer A-[...]ri tique.
(*b*) Tite-Live. l. 9. c. 38.
(*c*) Cluverius. Italia l. 2. c. 3. Substitue la

LIVRE XX. 305

lever eux-mêmes le siége de Sutrium. On créa cependant à Rome dans cette même année deux censeurs. Le premier fut Appius Claudius qui ayant pour associé Lucius Claudius, fit un changement considérable dans les anciennes loix de Rome. Voulant favoriser le peuple, il ne faisoit aucune mention du sénat ; il fit venir jusques dans Rome d'une distance de quatre-(a) vingts stades l'eau qu'il appella Appia de son nom, à quoi il employa une partie considérable du trésor public, le tout sans la participation du sénat. Il fit paver de pierres taillées toute la voye surnommée (b) de même Appia, qui conduisoit de Rome à Capoüe, distantes l'une de l'autre de plus de mille (c) stades. Il avoit fait auparavant applanir le terrain, ou par le transport des terres qui y formoient des hauteurs très-considérables, ou en comblant les fossés les plus profonds, ce qui avoit absolument épuisé le trésor public ; mais par où il espéroit de s'attirer, & s'attira en effet de

nom de Fæsule à celui de Castole, qui selon lui n'a jamais existé en Italie.

(a) 3. lieues ⅔.
(b) Tite-Live 9. c. 29.
(c) 41. lieues ⅓.

la part du peuple Romain une réputation & une reconnoissance éternelle. Il entreprit outre cela de confondre toutes les conditions dans le sénat, en y faisant entrer, non les seuls nobles, ou les hommes distingués par les titres de leurs familles, comme on l'observoit auparavant ; mais en introduisant parmi eux jusqu'à des affranchis, ce qui indigna toute la noblesse Patricienne. Il permit encore aux citoyens de se faire inscrire dans la tribu qu'il leur plairoit, & d'acquérir la mesure de biens qu'ils voudroient. Enfin voyant qu'il s'étoit attiré la haine des grands, il tâcha de se faire un rempart contre eux de l'affection de la multitude, en évitant avec un grand soin les occasions de lui déplaire. Dans la revue des Chevaliers, il n'ôta le cheval à aucun d'eux ; & dans le cens ou le dénombrement des sénateurs, il se garda bien de retrancher aucun de ceux qui étoient de condition populaire, comme les censeurs avoient droit de le faire & l'avoient fait plus d'une fois. Mais les Consuls, soit par jalousie du crédit d'Appius, soit pour complaire aux grands, formerent le sénat, non de ceux qu'Ap-

774.

pius avoit désignés, mais de ceux qui avoient été choisis par les censeurs qui l'avoient immédiatement précédé. Le peuple de son côté prenant le parti d'Appius qui étoit le sien propre, & charmé d'avancer les gens de sa sorte, présenta pour l'Ædilité, fonction très-considérable, Flavius fils d'une affranchie, & le premier des Romains, qui né dans une famille esclave, fût parvenu à cet honneur. Mais enfin Appius sorti de place, & craignant le ressentiment du sénat, feignit d'être devenu aveugle, & sous ce prétexte ne sortit plus de sa maison.

Charinus étant Archonte d'Athenes, & les Romains ayant pour Consuls Publius Decius & Q. Fabius, on célébra en Elide la cent dix-huitiéme Olympiade dans laquelle Apollonius de Tegée demeura vainqueur à la course. Ptolemée partant de Mynde, à la tête d'une grosse flotte & traversant les Isles Cyclades, délivra Andros de la garnison d'Antigonus. Se transportant de-là jusqu'à l'Isthme, il reçut par la cession même de Cratesipolis (*a*) Co-

Olympiade 118. an. 1. 308. ans avant l'Ere Chrétienne.

IX.

___

(*a*) C'est cette femme héroïque, veuve d'Alexandre fils de Polysperchon, dont l'Au-

rinthe & Sicyone : nous avons vu dans les livres précédens quel étoit son motif (*a*) dans ces conquêtes, & il est inutile de le répéter. Il se proposoit même de rendre la liberté à toutes les villes qui n'étoient que des colonies de la Grece, espérant de tirer lui-même de grands avantages de l'amitié & de la reconnoissance des Grecs. Cependant comme ayant demandé depuis des provisions & de l'argent aux habitans du Peloponnese, ceux-ci ne satisfaisoient point à la promesse qu'ils lui avoient faite de l'un & de l'autre ; le Roi irrité de leur manque de parole, signa avec Cassander un traité de paix, par lequel ils convenoient entr'eux de garder chacun de leur côté toutes les villes Grecques qui se trouveroient actuellement en leur puissance. Ainsi Ptolemée s'étant assuré de Sicyone & de Corinthe par une garnison de sa part, s'en revint en Egypte.

Dans ce même tems Cleopatre (*b*)

teur a parlé dans le liv. précédent. p. 708. de Rhod.

(*a*) C'étoit de rendre la liberté aux villes Grecques. l. 19. p. 703. de Rhod.

(*b*) Elle est nommée au l. 16. p. 479. de Rhod. comme femme d'Alexandre Roi des Epirotes, frere d'Olympias, & de cette traduction. tom. 4. p. 610.

mécontente d'Antigonus, & espérant de trouver plus de faveur auprès du Roi Ptolemée, partit de Sardis, pour se rendre dans sa Cour. Elle étoit sœur d'Alexandre vainqueur des Perses, fille de Philippe fils d'Amyntas, & femme de cet Alexandre (*a*) qui avoit porté la guerre en Italie. Toutes ces prérogatives avoient engagé Cassander, Lysimacus, Antigonus, Ptolemée & les personnages les plus distingués de la Cour d'Alexandre à rechercher l'alliance de cette Princesse depuis la mort de ce conquérant. Car il n'étoit aucun d'eux, qui bien persuadé que les Macedoniens reconnoîtroient son époux leur légitime Roi, n'espérat d'attirer à lui seul la succession entiere de ce vaste empire, dont ils se disputoient les uns aux autres les parties séparées : mais le Gouverneur de Sardis, qu'Antigonus avoit chargé de la garde de Cleopatre, la suivit de près & l'atteignit, après quoi il la mit entre les mains de quelques femmes qui la firent mourir secrettement. Mais dans la suite Antigonus ne voulant pas que le soup-

775.

(*a*) Le même qui est nommé dans le liv. précédent p. 694. de Rhod.

çon de cet assassinat demeurât sur lui, fit accuser & punir quelques-unes de ces femmes, comme coupables en effet de ce crime: après quoi il fit faire à cette Reine infortunée des funérailles magnifiques. C'est ainsi que l'infortunée Cleopatre, qui avoit été l'objet de tant de vœux, trouva la mort au lieu des noces auſquelles elle s'attendoit elle-même. Pour nous après avoir exposé la situation des choses dans l'Asie & dans la Grece, nous passerons aux autres parties de la terre.

X. Les Carthaginois ayant envoyé des troupes pour soumettre les différentes provinces de leur empire qui s'étoient révoltées, Agathocle laissa dans Tunis son fils Archagathus avec un nombre convenable de troupes. Et se faisant suivre de l'élite de son armée, composée de huit mille Fantassins, de huit cents hommes de cheval, & de cinquante chars Libyens, il se mit à grandes journées à la poursuite des ennemis. Les Carthaginois qui avoient passé chez les Numides appellés Suphons, avoient regagné plusieurs d'entre eux, & les avoient rappellés à leur ancienne alliance d'armes: instruits-là de l'approche des ennemis, ils s'étoient campés sur une hauteur environnée de torrens profonds & difficiles à traverser, & qui les mettroient à l'abri des attaques inopinées ou de surprise. Ils avoient chargé en même tems les plus agiles d'entre les leurs de se mettre à la queüe, & sur les flancs des Grecs, & de retarder leur marche en les harcelant par des escarmouches perpétuelles. Agathocle prit le parti de leur opposer ses archers & ses frondeurs; & continuant toujours sa marche il vouloit arriver au camp ennemi. Les Carthaginois qui virent son obstination, prirent alors le parti de sortir de leur camp même, & se résolurent, puisqu'il le falloit, à terminer la querelle par une bataille. Ainsi voyant qu'Agathocle entreprenoit déja de traverser le torrent, ils tomberent sur lui & sur ses troupes; & à la faveur d'un passage plus difficile pour des étrangers que pour eux, ils en tuerent un très-grand nombre. Mais les gens d'Agathocle renouvellant leurs efforts, on vit bien-tôt la balance égale entre la valeur des Grecs & le nombre des barbares. Les Numides des deux partis profitant alors de l'occasion d'un combat qui

776.

devenoit long, se détachèrent des deux côtés pour aller piller de part & d'autre le camp de ceux qui demeureroient vaincus. Cependant Agathocle environné des plus braves d'entre les siens fit un dernier effort, par lequel il parvint à mettre en fuite ses adversaires. Il ne trouva de résistance que de la part des cavaliers Grecs, qui sous la conduite de Clinon s'étoient mis au service de Carthage. De ces derniers mêmes, il en fut tué un assez grand nombre, & le reste n'échappa que par hazard; d'autant qu'Agathocle n'entreprit pas de les poursuivre, n'ayant en vue que d'entrer dans le camp des Carthaginois à leur suite & avec eux-mêmes. Mais comme on n'y pouvoit arriver que par des chemins très-rudes & très-fâcheux, il n'essuya pas moins de fatigue qu'il ne leur en pouvoit causer. S'obstinant toutefois dans son projet, & soutenu par l'idée de sa victoire actuelle, il se flatoit encore d'emporter de force le camp des vaincus. Les Numides qui n'attendoient que le moment de piller ne pouvoient pourtant pas se glisser dans le camp des Charthaginois, qui quoique battus cus, se trouvoient assez proches du leur pour pouvoir encore le défendre. Ainsi se jettant contre leur premiere intention dans celui des Grecs, quoique vainqueurs, ils profiterent de l'absence d'Agathocle qui suivoit son projet bien loin de-là : ainsi ayant tué sans beaucoup de peine ce qui restoit ici de défenseurs, ils emmenerent beaucoup d'esclaves & emporterent d'autres richesses. Agathocle apprenant ce désordre se vit obligé de revenir sur ses pas; & recouvra une partie de ses effets, sans pouvoir sauver la plus forte qui demeura entre les mains des Numides, d'autant plus que favorisés par la nuit qui tomboit, on les perdit bien-tôt de vue. Cependant Agathocle après avoir dressé un trophée partagea toutes les dépouilles entre ses soldats pour les consoler des pertes qu'ils avoient faites, & fit enfermer dans un fort les Grecs qui avoient déserté de son camp pour passer dans celui des Carthaginois. Mais ceux-ci craignant le ressentiment de leur Général, attaquerent dès la nuit suivante la garnison de ce fort, & ayant été battus dans cette attaque, ils se réfugierent dans une autre forteresse, au nombre d'environ mille, entre lesquels il n'y avoit pas moins de cinq cents hommes de Syracuse même. Agathocle apprenant le fait, vint avec un corps de troupes assiéger cette forteresse, & l'ayant prise par composition, il ne laissa pas de faire mourir jusqu'au dernier, tout ceux qui en sortirent.

Après tant de combats, persistant toujours dans le dessein de soumettre absolument les Carthaginois, il envoya Orthon de Syracuse à Ophellas (a) commandant à Cyrene de la part du Roi Ptolemée. Ophellas qui avoit été du nombre des amis d'Alexandre, & qui gouvernoit par commission & avec des troupes considérables plusieurs villes de la Cyrenaïque, songeoit depuis long-tems à se procurer une autorité plus indépendante, lorsqu'il reçut l'Ambassadeur d'Agathocle. Celui-ci l'invitoit à entrer avec lui en société de guerre contre les Carthaginois, en lui promettant de lui laisser ensuite toute l'administration des affaires de la Libie : comme ayant dessein lui-même

(a) Celui dont il est parlé au l. 18. p. 604. de Rhod.

de se retirer en Sicile, sa patrie propre, qu'il gouverneroit tranquillement quand il l'auroit affranchie de toutes les craintes où elle pouvoit tomber de la part des Carthaginois. Il ajouta que quand même son ambition le porteroit plus loin, il trouveroit de quoi la satisfaire par la jonction de plusieurs villes de l'Italie au gouvernement de la Sicile. Mais qu'à l'égard de la Libye, séparée de lui par une vaste mer, elle ne lui convenoit en aucune sorte, & qu'il n'y étoit venu cette fois que malgré lui, & pour se défendre des attaques qui lui avoient été faites de ce côté là, & des incursions des Africains jusques dans son Isle. Ophellas à ce discours qui s'accordoit à merveille avec ses prétentions & ses désirs, se sentit transporté de joye, & après avoir accepté les offres qui lui étoient faites ; il fit partir incessamment pour Athenes un député qui proposa de sa part aux Atheniens une alliance d'armes : car Ophellas étoit lui-même citoyen d'Athenes, & il avoit acquis ce titre en épousant Euthidice fille de l'Athenien Miltiade, qui rapportoit son origine au fameux Miltiade qui avoit vaincu les Perses dans les champs de Marathon (a): indépendamment de cette alliance, Ophellas étoit confidéré dans cette ville; & à l'exemple des Atheniens plufieurs autres Grecs voulurent participer à fes entreprifes, fe flattant de partager entre eux le plus riche terroir de l'Afrique, & les tréfors de Carthage même. Car il faut avouer que la Grece, par les guerres continuelles dont elle étoit affligée, & par jaloufie réciproque de tous ceux qui y avoient acquis quelque pouvoir, étoit tombée dans l'humiliation & dans la mifere. Ainfi elle ne pouvoit qu'être extrêmement flattée de la délivrance de fes maux, & de l'acquifition des richeffes qu'on lui faifoit efpérer. Ophellas de fon côté travaillant à remplir les efpérances qu'il avoit fait naître, mit fur pié une armée de plus de dix mille hommes d'Infanterie, & de fix mille de cavalerie, de cent chariots, & de plus de trois cents hommes propres à les conduire: mais outre cela il n'avoit pas moins

---

(a) Cette bataille avoit été racontée dans les livres perdus entre le 5. & le 11. & l'Auteur en parle comme d'un fait récent à l'entrée du livre 11. p. 2. de Rhod. & de cette traduction tom. 3. p. 4.

de dix autres mille hommes de ceux qu'on appelle furnumeraires, dont plufieurs traînoient après eux, leurs femmes, leurs enfans & tout leur ménage, ce qui donnoit à ce train immenfe l'air d'une tranfmigration. Après une marche de dix-huit jours au bout de laquelle ils avoient fait trois mille (a) ftades, ils camperent aux environs d'Automales. Un peu au-delà on voyoit une montagne dont les deux côtés étoient également roides, & qui avoit dans fon milieu un creux large & profond, d'où s'élevoit une pierre extrêmement unie, qui fe terminoit en pointe droite au-deffus de la montagne. Autour de la bafe de cette pierre, étoit un antre vafte garni dans toute fon étendue d'Ifs & de lierre; dans lequel la fable faifoit habiter Lamia (b), Reine d'une extrême beauté. Mais elle ajoute qu'en punition de la férocité de fon caractete & de fes mœurs, elle fut tranfformée en bête fauvage. On raconte qu'ayant perdu tous fes enfans, elle

---

(a) 125. lieues.
(b) Les Latins ont parlé des Lamies comme de monftres qui ayant la faculté de paroître d'une extrême beauté, attiroient les hommes pour les dévorer. Horace en a fait mention.

tomba dans un tel défespoir, que jalouse de toutes les femmes qui avoient conservé les leurs, elles les faisoit enlever d'entre leurs bras, pour les massacrer elle-même. C'est pour cela qu'encore aujourd'hui cette femme est demeurée odieuse à tous les enfans qui craignent même d'entendre prononcer son nom. On ajoute que quand elle s'étoit ennyvrée elle permettoit de faire tout ce qu'on vouloit, sans craindre de sa part aucune perquisition de ce qui s'étoit passé avant qu'elle fut revenue de l'assoupissement où son yvresse l'avoit plongée. C'est pour cela aussi que quelques fois avant que de boire elle mettoit ses yeux dans un sac, la fable transportant ainsi à une précaution volontaire & délibérée, l'effet que le vin fait sur ceux qui en boivent une trop grande quantité, quoique le sommeil qu'amene l'yvresse ne soit pas de leur intention. Au reste que Lamie fut née dans une province de l'Afrique, ces deux vers d'Euripide (*a*) en font foi.

Par son nom de tout tems l'Africaine Lamie
De tout vice de mœurs désigna l'infamie.

(*a*) Lactance de faisâ Religione, a cité la La-

Cependant Ophellas à la tête de ses troupes les conduisit par des terres arrides & pleines de bêtes féroces: de sorte que manquant d'eau, & ayant consumé les vivres (*a*) secs dont il s'étoit pourvû, il courut risque de voir périr toute son armée. Le voisinage des Syrtes qu'il cotoyoit est un terrain désert, arride, & qui n'étant habité que par des animaux carnaciers, sembloit ne présenter à tous ceux qui composoient sa suite, que différens genres de mort; & ils ne trouvoient dans les maladies griéves dont ils étoient attaqués, ni Médecins pour les traiter, ni gardes pour les servir. Le terroir entretient là des serpens, qui étant de la couleur du sable à travers duquel ils se glissent, sont difficiles à distinguer: d'où il arrivoit que plusieurs de ses gens qui posoient le pié sur eux sans le sçavoir, s'attiroient une mort infaillible. Enfin après une marche de deux mois

---

mie d'Eurypide, mais la piéce est perdue. V. l'Euripide de M. Barnès. tom. 2. p. 478.

(*a*) Palmérius allegue sur cet endroit un passage de Theophraste, où cet ancien Auteur dit qu'Ophellas, dans la route dont il s'agit, tira un grand secours du fruit de l'arbre appellé Lotus.

accompagnée de tous les travaux & de tous les dangers imaginables, ils joignirent enfin Agathocle, & poserent leur camp à peu de diſtance du ſien.

Les Carthaginois apprenant la jonction de ces deux armées, commencerent à craindre pour eux, au lieu qu'Agathocle venant avec joye au-devant de cette armée auxiliaire, l'invita à ſe ſoulager des peines qu'elle avoit eſſuyées, & lui fournit même des rafraîchiſſemens. Ayant demeuré là quelques jours à obſerver tout ce qui ſe paſſoit dans le camp de ces nouveaux venus ; & voyant que tous les ſoldats s'étoient écartés pour aller à la recherche des vivres, & qu'Ophellas en particulier ne ſoupçonnoit aucune trahiſon de ſa part, il fit aſſembler ſes ſoldats, & imputa de mauvais deſſeins à celui qui venoit à ſon ſecours : de ſorte qu'ayant aigri la multitude par cette calomnie, il la conduiſit dans cette diſpoſition d'eſprit contre les Cyrenéens. Ophellas frappé d'abord d'un évenement ſi peu attendu, ne laiſſa pas de ſe mettre en défenſe. Mais troublé par ſa ſurpriſe, & n'ayant pas auprès de lui les troupes dont il avoit besoin, périt dans une attaque si injuste & si inégale; & Agathocle invitant par des promesses avantageuses le reste des troupes Cyrenéenes à se rendre à lui, se trouva maître de cette nouvelle armée. C'est ainsi que périt Ophellas pour s'être laissé aller à des espérances supérieures à son état & à son pouvoir.

XI.

D'un autre côté Bomilcar qui aspiroit depuis long-tems à la tyrannie & au pouvoir souverain dans sa patrie, attendoit avec impatience le tems propre à l'exécution de son dessein. Cependant à chaque fois que l'occasion paroissoit s'en présenter, il en étoit détourné par quelque légere circonstance : car les hommes superstitieux qui forment des projets également criminels & dangereux, se font volontiers à eux-mêmes des prétextes de délai. Cependant comme il ne jugeoit pas devoir laisser perdre un moment qui paroissoit favorable, il fit partir les principaux d'entre les citoyens pour la guerre contre les Nomades, croyant écarter ainsi le seul obstacle dangereux à son ambition. Malgré ces mesures prises il n'osoit encore déclarer son projet à personne,

O v

& il ne sembloit plus arrêté que par ses remords. Mais ce qui est encore digne de remarque ; ces deux méchans hommes, Agathocle & Bomilcar machinoient chacun de leur côté leurs perfidies, sans qu'aucun des deux eut la moindre connoissance de ce que faisoit l'autre : car Agathocle ne sçavoit rien de l'entreprise de Bomilcar sur la liberté de sa Patrie, ni du trouble que cette prétention devoit mettre dans Carthage, & qui lui auroit facilité la prise de cette ville ; d'autant plus que Bomilcar convaincu de son projet tyrannique, auroit plutôt choisi de livrer sa capitale à Agathocle, que de subir de la part de ses concitoyens le supplice dû à son crime découvert. Les Carthaginois de leur côté ne sçurent point la trahison qu'Agathocle méditoit à l'égard d'Ophellas ; car ils auroient pris volontiers le parti de ce dernier contre Agathocle qui les fatiguoit depuis long-tems d'un siége ou d'un blocus très-incommode. C'est ici que quelqu'un pourroit sentir le foible ou l'inconvénient de l'histoire qui est obligée en quelque sorte de s'interrompre elle-même, pour raconter des choses très-différentes les unes des autres, mais qui se sont passées dans le même tems : de sorte que l'on y trouve en effet la vérité que l'on y cherche principalement ; mais la suite des faits qui s'interrompent en quelque sorte les uns les autres, interrompt aussi le sentiment ou l'intérêt qui naissent dans l'ame du lecteur à l'occasion de chacun d'eux, & ne lui laissent en quelque sorte que la froide satisfaction d'avoir appris un fait vrai.

Quoiqu'il en soit, Bomilcar ayant fait un choix de ses gens dans la nouvelle Carthage, qui est très-voisine de l'ancienne, jugea à propos de ne garder que cinq cents citoyens, tous instruits de son projet, & environ mille soudoyés, au milieu desquels il se déclara Souverain. Distribuant ensuite cette escorte en cinq parties, ils les chargea d'égorger tous ceux qu'ils rencontreroient sur leurs pas. L'épouvante & la fuite étant bien-tôt devenues le seul objet qui se présentat aux yeux, les citoyens crurent d'abord que les portes avoient été ouvertes aux ennemis par quelque trahison. Mais dès qu'on eut appris la véritable cause de ce tumulte, toute la jeunesse se rassembla, & marcha en bon ordre contre le tyran. Bomilcar tua d'abord quelques-uns d'entre eux : mais le reste des citoyens étant montés sur le haut des toits qui environnoient la place publique où le tyran avoit amené ses assassins, ils tiroient de là des traits sans nombre, qui tombant dans un lieu vaste & sans abri, couvroient de playes les conjurés. Ceux-ci se voyant si maltraités, se jettent en foule dans les rues étroites qui conduisoient à la ville neuve, accablés de tout ce qu'on pouvoit jetter sur eux par les fenêtres ; cependant s'étant saisis enfin d'un poste un peu élevé, tous les bons Carthaginois qui s'étoient mis sous les armes vinrent là assiéger les rebelles. A la premiere proposition qui leur fut portée par les plus âgés d'entre les citoyens de renoncer à leur révolte, & sur la promesse qu'on leur fit de l'oublier, ils déposerent les armes. Les périls étrangers dont ils étoient environnés furent en effet la cause de leur sa'ut. On ne manqua de parole qu'à l'égard du seul Bomilcar qui étoit à leur tête, & qui après toute sorte d'insultes & de mauvais traitemens fut égorgé contre la promesse dans laquelle il étoit compris. C'est ainsi que les Carthaginois conserverent pour lors leur ancienne forme de gouvernement. Cependant Agathocle chargeant un assez grand nombre de barques des dépouilles qu'il avoit faites, & y faisant monter ce qui restoit de Cyrenéens incapables de service, il envoyoit le tout à Syracuse. Mais une tempête s'étant élevée pendant ce trajet, une partie de ses barques périt dans les eaux, & une autre échoua contre les Isles Pithecuses, vers les côtes de l'Italie, de sorte qu'il n'en arriva dans l'Isle qu'un très-petit nombre.

En Italie, les Consuls Romains préterent du secours aux Marses (*a*) attaqués par les Samnites, & emporterent un grand avantage sur ces derniers. De-là traversant l'Ombrie, ils revinrent dans la Toscane qui ne leur obéissoit pas encore, & s'y saisirent du fort nommé Caprium. Là-dessus les habitans du pays leur ayant demandé une treve, ils en accorderent une de quarante (*b*) ans aux Tarquiniens, mais il la bornerent à un an à l'égard de

(*a*) Tite-Liv. 9. 41. | avoit parlé dès son l. 7.
(*b*) Tite-Liv. en | c. 22.

tous les autres peuples de l'Hetrurie.

Olympiade 118. an. 2. 307. ans avant l'Ere Chrétienne.

XII.

782.

L'année précédente étant finie Anaxicrate fut fait Archonte d'Athenes, & on nomma pour Consuls à Rome Appius Claudius, & Lucius Volumnius. Démétrius mis par Antigonus son pere à la tête d'une forte armée de terre & de mer, & fourni d'ailleurs de toute espece d'armes & de provisions, partit d'Ephese. Il avoit ordre de délivrer toutes les villes de la Grece, & sur tout Athenes, où Cassander tenoit alors une garnison. Démetrius cinglant à pleines voiles de ce côté là, & arrivant bien-tôt au port du Pyrée, déclara à son de trompe sa commission & son intention. Denys Gouverneur de Munychie, & Démetrius de Phalere Intendant de la ville de la part de Cassander, & qui avoient l'un & l'autre de fortes troupes, se mirent en posture de défense. Mais quelques-uns des plus braves soldats d'Antigonus, escaladant les murs du bas du rivage, & aidant ensuite leurs camarades à monter après eux par-dessus les murailles s'emparerent ainsi du Pyrée. Denys reprit incessamment le chemin de sa citadelle, & Démetrius de Phalere se retira dans la ville. Le lendemain, celui-ci ayant été envoyé comme député du peuple à Démetrius, il lui représenta l'indépendance naturelle du peuple d'Athenes que le jeune Démetrius faisoit semblant de délivrer. Mais traitant ensuite de sa propre sureté, il obtint une garde pour sa personne; après quoi jugeant plus à propos de se mettre en liberté par lui-même, il s'enfuit à Thebes, d'où il se réfugia en Egypte auprès de Ptolemé. C'est ainsi que Démetrius de Phalere (*a*), après avoir gouverné sa Patrie pendant dix ans fut contraint de l'abandonner. Le peuple d'Athenes acquérant par sa retraite une espece de liberté, fit rendre des actions de grace aux Auteurs de sa délivrance. Cependant le jeune Démetrius continuant d'éxécuter les ordres de son pere fit dresser des machines propres à lancer

---

(*a*) Nous avons vû sur la fin du l. 18. p. 647. de Rhod. que Démetrius de Phalere commandoit dans Athenes de la part de Cassander: mais que son gouvernement étoit d'ailleurs extrêmement doux & équitable. Démetrius de Phalere & Denys Gouverneur du fort de Munychie, sont nommés ensemble au l. 19. p. 709. de Rhod. comme deux Officiers de Cassander. Mais Nicanor avoit tenu ce fort avant Denys. l. 18. p. 638. de Rhod.

des traits & des pierres, & preſſoit le fort de Munychie, & du côté de la terre, & du côté de la mer : cette citadelle étoit également défendue, & par ſa ſituation & par l'épaiſſeur de ſes murailles. Mais Démetrius avoit ſur elle l'avantage d'un grand nombre de ſoldats & d'excellentes machines de guerre. Ainſi au bout de deux jours d'une attaque & d'une défenſe très-vigoureuſe, les aſſiégés tués ou bleſſés en ſi grand nombre qu'on ne trouvoit plus perſonne à mettre à leur place, s'affoibliſſoient viſiblement : au lieu que les ſoldats de Démetrius aſſez nombreux pour ne combattre jamais tous enſemble, & ſe ſuccédant les uns aux autres, entrerent enfin dans une place vuide de défenſeurs. Ils y firent dépoſer les armes au peu de ſoldats qui y reſtoient encore, & prirent Denys vivant. Tout cela ſe paſſa en très-peu de jours, & Démetrius faiſant raſer Munychie & déclarant Athenes libre, contracta avec la République amitié & alliance d'arm..

Les Atheniens en reconnoiſſance de ce bienfait, ordonnerent par un décret qui fut enregiſtré de la main de Stratoclés, que l'on dreſſeroit à Antigonus & à Démetrius deux statues d'or, qui les representeroient l'un & l'autre sur un char, & que l'on poseroit à côté de celles d'Harmodius (*a*) & d'Aristogiton, portant sur leur tête chacune une couronne d'or du prix de deux cents talens, & posées l'une & l'autre sur un autel qu'on appelleroit l'autel des Sauveurs. Qu'au lieu des dix tribus qui jusqu'alors avoient composé le peuple d'Athenes, on le distribueroit en douze, dont les deux nouvelles s'appelleroient Antigonide & Demetriane; qu'on institueroit enfin pour chaque année en leur honneur des combats, une procession publique & un sacrifice, après avoir tracé l'image de l'un & de l'autre Prince sur le voile de Minerve. C'est ainsi que la ville d'Athenes après avoir perdu sa liberté depuis quinze ans, par la guerre appellée Lamiaque (*b*), recouvra l'ancien-

(*a*) Deux Atheniens qui conspirerent contre la tyrannie de Pisistrate. Aristogiton le tua de sa main. Il a été dit un mot de l'un & de l'autre, au second vol. de cette traduction. p. 377. dans les extraits de Diodore par l'Empereur Constantin Porphirogenetes.

(*b*) On a vu l'origine de la guerre Lamiaque au l. 18. p. 592. de Rhod. la retraite d'Antipater dans Lamia p. 596. & la fin de la même guerre, par la soumission des Atheniens à Antipater. p. 601. on trouve même dès le l. 17. p. 577. de Rhod. une préparation

ne forme de sa République. Démétrius allant de-là à Mégare, dans l'Attique & de la dépendance d'Athenes, força de même la garnison de Cassander qui occupoit cette place ; & l'ayant rendue aux Atheniens, il reçut de leur part de grands témoignages de reconnoissance. Ils envoyerent en même tems des Ambassadeurs à Antigonus pour lui rendre compte de tous les honneurs qu'on lui avoit décernés ; & qui parlant ensuite de la disette de vivres où leur ville étoit tombée, & du besoin qu'ils auroient de bois propres à remonter leur marine, obtinrent de lui cent cinquante mille mesures de blé, & toute la charpente qu'il leur falloit pour se donner une flotte de cent vaisseaux. Retirant aussi la garnison qu'il tenoit lui-même dans l'Isle d'Imbrus, à la pointe de la Chersonnese de Thrace, il en céda la capitale aux Atheniens : il envoya en même temps à son fils Démetrius l'ordre de former de toutes les villes alliées un conseil général où l'on traitat

---

éloignée à la guerre Lamiaque par les soldats qu'Alexandre en Asie avoit licentiés de son vivant, & qui vinrent presque tous se rendre au Promontoire du Tænare au sud du Peloponnese.

des intérêts communs de la Grece ; & il le chargeoit lui-même de passer incessamment dans l'Isle de Chypre, & de se disposer là à porter la guerre aux Lieutenans de Ptolemée.

Démetrius s'embarqua aussi-tôt suivant les ordres de son pere, arriva sur les côtes de la Carie d'où il envoya proposer aux Rhodiens une alliance d'armes contre le Roi d'Egypte. Ceux-ci refuserent cette proposition, & inclinant pour une paix générale & universelle, ils s'attirerent la haine d'Antigonus. Aussi-tôt Démetrius passant dans la Cilicie, & se munissant là de vaisseaux & de soldats, il vint dans l'Isle de Chypre, déja pourvu de quinze mille hommes d'Infanterie, de quatre cents chevaux, de légers navires ou de galeres au nombre de cent dix, & de cinquante-trois vaisseaux de guerre ou de haut bord, sans parler de bien des galiotes chargées de toute espece de provisions nécessaires pour les hommes & pour les chevaux. Il posa d'abord son camp sur le rivage de la ville de Carpasie en Chypre, & ayant tiré ses vaisseaux à terre, il les environna d'une palissade épaisse, & d'un fossé profond. Allant attaquer de-là les villes les plus voisines, il emporta d'abord Carpasie & ensuite Uranie. Laissant ensuite une garde suffisante pour sa flotte, il alla former le siége de Salamine. A cette attaque Menelas (a) Lieutenant de Ptolemée dans Chypre, réunit toutes les garnisons répandues dans les places de l'Isle pour en fortifier la capitale. Comme les ennemis étoient encore à quarante stades de Salamine, il alla au-devant d'eux, accompagné de douze mille hommes de pié & de huit cents chevaux. La bataille s'étant bien-tôt donnée, les troupes de Menelas furent battues & mises en fuite. Démetrius les poursuivant jusqu'à leur ville, leur tua environ mille hommes, & fit sur eux près de trois mille prisonniers, qu'il délivra ensuite pour les enrôler dans ses troupes. Mais comme ceux-ci qui avoient laissé tous leurs effets en Egypte sous la défense de Ptolemée, se disposoient à déserter pour revenir à Menelas; il les fit embarquer de force comme des gens qu'il ne pouvoit jamais gagner, & les envoya tous à son pere dans la Syrie. Antigonus résidoit

___

(a) Il a été nommé son frere, au l. précé- | dent p. 707. de Rhode

en effet alors dans la haute Syrie, où il s'occupoit à bâtir sur le fleuve Oronte une ville qui devoit s'appeller Antigonie de son nom, il y destinoit des sommes immenses & il lui donnoit trois lieues (*a*) de tour. Le lieu étoit très-favorable pour avoir inspection de là sur la Babylonie & sur toutes les Satrapies supérieures & inférieures, jusqu'aux limittes de l'Egyte. Mais cette nouvelle ville ne subsista pas long-tems ; & elle fut détruite par Séleucus, qui en transporta tous les habitans & toute la gloire à celle qu'il fit bâtir dans la suite sous le nom de Seleucie. Nous raconterons ce fait plus en détail, quand le cours de notre histoire nous aura fait arriver à cette époque (*b*). Cependant les troupes de Menelas ayant été battues en Chypre, firent passer leurs machines au-dedans de leur capitale Salamine, & voyant que Démetrius se disposoit à les assiéger, ils garnirent leurs murailles de toutes les défenses convenables ; & Menelas fit partir incessamment des députés au

---

(*a*) L'Auteur dit 70. stades. Il s'en faudroit à la rigueur 72. pour 3. lieues completes : sur le pié de 24. stades pour une lieue.

(*b*) Ce ne sera pas dans ce qui nous reste du texte de Diodore.

Roi d'Egypte pour l'inſtruire des pertes qu'ils avoient déja eſſuyées, & pour le prier de les ſecourir dans le danger où ſe trouvoit l'Iſle entiere.

Démetrius de ſon côté voyant que Salamine étoit une place conſidérable, & dont les habitans qui n'étoient pas en petit nombre, ſe diſpoſoient à une défence vigoureuſe; jugea à propos de ſe pourvoir de machines énormes, de catapultes propres à lancer au loin, ou des traits de toute eſpece, ou des pierres de toute groſſeur. Il fit même venir de l'Aſie des ingénieurs & des ouvriers de toute profeſſion, des inſtrumens de guerre, ou des matieres propres à en faire. Mais ſur-tout il fit conſtruire une machine quarrée qu'il nomma Helepole (*a*), dont chaque côté avoit quatre-vingt-dix coudées de hauteur ſur quarante-cinq de largeur, diſtribuée en neuf étages, & poſée ſur quatre fortes roues de la hauteur de huit coudées. Il fit faire auſſi des béliers d'une groſſeur prodigieuſe, & poſés de part & d'autre ſur des formes de tortues. Les bas étages de l'Helepole enfermoient des machines de deux cents ſoixante & dix livres de poids,

(*a*) A la lettre, emporte-ville.

Livre XX.

propres à lancer des pierres ; ceux du milieu, les machines qui lançoient les plus forts javelots ; & enfin des plus hauts étages, on lançoit les pierres ou les fleches les plus legeres : l'édifice entier contenoit plus de deux cents hommes. L'ayant fait arriver au plus près des murs, on en abbatoit toutes les éminence ou les saillies avec des traits de moindre force, pendant que les béliers ébranloient le milieu même & le corps des murs. Les assiégés qui se défendoient avec un grand courage, & qui opposoient machines à machines, rendirent pendant quelques jours, & l'attaque & la défense également douteuses ; & les travaux aussi bien que les dommages paroissoient assez partagés. Mais enfin la muraille étant absolument tombée, & la ville sur le point d'être emportée d'assaut ; la nuit suspendit en même tems & l'attaque & la défense. Menelas qui vit ce danger dans toute son étendue, & bien convaincu qu'on ne pouvoit le parer qu'en mettant les choses dans une toute autre situation, fit amasser une très-grande quantité de bois sec, & le jettant la nuit allumé & frotté d'avance de toutes les matieres qui pouvoient animer la flamme, il parvint en effet à bruler la plus grande partie des machines des assiégeans. A cet aspect les soldats de Démetrius coururent au secours : mais le feu ayant déja pris le dessus, consuma ce bâtiment de bois, & un grand nombre de soldats qui y étoient enfermés. Démetrius quoique frustré de ce côté-là d'un secours sur lequel il avoit beaucoup compté, ne se désista point de son entreprise, & continua le siége par terre & par mer, espérant de regagner par le tems ce que le feu lui avoit fait perdre.

Cependant Ptolemée, dès qu'il eut appris la défaite de Menelas, partit de l'Egypte avec une armée de terre & de mer ; & étant arrivé à Paphos en Chypre, il emprunta des barques de toutes les villes maritimes de l'Isle, & arriva au port de Citium, qui n'est distant de Salamine que de deux (*a*) cents stades ; il avoit en tout cent quarante Galeres : la plus forte étoit de cinq rangs de rames, & la moindre de trois. Elles étoient suivies de plus de deux cents barques qui ne portoient pas moins de douze mille hommes d'Infanterie. Le Roi fit mettre à terre quel-

(*a*) 8. lieues ⅓.

ques-uns

ques-uns de ses gens, pour aller dire à Menelas de lui envoyer de Salamine, s'il étoit possible, environ soixante vaisseaux. Il comptoit que ce renfort mettant sa flotte sur le pié de deux cents voiles, le rendroit égal ou même supérieur à l'ennemi. Démetrius, instruit de son projet, laissa devant la place une partie de ses troupes: mais il fit monter sur ses vaisseaux ce qu'il avoit de meilleurs soldats, & il en garnit les bords de machines propres à lancer des traits & des pierres. Entre ces machines celles qui étoient sur les proües avoient trois palmes (*a*) de largeur pour lancer des pierres de cette mesure: cette flotte qui avoit été équipée avec beaucoup de soin bordoit tout le rivage, & l'anchre ayant été jettée hors de la portée du trait, l'entrée du port se trouvoit fermée. Elle empêchoit par-là que les vaisseaux de Salamine restés dans le port ne pussent joindre ceux qui venoient à leur secours; & dans cette position Démetrius attendoit la flotte qui venoit

---

(*a*) On trouve dans les Auteurs d'antiquités, que le palme étoit la largeur des deux mains étendues à côté l'une de l'autre.

d'Egypte, & se préparoit à la combattre. Cependant Ptolemée s'approchoit de plus en plus de l'Isle de Chypre; & comme outre son armée navale, il étoit suivi d'un grand nombre de vaisseaux de charge pour les provisions dont elle pouvoit avoir besoin, le tout ensemble en rendoit de loin l'aspect formidable. Démetrius se disposant à aller à sa rencontre, laissa son Lieutenant Antisthene avec dix vaisseaux à cinq rangs de rames, pour empêcher les vaisseaux des citoyens de se joindre à la flotte qui venoit à leur secours, ce qui étoit d'autant plus aisé que l'embouchure de leur port étoit fort étroite: de plus il ordonna à sa cavalerie de se tenir sur le rivage pour y recevoir ceux des siens que leur défaite ou leurs blessures obligeroient de s'y réfugier à la nage. Cependant mettant lui-même ses vaisseaux en ligne, il vint au-devant de l'ennemi avec une flotte de cent huit voiles, en y comprenant les bâtimens qu'il avoit pris dans quelques ports du voisinage. Les plus forts étoient à sept rangs de rames, & le plus grand nombre à cinq. Sa gauche étoit composée de sept vaisseaux Pheniciens à sept rangs, & de trente galeres Atheniennes à quatre rangs, commandées par le Capitaine Medius (*a*). Après celles-ci il plaça dix galeres à six rangs de rames, & autant à cinq ; jugeant à propos de fortifier la partie de la flotte où il vouloit combatre lui-même. Il plaça dans le centre les plus petits bâtimens sous la conduite de Themison (*b*) de Samos, & de Marsias (*c*), qui a écrit l'histoire de Macedoine. Il avoit confié l'aîle droite à Hegesippe d'Halicarnasse & à Pleistias de Cos, se réservant (*d*) lui-même le commandement de toute l'armée navale.

Le premier dessein de Ptolemée étoit d'entrer de nuit dans le port de Salamine, où il espéroit de surprendre les ennemis. Mais voyant au point du jour la flotte de Démetrius venue en bon ordre à sa rencontre, il se pré-

(*a*) Nommé au liv. précédent. p. 715. de Rhod.

(*b*) Il a déja été nommé comme chef d'armée navale. l. 19. p. 704. de Rhod.

(*c*) Son article se trouve dans Gerard Vossius. *De Historic. Græ-cis.* p. 51.

(*d*) C'est le sens le plus raisonnable qu'on puisse donner au texte qui semble dire que Pleistias étoit le Commandant général de la flotte. Le vieux traducteur Claude de Seyssel autorise cette correction.

para lui-même à se défendre. Il regla que ses vaisseaux de charge le suivroient de loin ; & mettant les autres en ligne, il en forma son aîle gauche, défendue par des vaisseaux de haut bord, & dans laquelle il se tenoit lui-même. Les deux flottes étant ainsi arrangées, on fit aux Dieux de part & d'autre des invocations commencées par ceux qui étoient chargés de cet office, & qui étoient continuées par tous les soldats. Les deux Généraux sur le point d'ouvrir un combat où il s'agiroit de leur gloire & de leur vie n'étoient point sans inquiétude. Démetrius arrivé à une distance de trois stades de l'ennemi, éleva pour le signal dont on étoit convenu un bouclier doré, qu'il présenta aux yeux en se tournant de tous les côtés. Ptolemée ayant fait la même chose, l'intervalle qui séparoit les deux flottes disparut dans l'instant même, les trompettes sonnerent aussitôt de part & d'autre ; les deux armées leur répondirent par des cris réciproques, & les vaisseaux se heurterent tous en même tems & avec la même impétuosité. Les soldats à la portée les uns des autres s'attaquerent tous au même instant à coups de traits & de pierres lancées par leurs machines ; & à mesure que leurs rameurs, animés par les cris de leurs comites, faisoient joindre les bâtimens ennemis, les soldats montoient de part & d'autre sur leurs ponts : les bâtimens poussés avec violence les uns à côté des autres, emportoient tout un rang de leurs rames, & par là se rendoient réciproquement inutiles pour le combat, & s'ôtoient d'ailleurs tout moyen de fuite ; ce qui faisoit perdre à ceux qui se préparoient à combattre sur leur pont une partie de leur courage, en leur ôtant toute espérance de retraite. Quelques vaisseaux après avoir porté un coup à un vaisseau ennemi reculoient sur leur poupe, pour leur en porter un second : & cependant les soldats qui étoient sur le pont choisissoient de loin ceux sur lesquels ils vouloient tirer en arrivant. Quelques-uns des Commandans particuliers faisoient lancer leurs vaisseaux de biais, de sorte qu'engagé par sa pointe entre les ais du vaisseau attaqué, il leur laissoit le tems de passer avec une partie de leur monde sur le pont de ce vaisseau, où ils s'exposoient à autant ou plus de maux qu'ils n'en pouvoient faire. Quelques-uns de ceux qui se croyoient assez près d'un vaisseau ennemi pour y sauter ou pour s'y prendre, tomboient dans l'eau, où on les perçoit de traits ou à coups de lance : mais d'autres aussi parvenus à leur but, tuoient du monde ; où tournant à leur profit le désavantage du lieu, poussoient leurs adversaires dans la mer. En un mot le mouvement ou l'inégalité d'un pareil sol nuisoit souvent aux plus braves, & favorisoit quelquefois ceux qui l'étoient le moins. Car sur un terrain ferme le courage se fait lui-même sa route, & n'a rien à craindre des corps étrangers & inanimés par eux-mêmes ; au-lieu que dans les combats de mer, la mobilité de cet élément donne lieu à une infinité d'avantures casuelles qui décident seules de tout. Cependant Démetrius monté sur une galere à sept rames, présidoit au combat avec une activité merveilleuse. Environné d'ennemis qui l'attaquoient en foule, il faisoit lancer des javelots sur les uns & il perçoit les autres avec sa lance. Quoiqu'il servît de but à une infinité de traits, il en évitoit les uns par un mouvement du corps, ou il présentoit adroitement son bouclier aux autres : il étoit accompagné de trois hommes préposés pour défendre sa personne ; l'un d'eux atteint d'un javelot tomba mort à côté de lui, & les deux autres furent blessés. Enfin après un combat violent il mit en fuite toute l'aîle droite de la flotte ennemie, & quelques vaisseaux détachés qui l'accompagnoient. Mais Ptolemée de son côté qui étoit à la tête de ses plus forts vaisseaux montés par les plus braves de ses soldats, repoussa aisément toute l'escadre à laquelle il avoit affaire. Il fit couler à fond une partie des vaisseaux dont elle étoit composée, & se rendit maître de tous les autres. Cet avantage lui fit espérer qu'il en auroit un semblable sur l'aîle gauche des ennemis. Mais voyant son aîle droite (*a*) extrêmement maltraitée, mise en fuite & poursuivie par Démetrius, il se retira lui-même à Citium.

Démetrius réellement vainqueur dans cette rencontre donna quelques-uns de ses vaisseaux de guerre à Néon & à Burichus, avec ordre de poursui-

---

(*a*) Le texte porte son aîle gauche : mais nous venons de voir que Démetrius avoit mis en fuite l'aîle droite de Ptolemée.

vre l'ennemi, & de recueillir les soldats qu'on trouveroit encore nageans. Cependant lui-même ornant ses vaisseaux de toutes les marques de la victoire, & traînant après lui les bâtimens pris & attachés aux siens, revint à Carpasie, où il avoit d'abord pris terre & posé son camp. Dès le tems de la bataille, Menelas qui commandoit dans Salamine avoit armé soixante navires, qu'il envoyoit à Ptolemée sous la conduite de Menœtius: ces navires s'étant ouvert un passage à travers les vaisseaux de Démetrius, les troupes de celui-ci battues s'étoient réfugiées auprès de celles qui campoient déja sur terre ; & celles de Menœtius, quoique victorieuses en cette rencontre, étant arrivées trop tard au lieu où se donnoit la bataille générale, s'en revinrent à Salamine. Le succès du combat ou de la victoire de Démetrius, fut la prise de plus de cent vaisseaux plats, sur lesquels se trouverent près de huit mille soldats. On avoit pris quarante vaisseaux longs avec tous les hommes qui étoient dedans, & on en avoit coulé à fond près de quatre-vingts que les vainqueurs amenerent à moitié pleins d'eau à la vue de leur camp. Démetrius n'avoit eu de son côté que vingt vaisseaux endommagés, mais qui étant réparés avec soin lui servirent long-tems encore. Cependant Ptolemée renonçant pour toujours à l'Isle de Chypre s'en revint en Egypte. Démetrius au contraire recevant à foi & hommage toutes les villes de cette Isle, en fit enrôler les garnisons parmi ses troupes : & cette recrue lui fournit seize mille hommes d'Infanterie & environ six cents cavaliers : après quoi il fit porter à son pere le détail de sa victoire par des hommes embarqués sur le plus beau de ses vaisseaux. Antigonus charmé de cette nouvelle, & ennorgueilli d'un si grand succès prit alors le diadême, & depuis se fit toujours nommer Roi, en accordant à son fils le même titre & les mêmes honneurs qu'à sa personne. D'un autre côté Ptolemée ne se laissant point abbatre par sa défaite ou par sa retraite, prit aussi le diadême & se revêtit du titre de Roi. Ce fut à leur exemple que les autres Satrapes ou Souverains de chaque province particuliere se proclamerent Rois à l'envi les uns des autres. Sous ce même titre Seleucus se déclara possesseur immuable des Satrapies supérieures, & Lysimachus & Cassander s'attribuerent pour toujours & en toute souveraineté la part qu'il leur avoit donnée des possessions ou des conquêtes d'Alexandre. Pour nous après cette exposition des affaires de l'Europe & de l'Asie : nous reprendrons celles de l'Afrique & de la Sicile au point où nous avons laissé ces dernieres.

XIII. Agathocle apprenant le nouveau titre dont les successeurs d'Alexandre venoient de se revêtir; & ne se croyant inférieur à eux ni en force, ni en étendue de possessions, ni en nombre d'exploits militaires, se déclara Roi comme eux. Il ne jugea pourtant pas à propos de prendre le diadême. Dès le commencement de sa tyrannie il avoit porté une couronne: mais c'étoit sous le prétexte d'une participation au Sacerdoce de quelque Divinité, auquel il n'avoit pas renoncé. Mais quelques-uns disent qu'il ne portoit cette couronne que pour cacher un manque de cheveux qui le rendoit presque chauve. Cependant pour faire quelque chose qui parut digne du nouveau titre qu'il se donnoit, il s'arma contre les habitans d'Utique (*a*) qui venoient de se révolter. Tombant tout d'un coup sur cet ville, autour de laquelle il prit environ trois cents de ses habitans; il leur proposa de lui céder leur ville même, auquel cas il leur pardonneroit leur révolte. Mais le corps des citoyens ayant rejetté cette proposition, il fit dresser & approcher des murs une machine fort élevée, autour de laquelle étoient suspendus vivans ceux qu'il avoit fait prisonniers. Les habitans d'Utique plaignirent à la vérité le malheureux sort de leurs concitoyens; mais enfin leur préférant la liberté publique ils garnirent leurs murailles de soldats, & se préparerent à soutenir vigoureusement le siege dont ils étoient menacés: Agathocle qui avoit fait monter dans la machine dont nous venons de parler des archers & des frondeurs, ouvrit le siege par cette espece d'attaque, qui ne servit qu'à animer les assiégés à la défense. Ce fut alors que les habitans d'Utique tomberent dans

790.

(*a*) Nous avons vu au commencement de ce livre, Agathocle maître de Tunis. p. 752. de Rhod. Mais on n'a pas dit encore qu'il eut pris Utique qui étoit au-delà du fleuve Bagrada; mais sur le rivage où il avoit pû aller par mer.

une des plus grandes détresses où des assiégés se fussent peut-être jamais trouvés. Car les Grecs ayant exposé aux traits des assiégés leurs compatriotes, dont plusieurs étoient des plus considérables d'entr'eux, il falloit de toute nécessité qu'en les épargnant, ils laissassent prendre leur ville; ou que pour la sauver ils devinssent eux-mêmes les meurtriers de leurs propres concitoyens. C'est néanmoins à ce dernier parti où les jettoit une cruelle nécessité qu'ils se déterminerent avec autant de regret que de courage. Car employant toute sorte de traits pour repousser les ennemis, la plupart tomboient sur ceux qui combattoient sur le plancher de la machine; mais plusieurs aussi s'écartoient sur ceux qui y étoient suspendus. Quelques-uns de ceux-ci étoient portés par la force du trait contre les ais de la machine, où ils demeuroient cloués, de sorte que là ils ressembloient à des criminels condamnés à la honte & au supplice de la croix: ce qui arrivoit à quelques-uns de la propre main de leurs parens ou de leurs amis, réduits à sacrifier leur tendresse & leur piété à la défense de la patrie. Cependant Agathocle voyant cette résolution dans les assiégés renforça encore ses troupes, & ayant visité tous les dehors, il s'attacha à un endroit qui lui parut moins fort que les autres, & par lequel il pénétra en effet jusqu'au dedans des murailles. Quoique les citoyens se refugiassent, les uns dans leurs maisons, & les autres dans les temples, il remplit la ville de meurtres & de carnage. Les uns furent tués au premier abord avec l'épée, il fit brûler plusieurs de ceux qu'on avoit pris, & il frustra de leur espérance ceux qui s'étoient réfugiés au pié des autels : il pilla ensuite la ville entiere, & y laissant une garnison, il vint camper auprès d'une citadelle, appellée le fort du Cheval. La nature l'avoit défendue par un marais qui l'environnoit, mais il ne laissa pas de l'assiéger vigoureusement, & en ayant vaincu les habitans dans un combat qui se donna sur l'eau, il emporta enfin la place. Devenu maître ainsi de tout ce qui portoit le nom de ville, il s'assura aussi d'une grande étendue de rivage, & même du pays plus avancé dans les terres, à l'exception néanmoins de la province propre de la Numidie, entre

791.

les habitans de laquelle, les uns firent alliance avec lui, & les autres attendoient l'évenement de ses entreprises ou de ses excursions.

L'Afrique étoit alors divisée en quatre especes de nations, la premiere étoit la colonie Phœnicienne qui habitoit Carthage. La seconde les Libophœniciens qui avoient plusieurs villes le long de la mer, & qui tiroient leur dénomination de ce qu'étant nés dans la Libye ils contractoient des alliances avec les Carthaginois par des mariages réciproques. La troisieme étoit composée de la plus nombreuse partie des anciens habitans de l'Afrique qu'on appelloit Libye, & qui haïssoient souverainement les Carthaginois à cause de la dureté de leur empire. Enfin la quatrieme étoit les Nomades *ou Numides* qui occupoient la plus grande partie de la Libye jusqu'au désert. Agathocle étoit alors supérieur, ou par ses propres forces, ou par celles de ses alliés aux Carthaginois mêmes. Mais étant incertain & inquiet de la situation de ses affaires dans la Sicile, il fit construire des vaisseaux sans pont, ou des galeres à cinq rangs de rames, dans lesquelles il fit embarquer deux mille de ses soldats; & laissant à son fils Archagatus le soin & la défense des acquisitions qu'il avoit faites en Afrique, il s'embarqua lui-même & cingla du côté de la Sicile.

XIV. Dans l'intervalle de son absence Xenodocus (*a*) Général des Agrigentins avoit mis plusieurs villes en liberté, & avoit fait concevoir à toutes celles de l'Isle entiere, l'espérance de se gouverner bien-tôt par leurs propres loix. A la premiere nouvelle de l'approche d'Agathocle, il mena contre les Capitaines que celui-ci avoit laissez en Sicile, un corps d'armée de près de dix mille hommes d'Infanterie & de mille chevaux: mais Leptine & Demophile (*b*) ayant rassemblé environ huit mille deux cents hommes de pié, & douze cents hommes de cheval, tant de Syracuse que des forts voisins; il se donna un violent combat, où Xenodicus ayant perdu environ quinze cents hommes se réfugia dans Agrigente. Les Agri-

---

(*a*) Nommé en dernier lieu Xenodicus p. 769. de Rhod.
(*b*) Celui qui a été nommé au l. précédent 738. de Rhod. Pour Leptine, nous le verrons employé dans la suite.

gentins abbatus par cette défaite, abandonnerent l'espérance de leur supériorité, comme ils firent perdre à leurs alliés celle de leur liberté même. Cette infortune étoit récente lorsqu'Agathocle aborda à Selinunte, où il obligea les Heracleotes qui venoient de la délivrer de rentrer eux-mêmes dans l'obéissance. Passant de-là d'un autre côté de l'Isle, il prit Thermes défendue par une garnison Carthaginoise, avec laquelle il signa un traité, après quoi ayant emporté Cephalide, il y laissa Leptine pour Gouverneur. Revenant ensuite à travers les terres, il entra de nuit dans Centorippe par la trahison de quelques-uns des citoyens. Mais la fraude ayant été reconnue dès le matin, il fut mis dehors par la garnison rassemblée, après une perte de plus de cinq cents hommes des siens. Il s'approcha ensuite d'Apollonie (*a*) sur la promesse que lui avoient faite quelques-uns de ses citoyens de la lui livrer. La trahison ayant été découverte & punie, il ne réussit pas le premier jour d'un siége qu'il étoit convenu de feindre. Mais dès le len-

792.

_____
(*a*) Ville de la Sicile, | Leontium.
dans le voisinage de |

demain au prix de bien des travaux & de bien des pertes, il emporta cette ville, & après avoir fait égorger la plus grande partie des habitans, il pilla toutes leurs richesses. Cependant Dinocrate (*a*) chef des bannis, toujours zélé pour la cause des Agrigentins, & se portant toujours pour défenseur de la liberté publique, rassembla de plusieurs endroits un grand nombre de soldats, à quoi ne contribuoit pas peu la haine universelle qu'Agathocle s'étoit attirée. Ainsi Dinocrate se voyant environ douze mille hommes de pié & quinze cents hommes de cheval, accoutumés les uns & les autres à toute la fatigue des bannissemens & des fuites perpétuelles, il campa à découvert, comme pour inviter Agathocle à tomber sur lui. Mais comme Agathocle étoit beaucoup diminué de forces, & ne cherchoit qu'une retraite, Dinocrate se mit à le suivre pié à pié, & remporta ainsi sur lui une victoire qui ne lui couta point de sang; & lui couta même peu de fatigue. Depuis

(*a*) Dinocrate est nommé la premiere fois au l. 19. p. 657. de Rhod. ensuite p. 738. & toujours désigné par le titre de Général des bannis.

ce tems-là on vit baisser sensiblement la fortune d'Agathocle, non-seulement dans la Sicile, mais encore dans l'Afrique. Car son fils Archagatus qu'il avoit laissé là à la tête de son armée, avec ordre de s'avancer dans le pays, envoya d'abord quelques troupes sous la conduite d'Eumachus qui réussit au commencement : car il assiégea une grande ville nommée Tocas, dont la prise lui soumit un grand nombre de Numides des environs. Ayant emporté de même une autre ville nommé Phelline, il soumit à l'obéissance d'Archagatus tous les habitans des environs qu'on appelloit les Asphodeles, & qui approchoient beaucoup de la couleur des Ethiopiens. Il prit une troisieme ville très-étendue, nommée Maschala, dont les habitans descendoient des Grecs, transportés-là depuis la prise de Troye, & dont nous avons parlé dans le troisiéme (*a*) livre de notre histoire. Il emporta aussi le fort du Cheval (*b*) du même nom, mais différent de celui

---

(*a*) Il seroit difficile de trouver dans le troisieme livre, tel que nous l'avons aujourd'hui, rien qui réponde à ce renvoi.

(*b*) Ci-dessus p. 790. de Rhod.

qui avoit été pris par Agathocle. La ville d'Acris fut la derniere de ses prises. Après en avoir mis à l'encan tous les citoyens qui auparavant se gouvernoient eux-mêmes, il livra la place au pillage de ses soldats, qu'il rendit par là très-riches, ensuite de quoi il vint rejoindre Archagatus. Celui-ci ayant acquis ainsi par lui-même ou par son Lieutenant la réputation d'un habile Général, entreprit de s'avancer encore davantage dans la Libye supérieure, & passant au-delà des villes dont il s'étoit déja rendu maître, il tomba tout d'un coup sur une autre encore plus éloignée, & qui s'appelloit Miltine. Mais là les barbares ramassés de tous les bourgs voisins tombant sur lui le repousserent avec une grande perte des siens : & sortant de-là il passa par dessus une montagne de deux cents stades de trajet, toute couverte de chats sauvages, ce qui fait qu'il ne se trouve dans tout ce terrain aucune espece d'oiseaux ni sur le haut ni sur les penchants, par la crainte qu'ils ont de ces animaux. S'avançant encore il se trouva dans un pays rempli de singes, où il y a trois apparences de villes qui portent toutes trois le nom

793.

de cet animal, & que nous appellerions en Grec les Pithecuses (*a*). Leurs mœurs & leurs façons de vivre sont extrêmement différentes des nôtres.

En effet il faut se représenter que les singes qui sont des Dieux en ce pays-là comme les chiens le sont en Egypte, habitent dans les maisons avec les hommes, & qu'on leur laisse manger tout ce qui leur plaît dans les cuisines & sur les tables. Les parens donnent à leurs enfans les noms de ces animaux, comme l'on fait porter aux nôtres ceux de nos Divinités : & si quelqu'un les tue il est condamné irrémissiblement à la mort comme un criminel au premier chef. De sorte qu'un proverbe établi parmi eux contre ceux qui paroissent capables des plus noires entreprises, est de leur dire, vous avez bu du sang de singe. Eumachus ayant emporté de force une de ces trois villes, la livra au pillage de ses soldats, & prit deux autres par composition : mais apprenant ensuite qu'on assembloit des troupes contre lui, il sortit promptement de ce canton pour se rapprocher de la mer. Jusque-là Archagatus avoit réussi dans la Li-

(*a*) De Πίθηξ, Singe.

bye : mais dans la suite le sénat de Carthage, pensant plus sérieusement aux conséquences de cette guerre, résolut de faire partir trois corps d'armée dont l'un garderoit les côtes, le second le milieu des terres, & le troisiéme iroit au pié des montagnes. Ils comptoient d'écarter par-là toute menace de siége, & toute crainte de disette : car depuis le commencement de cette guerre, un grand nombre de familles des environs s'étant réfugiées dans la capitale, il s'y étoit fait une très-grande consommation de vivres. On n'y craignoit pas un siége par la difficulté qu'il y avoit d'aborder la ville, & du côté de la terre & du côté de la mer : & d'ailleurs ils comptoient beaucoup pour maintenir leurs alliés dans une fidélité constante, sur le nombre des camps qu'ils avoient eux-mêmes hors de leurs murailles, qui donneroient lieu aux ennemis de séparer leurs forces, & qui les écarteroient de Carthage même. Toutes ces choses arriverent comme ils l'avoient sagement prévû : car ayant mis suivant ces mesures trente mille hommes hors de leurs murailles, les entrepreneurs des vivres entretinrent aisé-

794.

ment dans la ville, non-seulement le nécessaire, mais encore la surabondance : & les alliés de Carthage que le besoin engageoit auparavant à écouter les propositions des ennemis, rentrerent avec joie dans leur ancienne fidélité. Archagathus de son côté se vit obligé de partager son camp pour faire tête aux divers camps des ennemis. Il envoya une partie du sien sur le rivage de la mer ; & laissant à Tunis une garnison suffisante, il partagea le reste de ses troupes en deux corps, dont il confia l'un à Æschrion, en se mettant à la tête de l'autre. Ces différentes troupes allant sans cesse de côté & d'autre tenoient en suspens tous les esprits, & faisoient attendre à tout moment quelque sanglante catastrophe.

Le Carthaginois Hannon mettant alors ses troupes en chemin à travers les terres, chercha à surprendre Æschrion, & tombant sur lui tout d'un coup, il lui tua plus de quatre mille hommes d'Infanterie, & environ deux cents cavaliers, entre lesquels se trouva leur Commandant même. Il fit un assez grand nombre de prisonniers, & tout le reste vint se réfugier auprès d'Archagatus, à cinq (*a*) cents stades du lieu où la bataille s'étoit donnée. Imilcon nommé Commandant des montagnes, avoit voulu prévenir Eumachus en se saisissant d'une ville où celui-ci comptoit de venir mettre en dépôt les dépouilles qu'il apportoit de plusieurs autres qu'il avoit prises. Ce fut-là que les Grecs eux-mêmes provoquant Imilcon au combat, celui-ci laissa une partie de ses troupes dans cette ville, en les avertissant que dès le commencement du combat il feroit semblant lui-même de se réfugier dans la ville : qu'ainsi à ce signal, il ne devoit point manquer eux-mêmes de sortir de leurs murailles en bon ordre & par une autre porte pour tomber sur les ennemis qui le poursuivroient. Après avoir donné cet avis, il sortit lui-même en ne menant avec lui que la moitié de ses troupes ; & ayant engagé au dehors une apparence de combat au pié des remparts, & près de son camp, il battit bien-tôt en retraite, comme n'étant pas le plus fort. Aussi-tôt les gens

795.

(*a*) A prendre 24. stades pour une lieue, 500. stades font 20. lieues, & 20. stades de plus.

d'Eumachus trompés par cet avantage apparent, se débanderent eux-mêmes dans la poursuite de ces fuyards prétendus; lorsqu'on vit arriver de l'autre côté des murailles un corps d'armée en bon ordre qui tomba sur eux au signal d'un cri universel. Les Grecs furent aussi-tôt consternés, & les barbares profitant de leur surprise & de leur désordre, les mirent en fuite & les dissiperent dans un moment. Coupant même aux fuyards par leur position & par la place qu'ils occupoient, le retour dans leur propre camp, les Grecs furent obligés de se réfugier sur une hauteur voisine, où il n'y avoit point d'eau. Mais de plus, comme les Carthaginois formerent une enceinte exacte autour de cette hauteur, les gens d'Eumachus, ou faute d'eau, ou tués par les Carthaginois lorsqu'ils en alloient chercher, périrent presque tous dans le lieu de leur retraite: car de huit mille hommes de pié qu'ils étoient il ne s'en échapa que trente; & de huit cents cavaliers il ne s'en sauva que quarante. Archagatus mis à bas par cette perte, vint s'enfermer dans Tunis, d'où il envoya rechercher de tous côtés les soldats échapés de cette derniere déroute. D'autre part, il dépêcha quelques barques dans la Sicile pour porter à son pere cette fâcheuse nouvelle, & pour l'inviter à lui envoyer incessamment quelque secours. Dans cet intervalle de tems il arriva aux Grecs une autre infortune. Presque tous leurs alliés en Afrique les avoient abandonnés, & leurs ennemis campoient fort près d'eux. Imilcon s'étoit saisi de tous les passages dans un circuit de cent stades, & d'un autre côté Artabas campoit à quarante stades de Tunis ; ce qui ôtoit à ses habitans toute communication au dehors, non-seulement du côté de la mer, mais encore du côté des terres, & ce qui mettant les Grecs dans une famine actuelle, les jetta dans une crainte universelle pour l'avenir. Pendant cette désolation générale, Agathocle apprenant tous ces malheurs, fit mettre en mer dix-sept vaisseaux longs, avec lesquels il comptoit d'aller lui-même au secours de son fils.

Cependant comme sa fortune propre déclinoit de jour en jour dans la Sicile, & que les exilés de toutes les villes se rassembloient toujours en plus grand nombre sous les drapeaux de

Dinocrate, il laissa le soin de la guerre en Sicile à Leptine (a) & à ses Lieutenans ; & faisant embarquer son armée, il attendoit le tems propre pour s'échaper à travers trente vaisseaux Carthaginois qui le bloquoient en quelque sorte dans son port : sur ces entrefaites il arriva de la Toscane dix-huit vaisseaux qui venoient à son secours, & qui entrerent pendant la nuit dans le port de Syracuse à l'insçu des Carthaginois. Agathocle profitant de ce renfort trompa habilement la flotte ennemie. Car mettant à la voile, il passa légérement avec ses dix-sept vaisseaux à la vue des Carthaginois, & il avoit donné ordre aux vaisseaux de la Toscane d'attendre que la flotte Carthaginoise se mit à le poursuivre pour la prendre eux-mêmes en queue. Il sortit donc le premier du port suivi seulement de ces dix-sept vaisseaux qu'on lui connoissoit déja. Les Carthaginois ne manquerent point de guider à sa poursuite. Mais dès qu'il apperçut les vaisseaux Toscans qui suivant son ordre s'avançoient pour tomber sur les vaisseaux Carthaginois, il vira lui-même de bord pour tomber sur les ennemis attaqués ainsi par

(a) Nommé ci-devant p. 791. de Rhod.

devant & par derriere suivant son projet. Les Carthaginois effrayés de se trouver au milieu de leurs adversaires s'échaperent par la fuite, en leur laissant néanmoins cinq de leurs vaisseaux avec tous les hommes qui étoient dedans. Entre ces cinq se trouva celui de leur Général, qui préferant la mort à l'esclavage se tua lui-même. Toutefois il se pressa trop ; car un coup de vent qui donna dans la voile du Hunier un moment après, fit échaper le vaisseau. Ce fut ainsi qu'Agathocle qui n'avoit jamais compté de l'emporter sur les Carthaginois en fait de marine, gagna sur eux un combat naval, par lequel même il assura le commerce par mer. Ce fut en conséquence de cette victoire que les citoyens de Syracuse, qui auparavant n'avoient qu'à peine de quoi satisfaire aux besoins de la vie, virent entrer chez eux l'abondance de toutes choses.

Agathocle enflé de ce succès, & revenu à terre (*a*) avant que de poursuivre sa route du côté de l'Afrique, envoya Leptine pour ravager les terres de ses ennemis en Sicile, & sur tout celles des Agrigentins. Car Xe-

(*a*) Addition qui paroit nécessaire au texte.

nodocus brouillé alors avec ses anciens amis qui lui reprochoient la défaite (*a*) qu'il avoit essuyée depuis peu, se tenoit dans l'inaction. Là-dessus Agathocle chargea Leptine de l'attirer à un combat, où il vaincroit aisément un homme dont les soldats étoient mécontens & découragés : ce qui arriva en effet. Car Leptine ayant commencé par ravager les terres des Agrigentins, Xénodocus se tint d'abord en repos, ne se voyant pas assez de monde pour résister à cette incursion : mais ensuite ranimé par les citoyens qui lui reprochoient sa négligence ou même sa crainte, il rassembla une armée presqu'égale en nombre à celle des ennemis, mais qui leur étoit bien inférieure en résolution & en courage. Car celle-ci n'étoit composée que de Bourgeois élevés dans la paresse à l'ombre de leurs foyers ; & l'autre étoit formée d'hommes nourris dans les camps, & exercés aux travaux militaires. Aussi arrivat-il que la bataille étant à peine engagée, les soldats de Leptine poussèrent les Agrigentins jusques dans leur ville. Les vaincus perdirent environ cinq cents hom-

(*a*) Même p. 791. de Rhod.

mes de pié, & plus de cinquante cavaliers. Les Agrigentins très-mécontens de cette perte appellerent en jugement Xenodocus comme auteur de leur défaftre ; effrayé de cette procédure, au lieu de comparoître, il fe réfugia dans Gela ; mais Agathocle qui dans un fi court efpace de tems avoit remporté deux victoires, l'une fur terre & l'autre fur mer, offrit aux Dieux des facrifices d'actions de graces, & traita magnifiquement fes amis. Il fe dépouilla dans ces repas de tous les fignes de la tyrannie & même de l'autorité, & vêtu comme un homme du commun, il tâchoit par cette politique de s'attirer la bienveillance de tout le monde : mais il fe procuroit réellement par la liberté & l'abondance des difcours que le vin fait naître, l'avantage de pénétrer le fond des penfées de tout le monde fur fon fujet : lui-même étoit né plaifant & comique ; il ne s'abftenoit point en certaines affemblées de contrefaire ceux dont il avoit faifi le ridicule, & il excitoit quelquefois des rifées femblables à celles qu'on voit dans un fpectacle de bouffons & de Pantomimes. Il venoit fouvent aux affemblées publiques accompagné de la simple populace, bien différent en ce point du tyran Denys, (*a*) qui laiſſoit croître ſa barbe, pour ne pas expoſer ſa vie au raſoir d'un barbier, & qui par la même raiſon, brûloit ſes cheveux quand ils devenoient trop grands, diſant lui-même que la défiance étoit la ſeule garde d'un tyran. Au reſte Agathocle prenant dans un de ces repas publics une fiole d'or en forme de corne (*b*) par la pointe de laquelle le vin couloit dans la bouche, ſe vanta de n'avoir point quitté le métier de potier de terre, qu'il n'eut ſçû faire en argille de pareils vaſes. Car il ne déſavouoit point ſa premiere condition, & il ſe faiſoit au contraire un grand titre d'honneur d'être parvenu de-là à ce haut dégré de puiſſance & de réputation où on le voyoit actuellement. En effet, un jour qu'aſſiégeant une ville aſſez conſidérable, on lui crioit du haut des murailles, hola potier, homme de fourneau, quand payerez-vous vos ouvriers, il répondit : quand j'au-

---

(*a*) Son hiſtoire a commencé dès le 13. liv. elle a rempli le quatorzieme, & a fini au quinzieme.

(*b*) Le nom Grec de cette eſpece de vaſe étoit Ῥυτὸν, neutre.

rai pris votre ville. Mais d'ailleurs ayant découvert par la liberté & la licence de ces festins, quels étoient ceux des citoyens de Syracuse qui étoient les plus contraires à sa domination, ils les fit assembler à part au nombre de cinq cents, sous le prétexte d'un autre repas où il les invitoit, & les environnant de ses Satellites soudoyés, il les fit tous égorger, dans la crainte qu'il avoit que profitant de son départ prochain pour la Libye, ils n'appellassent Dinocrate (*a*) & ses bannis pour renverser son gouvernement.

798.

Après avoir pourvû ainsi à sa sureté, il mit à la voile pour la Libye, où il trouva son armée dans une désolation & une indigence complete. Jugeant qu'il ne la pouvoit tirer d'une si fâcheuse situation que par une bataille, il l'exhorta à se disposer à ce dernier effort, & l'ayant mise en ordre, il alla aussi-tôt à leur tête provoquer lui-même les ennemis au combat. Il lui restoit en tout six mille fantassins Grecs, à peu près autant de Celtes, de Samnites & de Toscans: & près de dix mille Libyens. Cette nation est peu fidelle, & l'occasion lui fait souvent changer de

(*a*) Voyez ci-dessus. p. 792. de Rhod.

Q iiij

parti. Il étoit suivi enfin de mille chevaux, & de plus de six mille chars à la Libyenne : à l'égard des Carthaginois, quoiqu'ils fussent campés dans un poste avantageux, ils ne jugerent pas à propos d'attaquer des hommes défesperés : & se tenant dans leurs retranchemens où ils ne manquoient de rien, ils attendoient que leurs adversaires fussent vaincus par la disette & par le tems. Ainsi Agathocle ne pouvant pas les tirer de leur retraite, & pouvant encore moins attendre, se hazarda lui-même à mener ses troupes à l'attaque du camp des barbares. A ce coup les Carthaginois se montrerent, & bien qu'ils eussent de leur côté le nombre & la difficulté de leur terrain, Agathocle ne laissa pas de se soutenir pendant quelque tems, quoique repoussé de toutes parts. Mais enfin ses soudoyés & ses Grecs mêmes venant à plier ; il fut obligé de reprendre le chemin de son camp. Les barbares s'animerent encore à cet aspect : mais dans leur poursuite, ils affectoient d'épargner les Libyens, qui de leur côté faisoient peu de mouvement, comme dans le dessein de se réconcilier bien tôt ensemble. Mais reconnoissant les Grecs

& les Soudoyés à leurs armes, ils les tuoient ou les poursuivoient l'épée dans les reins jusques dans leur camp, & tuerent enfin trois mille hommes à Agathocle: là-dessus la nuit arrivant, les deux armées tomberent dans un inconvénient fâcheux, auquel ni l'une ni l'autre ne s'attendoient. Car les Carthaginois, immolant aux Dieux en reconnoissance de leur victoire, les mieux faits de leurs prisonniers de guerre, & la flâmme qu'ils avoient allumée autour d'eux s'étant communiquée jusqu'à la tente sacrée voisine de l'autel, un vent violent la porta delà jusqu'à la tente du Général, & à celle de ses principaux officiers, ce qui répandit l'allarme & la frayeur dans toute l'armée. Plusieurs de ceux qui entreprirent d'éteindre le feu, ou de transporter hors delà les armes ou les instrumens de guerre, les plus importans ou les plus chers, furent eux-mêmes consumés par les flammes, car les tentes n'étant construites que de nattes ou de roseaux secs; & un grand vent animant l'incendie, prévenoit toute la diligence du soldat. Ainsi tout le camp en feu dans un moment brûla vifs ceux qui se trouverent dans son

799.

enceinte, , ou dans ses routes, & les punit ainsi du supplice qu'ils avoient fait subir à leurs prisonniers. Le petit nombre de ceux qui s'échappoient confusément, & en jettant les plus hauts cris tomba dans un autre inconvenient. Six mille Africains qui avoient pris parti sous Agathocle désertoient actuellement du camp des Grecs pour venir se joindre aux Carthaginois. Les espions de ces derniers les ayant apperçûs, & croyant que c'étoit toute l'armée grecque qui venoit les attaquer, portent à leurs camarades cette fausse nouvelle qui acheva de les jetter dans le désespoir & dans le désordre. Ils crurent n'avoir d'autre parti à prendre que la fuite. Ainsi sans attendre aucun signe de leurs Généraux, & sans se mettre eux-mêmes en aucune forme de rang, ils tomboient les uns sur les autres : ou même la nuit jointe à leur frayeur les faisant prendre reciproquement pour leurs ennemis déja arrivés, ils se massacroient les uns les autres. Quelques-uns ayant perdu leurs armes, & croyant s'échapper des mains de leurs Adversaires, fuyoient par des chemins escarpés, d'où les tenebres de la nuit, jointes à leur épouvante, les faisoient tomber dans les plus profonds précipices. En un mot ayant perdu par cette méprise & dans ce désordre plus de cinq mille hommes, le reste arriva par hazard jusques dans Carthage : & les citoyens trompés par tout ce qu'on leur racontoit, crurent recueillir le malheureux reste d'une bataille qui ne s'étoit point donnée. Ils ne leur avoient même ouvert leurs portes qu'en tremblant, dans la crainte que les ennemis n'entrassent à la queuë de ces fuyards : & ce ne fut que le lendemain matin qu'apprenant la verité des choses, ils se crurent délivrés de tout péril.

800.

Agathocle de son côté par de fausses nouvelles, & de fausses craintes tomba dans un malheur à peu près semblable. Car les Africains déserteurs du camp des Grecs apprenant l'incendie qui venoit de consumer le camp des Carthaginois se raviserent & revenoient au camp d'Agathocle. Alors les Grecs les prenant pour leurs ennemis courent annoncer leur approche à leur général qui fit aussi-tôt prendre les armes à tous ses gens qui sortirent de leurs tentes avec beaucoup de désordre & de tumulte. Appercevant aussi-tôt la flame qui ravageoit le camp des Carthaginois, & entendant les cris dont ceux-ci accompagnoient cet embrasement, ils crurent que les Barbares (*a*) par un coup de désespoir se privoient eux-mêmes de ce refuge, pour venir tomber sur eux avec plus de fureur ; & le trouble leur ôtant à eux-mêmes tout examen & toute reflexion, ils se mettent tous en fuite. Les Africains déserteurs se mêlant alors parmi eux sans pouvoir se faire entendre : & la nuit mettant obstacle à tout éclaircissement & le comble à l'incertitude, ils ne se rencontroient le uns les autres que pour s'égorger. En un mot ce funeste malentendu couta la vie à plus de quatre mille hommes : & ce ne fut qu'au bout d'un long-tems que le fait étant éclairci, ils retournerent dans leur camp, après avoir essuyé un de ces désastres qui naissent souvent, comme l'on dit, des mal-entendus de la guerre.

Cependant Agathocle se voyant abandonné de toutes les troupes Libyennes, & ne trouvant pas dans ses propres soldats de quoi se soutenir

---

(*a*) J'étens & j'interpréte un peu le texte, assez embarassé dans cet endroit.

contre les forces Carthaginoises, pensa serieusement à abandonner l'Afrique. Il ne savoit pourtant pas comment il feroit les provisions nécessaires pour son retour; d'autant plus que les Carthaginois ayant repris le dessus tant sur mer que sur terre, lui en ôtoient tous les moyens, & vouloient même donner en sa personne un exemple qui détournât à jamais toute puissance étrangere de venir les attaquer sur leur propre terrain. Il conçût donc le dessein de s'échapper secretement, & il le communiqua au plus jeune de ses deux fils qui se nommoit Heraclide : d'autant plus qu'il craignoit que son fils Archagatus qui s'entendoit avec sa belle-mere, & qui étoit audacieux de son naturel, ne format à son retour quelque entreprise contre lui. Mais Archagatus soupçonnant le dessein de son pere, tenoit les yeux ouverts sur son départ, & étoit convenu avec les autres officiers des troupes d'y mettre obstacle. Il trouvoit très-injuste qu'après s'être exposé lui-même à toute sorte de périls, pour la defense de son pere & de son frere, on le livrat seul à la vengeance des ennemis. Il posta donc un certain nombre d'officiers pour empêcher Agathocle de s'échapper la nuit, comme il en avoit formé le dessein. Ceux-ci non seulement s'acquiterent de leur commission, mais ils firent passer auprès des troupes cette entreprise pour une lâcheté & même pour une trahison; au point que les soldats irrités se saisirent de leur général, & le jetterent en prison & dans les chaînes comme un criminel. L'Anarchie & l'indépendance se mettoit ainsi dans l'armée, lorsqu'à l'entrée de la nuit suivante il s'éleva un bruit que les ennemis s'avançoient. L'épouvante se répandant aussi-tôt dans tout le camp, chacun sortoit de sa tente & ne trouvoit au-dehors point de commandant(*a*). Ceux qui gardoient Agathocle, se croyant appellés comme les autres, sortirent aussi, mais en amenant leur prisonnier avec ses fers. La multitude le voyant en cet état, prit compassion de lui, & demanda à grands cris qu'on le déliat. Lui aussi-tôt se sentant libre, courut avec quelques-uns des siens dans une fregate; & sans être vû, il s'échappa au tems du coucher des Pleiades, à l'en-

(*a*) C'étoit Archagathus qui devoit naturellement en tenir lieu.

trée de l'hyver, & en se sauvant lui-même, il abandonna ses fils à leur sort : le vrai est que les soldats apprenant cette retraite les égorgerent l'un & l'autre, & s'étant nommé d'autres chefs, ils allerent se rendre aux Carthaginois. Ils convinrent avec eux qu'ils leur restitueroient pour trois cents talens (*a*) toutes les villes qu'ils avoient prises, que ceux d'entr'eux qui voudroient combattre sous leurs drapeaux auroient la même solde que la milice Carthaginoise, & qu'enfin ceux qui voudroient retourner en Sicile y habiteroient à Solonte. On tint parole à tous ceux qui accepterent ces conditions. Mais les garnisons qui s'obstinerent à demeurer dans les villes qu'Agathocle avoit prises y furent assiégées & forcées : les Carthaginois firent mettre en croix leurs commandans ; & les simples soldats auxquels on mit les fers aux piés furent forcés à réparer par leurs travaux tout le territoire qui avoit été ruiné par les guerres précédentes. C'est ainsi que les Carthaginois après quatre ans d'une

_____

(*a*) Nous avons dit ailleurs que le talent Attique valoit 3000. liv. sur ce pié là, nous aurions ici la somme de 900000. livres.

guerre étrangere qui les avoit extrêmement fatigués, recouvrerent leur sûreté & leur repos.

802. A l'égard des suites de l'expédition d'Agathocle dans l'Afrique, on aura lieu de reconnoître la providence dans la fortune du pere, & la vengeance celeste dans le fort de ses enfans. Ayant été vaincu en Sicile, avec une très-grande perte de son côté, il vient en Afrique défaire les vainqueurs avec une très-petite armée. Après avoir perdu en Sicile toutes les villes de sa domination, il est assiégé dans Syracuse même, & s'étant mis en possession d'un grand nombre de villes en Afrique, il met le siége devant la capitale : comme si la fortune avoit voulu faire voir qu'elle est au-dessus des impossibilités mêmes. Mais lorsqu'il est arrivé à ce point d'élevation, & depuis qu'il a fait périr Ophellas son allié & son hôte, la divinité fit bien sentir qu'elle présidoit à tout ce qui lui arriva depuis, & qu'elle poursuivoit sa vengeance. Car au même mois, & au même jour du mois où il avoit fait mourir Ophellas l'année précédente, & s'étoit approprié son armée, ses deux fils furent égorgés & il perdit

toute la sienne. On peut même remarquer que la vengeance fut double, puisque pour un ami tué, il perd ses deux fils ; & de plus ce furent les soldats mêmes d'Ophellas qui massacrerent ces deux jeunes hommes. Circonstance que je releve à dessein contre ceux, qui négligent ou qui méprisent même ces sortes d'observations.

Cependant Agathocle arrivé ainsi subitément & contre l'attente de tout le monde en Sicile, envoya une partie de ses troupes dans la ville d'Ægeste qui lui étoit alliée ; & comme il manquoit d'argent, il exigea des plus riches de cette ville composée de dix mille habitans qu'ils lui apportassent une partie considérable de ce qu'ils en avoient actuellement. Le plus grand nombre d'entr'eux offensés de cette demande, s'étant assemblés pour déliberer sur ce sujet, il supposa, qu'ils formoient un complot contre lui : & sur ce prétexte il jetta la ville entiere dans de très-grandes calamités. Il commença par en faire sortir les plus pauvres, qu'il fit égorger tous sur les rivages du fleuve Scamandre : & préparant de plus longs tourmens aux riches, il les obligea d'abord de faire une déclaration exacte de leurs biens ; & pour le tirer d'eux, il faisoit froisser les uns entre deux roües, & faisant suspendre les autres à de hautes potences, on leur tiroit des fléches comme à un but. On faisoit essuyer à d'autres la question des coins qui les jettoit au gré du tyran ou des bourreaux dans les douleurs les plus violentes. Il imagina un autre supplice à-peu-près semblable à celui du taureau de Phalaris. C'étoit un lit d'airain de la mesure d'un homme, où l'on étoit enfermé par une grille, & où le patient étoit brûlé vif par le feu qu'on mettoit dessous ; avec cette seule différence, qu'on étoit enfermé & caché dans le taureau, au lieu qu'ici la grille laissoit voir au spectateurs toutes les agitations du patient. Il fit briser à quelques femmes riches, les talons & la cheville du pié avec des instrumens de fer, & fit arracher les mammelles à quelques autres ; faisant mettre des pierres de taille sur le ventre ou sur les reins de quelques femmes grosses, elles accouchoient par cet effort. Le tyran cherchant ainsi de l'argent par-tout, & ayant rempli la ville de terreur, & de désespoir, quelques-uns mirent eux-mêmes le feu dans leur maison, & s'y laisserent brûler vifs ; & d'autres se pendirent à leur plancher. C'est ainsi qu'Ægeste dans un jour de malheur, périt sans ressource. Cependant Agathocle recueillant les jeunes garçons & les jeunes filles qui y restoient encore, les fit transporter en Italie, pour les vendre aux Brutiens : après quoi pour abolir le nom même de cette ville, il la donna à habiter à des transfuges sous le nouveau nom de Dicepolis. Car dès qu'il eut appris la mort de ses fils, prenant en haine tous ceux qu'il avoit laissés en Afrique, il envoya quelques-uns de ses amis à Syracuse auprès de son frere Antander qui commandoit en son absence. Ils lui portoient l'ordre de faire égorger sans exception tous les parens des gens de guerre qu'il avoit employés à l'expédition de Carthage, & qu'il avoit laissés en ce pays-là. Antander exécutant cet ordre avec beaucoup d'exactitude donna le spectacle d'un carnage plus nombreux qu'on en eut encore vû. Car non seulement il fit périr les enfans, les freres & les peres mêmes des absens, mais encore leurs grands-peres, s'ils subsistoient encore, gens arrivés à la dernière vieilleſſe, & auſquels à peine reſtoit-il encore de la connoiſſance & du ſentiment. On n'oublia pas non plus les enfans à la mammelle qu'on arrachoit des bras de leurs nourrices, & qui heureuſement pour eux n'éprouvoient point l'horreur du ſpectacle dont ils étoient l'objet eux-mêmes. On comprit dans ce carnage toutes les femmes qui tenoient aux gens de guerre reſtés dans la Libye, par quelque parenté, ou par quelque alliance, en un mot tous ceux dont la perte leur pouvoit laiſſer quelque regret. Comme on menoit au bord de la mer tous ceux qu'on vouloit égorger, on n'entendoit ſur tout le chemin que des cris ou des lamentations pitoyables, tant de la part de ceux qui y alloient recevoir le coup de la mort, que de ceux qui prenoient part à leur infortune, & qui en étoient auſſi affligés qu'eux - mêmes. Mais ce qui n'étoit pas moins douloureux pour ce grand nombre d'aſſiſtans; il n'y avoit pas un ami qui oſât rendre le moindre devoir funebre à aucun de ces corps étendus ſur le rivage, de peur que par cet office il ne ſe décla-

―――――――――――――
(*a*) Ægeſte ou Segeſte étoit elle-même un port de mer dans la Sicile.

rât parent du mort, & compris ainsi
là dans la sentence portée par le tyran.
Le massacre s'étendit à un si grand
nombre de personnes que les eaux de
la mer parurent teintes de sang à une
grande distance du rivage, & qu'elle
porta au loin des indices d'une cruauté si monstrueuse.

Cette année étant revoluë, Corybus (*a*) fut Archonte d'Athenes, & l'on fit Consuls à Rome Q. Martius & Publius Cornelius. Le Roi Antigonus ayant perdu Phœnix le plus jeune de ses fils lui fit faire de magnifiques funerailles; & ayant rappellé de Chypre Démetrius son aîné, il fit venir toutes ses troupes à Antigonie (*b*) dans le dessein de porter la guerre en Egypte. Se mettant lui-même à la tête de son infanterie, composée de plus de quatre-vingt mille hommes, il se faisoit suivre par huit mille cavaliers accompagnés de quatre-vingt-trois Elephans. A la tête de cette année il prit sa route à travers la Cœlesyrie. Il avoit donné ordre à son fils Démetrius de le cotoyer à la tête d'une flot-

Olympiade 118. *an.* 3. 306. ans avant l'Ere *Chrétienne.*

804.

XVI.

(*a*) Palmerius lit Corojbus au lieu de Corybus. | (*a*) Ci-dessus. p. 784. de Rhod.

te de cent cinquante vaisseaux longs, & d'un grand nombre de vaisseaux de charge remplis de traits de toute espece : & comme ses pilotes l'invitoient à faire attention au coucher des Pleiades, qui devoit arriver dans huit jours, il leur reprocha leur timidité. Antigonus de son côté déja en chemin campa au tour de Gaza dans le dessein de prévenir Ptolemée. Là il ordonn à ses soldats de se fournir de vivres pour dix jours : & lui-même fit charger sur des chameaux qu'il avoit fait venir de l'Arabie cent trente mille mesures de blé, & toute la provision nécessaire pour les chevaux & pour les bêtes de charge. Pourvû de même de toute sorte d'armes portées sur des charriots, il passa par le milieu du désert, non sans de grandes fatigues causées par les marais fangeux qu'il falloit traverser dans la partie sur-tout qu'on appelle le Barathrum (*a*).

Démetrius de son côté ayant mis à la voile à Gaza en pleine nuit, eut d'abord un tems favorable de quelques jours, pendant lesquels les barques légeres traînoient à l'amarre les vaisseaux

(*a*) L'Auteur en a parlé au L. 1. Sect. 1. | & de cette traduction. Tom. 1. p. 62.

de guerre. Mais bientôt après le coucher des Pleiades (a) étant arrivé, il s'éleva un vent de Nord qui pouſſa un grand nombre de galeres vers le port de Raphia, de difficile abord par le grand nombre de marais qui couvrent toute l'étenduë de ce rivage. La plûpart des vaiſſeaux où étoient les armes furent engloutis par la tempête, & les autres furent repouſſés juſqu'au pié du mont Caſius. Il eſt peu diſtant du Nil qui ne préſente point de port en cet endroit, & dans les tems orageux on ne peut aborder nulle part. Ainſi cette flotte fut obligée de jetter l'anchre à deux ſtades de terre où elle ſe vit expoſée à de grands dangers, & le flot qui venoit battre les navires les mettoit ſouvent ſur le point d'être engloutis avec tous les hommes qui étoient dedans. Mais de plus comme le rivage voiſin étoit une terre ennemie on n'y auroit pas reçû les vaiſſeaux, & il auroit encore été plus dangereux pour les hommes d'y aborder à la nage. Mais le plus fâcheux étoit

805.

(b) Les Pleiades étant dans le Taureau, leur oppoſition au ſoleil levant, ou leur coucher tombe en Octobre.

C'eſt le coucher Coſmique d'une conſtellation, ou d'une étoile, qui en ce cas ne paroît plus.

que l'eau commençoit à manquer à l'équipage : & même la disette en étoit si grande, que si le mauvais tems avoit duré encore un jour entier, ils auroient tous couru risque de mourir de soif. Mais lorsque le désespoir commençoit à s'emparer d'eux, le vent s'abaissa tout d'un coup, & l'armée de terre vint camper à la vûe de cette flotte désolée : sortant donc de leurs vaisseaux, ils trouverent du soulagement au milieu de leurs camarades, & ils attendoient là le retour des navires que la tempête avoit dispersés. Il périt en cette occasion trois vaisseaux à cinq rangs de rames, dont quelques soldats ne laisserent pas d'arriver à la nage jusqu'à terre. Antigonus les mettant tous en ordre vint camper auprès du Nil à la distance de deux stades. Ptolemée qui avoit pourvû de fortes gardes tous les lieux de défense, envoya dans quelques legeres barques, aux endroits où l'on pouvoit prendre terre, des hommes chargés de dire à tous ceux qu'on rencontreroit, que le Roi promettoit deux mines à chacun des simples soldats déserteurs de l'armée d'Antigonus, & un talent à chaque officier.

Cette

(*a*). Cette annonce causa bien du mouvement parmi les Soudoyez d'Antigonus, entre lesquels plusieurs officiers mêmes songeoient très-sérieusement & pour plus d'une raison, à changer de parti. Antigonus pour prévenir cette désertion fit placer sur la rive qui étoit de son côté un grand nombre d'Archers, de frondeurs, & d'autres soldats pourvus d'armes à tirer de loin, pour écarter tous ceux qui apporteroient de pareilles propositions. Ayant même surpris quelques-uns des siens qui s'y étoient déja rendus, il leur fit souffrir des tourmens cruels, pour arrêter le progrés d'une séduction si dangereuse.

Dès qu'il eut reçû ceux de ses vaisseaux qui s'étoient fait le plus attendre, il les conduisit jusqu'à l'endroit qu'on appelle le Faux-port, dans l'espérance d'y mettre quelques troupes à terre. Mais trouvant là une forte garde, & après avoir essuyé une grêle de traits de toute espece, il fut obligé de s'écarter à l'entrée de la nuit : & continuant de voguer après avoir fait met-

(*a*) Il résulte d'une note placée dans le premier vol. de cette traduction p. 133. que chaque mine valoit 50. liv. & le talent 3000. livr.

tre sur sa poupe un fanal que le reste de sa flotte avoit ordre de suivre, il arriva à ce port du Nil que l'on appelle Phagnetique. Au point du jour, s'appercevant que plusieurs de ses vaisseaux lui manquoient encore il fut obligé de les attendre, & il envoya même au-devant d'eux quelques brigantins pour les découvrir & les amener. Ainsi cette enquête & cette attente lui ayant fait perdre beaucoup de tems, Ptolemée instruit de son arrivée assembla diligemment du secours, & vint à la défense de ce port & de ce rivage. Démetrius qui arrivoit ne pouvant donc encore là faire de descente, & apprenant d'ailleurs que tout ce terrain étoit naturellement défendu par des marais fangeux, revint en arriere avec toute sa flotte. Mais de plus dans cette retraite, un vent de Nord très-violent, élevant prodigieusement les vagues, fit échoüer trois galeres à quatre rangs de rames & quelques vaisseaux de guerre, qui tomberent ainsi entre les mains de Ptolemée. Les autres conservées avec beaucoup de peine par l'adresse & par les travaux des matelots, furent ramenées vers le camp d'Antigonus. Cependant Ptolemée posa sur tout son rivage des gardes qui en interdisoient l'abord : & comme il avoit une abondance prodigieuse de toutes les barques propres à la défense de cette côte, & chargées d'ailleurs de toute espéce d'armes défensives, & d'hommes qui savoient s'en servir, les soldats d'Antigonus ne se trouvoient pas médiocrement embarassés. Car la jonction de leurs troupes étant absolument interdite par les soldats Egyptiens qui occupoient le Golphe de Peluse, leur infanterie demeurée loin de là sur le rivage ne leur étoit d'aucun secours : & ce qui est plus fâcheux encore, les jours s'écoulant les uns après les autres dans une entreprise qui n'avançoit point, avoit consumé les provisions de vivres embarquées pour les hommes & pour les animaux. Antigonus, voulant appaiser le mécontentement général, fit assembler les officiers & les soldats, & leur proposa pour sujet de déliberation quel seroit le plus à propos de persister dans l'entreprise présente, ou de s'en retourner actuellement dans la Syrie, pour revenir dans le tems où les eaux du Nil seroient rentrées dans leur lit ordinaire. Tout le monde ayant opiné pour une prompte retraite, il revint effectivement dans la Syrie, à la grande satisfaction de toute son armée. Ptolemée très-soulagé lui-même par cette retraite, fit aux Dieux de pompeux sacrifices d'actions de graces, & invita ses amis à de grands festins. Il écrivit en même-tems à Seleucus, à Lysimachus & à Cassander des lettres dans lesquelles il leur faisoit part de cet heureux succès, & du grand nombre de transfuges qui lui étoient restés de cette retraite des ennemis. C'est ainsi que Ptolemée ayant défendu l'Egypte pour la seconde (*a*) fois de son regne, & croyant désormais la posseder, comme par droit de conquête, revint à Alexandrie. Ce fut dans cette même année que mourut Denys (*b*) tyran d'Heraclée de Pont, après y avoir regné trente-deux ans (*c*). Ses deux fils Zathras & Clearque lui succédérent & regnerent ensemble dix-sept ans.

807.
XVII. En Sicile, Agathocle visita toutes les villes soumises à sa domination; il

(*a*) La premiere avoit été sa défense contre Perdiccas, racontée au L. 18. p. 613. de Rho. & suiv.

(*b*) Le commencement de ce regne est indiqué au L. 16. p. 478. de Rhod.

en redoubla les garnisons, & en extorqua beaucoup d'argent; d'autant plus qu'il craignoit extrêmément que ces villes informées des mauvais succès qu'il avoit essuyés, ne tentassent de recouvrer leur liberté. En ce même-tems le capitaine Pasiphile (*a*) ayant appris la mort des fils d'Agathocle, & les mauvais succès du pere en Afrique vint à le mépriser beaucoup, & passant dans le parti de Dinocrate(*b*), il se lia d'amitié avec lui: gagnant ensuite par des promesses flatteuses les villes qu'on lui avoit données en garde, & les troupes qui lui avoient été confiées, il les alienoit autant qu'il lui étoit possible de l'obéissance au tyran. Agathocle attaqué ainsi de toutes parts, & voyant ébranler sa fortune tomba dans un si grand abbatement, qu'il envoya des députés à Dinocrate pour lui demander son amitié à ces conditions; savoir, qu'il renonceroit à l'autorité souveraine, qu'il rendroit aux habitans de Syracuse le gouvernement de leur ville, & que Dinocrate sur-tout y recouvreroit

---

(*a*) Un des lieutenans d'Agathocle que celui-ci avoit employé contre la ville de Messine, au

L. 19. p. 737. de Rhod.
(*b*) V. Ci-dessus. p. 792. de Rhod.

tous les privileges de citoyen ; mais qu'on céderoit à Agathocle deux forts, Therme & Cephaloedium, avec tout le territoire qui en dépendoit. On aura lieu sans doute d'être surpris que ce tyran qui avoit paru si imperieux dans toutes les circonstances de sa vie, & que les situations les plus fâcheuses n'avoient pas découragé, livrat ici sans combat à ses ennemis un pouvoir qui lui avoit couté tant de travaux & tant de risques : Et ce qui est encore plus surprenant, est qu'étant actuellement maître absolu de Syracuse & de plusieurs autres villes, ayant une flotte équipée, des richesses immenses & un pouvoir sans bornes, il se laissat vaincre par de simples refléxions ; ayant sur-tout devant lui l'exemple de Denys le tyran. Car celui-ci étant invité à renoncer à son titre par la situation fâcheuse de ses affaires, & par la grandeur des périls qui l'environnoient de toutes parts ; au moment qu'il alloit partir, Heloris (*a*) le plus ancien de ses amis, le

___

(*a*) Ce fait est rapporté, & cet Heloris est nommé au L. 14. p. 240. de Rhod. Mais cet Heloris, si c'est le même, fut tué ensuite à la tête des Crotoniates, dans un combat contre Denys, au même L. p. 315. de Rhod.

retint en lui difant: O Denys, le titre de Roi fur une tombe en embellit bien l'Epitaphe. C'eft dans la même vûe que Mégaclés beau-pere du même Denys, lui difoit que l'on ne devoit jamais fortir de l'autorité fouveraine que les piés ne fe montraffent les premiers. Ce fut en fuivant de tels avis (a) que Denys foutint avec une fermeté inébranlable les oppofitions les plus terribles, qu'il augmenta fon pouvoir, & qu'ayant paffé fa vieilleffe dans toutes les prérogatives & dans tous les avantages de fon état, il laiffa à fes enfans une des puiffances les mieux établies de toute l'Europe.

Mais Agathocle peu touché de ces maximes, & quoique la fortune eut fecondé long-tems fes efpérances, étoit fur le point de fe démettre à quelques conditions peu onereufes. Son projet n'eut pourtant pas lieu & fut arrêté par l'ambition perfonnelle de Dinocrate, qui ayant conçû le deffein de fucceder à Agathocle, ne trouvoit pas fon interêt à voir rentrer Syracufe dans le gouvernement Démocra-

---

(a) L'Auteur fe croyoit fans doute obligé de parler ainfi à Rome fous le regne d'Augufte, qui étoit à peu près dans le cas dont il s'agit.

tique ; & en attendant il goutoit fort le poste où la tyrannie même d'Agathocle le maintenoit. Il se voyoit à la tête de plus de vingt mille hommes de pié, & de trois mille hommes de cheval, & il avoit à sa disposition plusieurs villes considérables. Sous le titre & sous l'apparence de chef des bannis, il y avoit tous les honneurs & y exerçoit toute l'autorité d'un souverain : au lieu que s'il rentroit dans Syracuse devenue libre, il n'y seroit désormais qu'un citoyen confondu dans la foule, la liberté amenant nécessairement l'égalité ; il perdroit (*a*) son titre même de commandant, & se verroit condamné au silence & contraint d'obéïr au premier que la pluralité des suffrages, ou le hazard du sort mettroit en place. Ainsi quoiqu'il fut vrai qu'Agathocle eut renoncé intérieurement à son pouvoir, il est certain que Dinocrate fut la cause des succès qu'il eut dans la suite. Car Agathocle lui ayant envoyé lui-même proposer un traité, par lequel il lui demandoit seulement deux forts & leurs dépendances pour son revenu, Dinocrate éloignoit toujours l'accommode-

(*a*) J'aide ici un peu T à la lettre.

ment par ses réponses, lui proposant tantôt de sortir de la Sicile, & d'autres fois de donner pour ôtage les enfans qui lui restoient : c'est pourquoi aussi Agathocle pénétrant enfin sa pensée, envoya avertir les bannis que Dinocrate les trahissoit, & mettoit lui seul obstacle à leur retour & à leur liberté. Cependant le même Agathocle fit partir des Ambassadeurs pour Carthage, par lesquels il proposoit la paix aux conditions de rendre aux Carthaginois toutes les villes qu'ils possedoient auparavant dans la Sicile pour le prix de trois cents talens d'argent, ou de cent cinquante, selon Timée ; & de cents mille mesures de blé. Voilà le point où en étoient les affaires de la Sicile.

En Italie, les Samnites ayant pris de force Sora & Atia deux villes alliées des Romains, en firent tous les habitans esclaves. Les consuls passant aussi-tôt dans la province d'Yapyge avec une puissante armée, camperent auprès de la ville de Sylvia, & en formerent le siége qui dura quelques jours, au bout desquels l'ayant emportée sur la garnison que les Samnites y avoient mise, ils y firent plus de cinquante

T. Liv. l. 9. c. 41. & seq.

mille prisonniers, & en rapporterent d'ailleurs de grandes richesses. De-là ils parcoururent toute la campagne des Samnites, où ils couperent tous les arbres, & qu'ils mirent totalement en friche. Car cette nation ayant disputé long-tems à Rome la superiorité, les Romains voulurent enfin la forcer par ce ravage universel à reconnoître la leur. Aussi employerent-ils cinq mois entiers à cette destruction, en faisant un désert par le fer & par le feu d'un pays auparavant très-fertile. De-là ils porterent la guerre aux habitans d'Anagnia dont ils avoient lieu de se plaindre, & ayant pris Frusinum, ils en vendirent tout le territoire.

XVIII.
Olymp. 118.
an 4. 305
ans avant l'Ere Chrétienne.

Cette année étant révoluë, Xenippe fut Archonte d'Athenes, & l'on fit Consuls à Rome L. Posthumius & Tiberius Minutius. Les Rhodiens (a) eurent une guerre à soutenir de la part d'Antigonus sur les prétextes suivans. Rhodes étoit alors une ville d'une grande réputation sur la mer, où elle entretenoit de grandes forces, & la

(a) Il a déja été parlé de Rhode en plusieurs endroits de cette histoire. Son origine est au l. 13. p. 196. de Rhod. Il est fait mention des trois déluges dont elle avoit été affligée. au L. 19. p. 689. du même.

mieux gouvernée d'ailleurs de toutes les villes grecques. Elle étoit alliée à tous les Rois, & à toutes les puissances de ce tems-là, & on s'empressoit de tous côtés d'avoir part à son commerce. Attentive aussi à toutes les convenances, elle entretenoit l'amitié de tous les Princes, & évitoit d'entrer dans leurs querelles particulieres. Elle s'attiroit par là de la considération & des présens de toutes parts, & s'étant procuré une longue paix, elle étoit montée à un haut point de crédit & de richesse. Elle parvint jusqu'à déclarer la guerre aux Pirates en son propre nom, & à délivrer les mers de cette espece d'ennemis, en faveur de toute la Grece. Alexandre lui-même le plus grand des hommes qui eut encore paru, lui donnoit le premier rang dans son esprit entre toutes les villes du monde. Il déposa dans ses murailles le testament qui contenoit la disposition de ses royaumes, & lui donna plusieurs autres témoignages de son estime. Les Rhodiens jaloux aussi de la confiance de ses successeurs, évitoient avec un grand soin de leur donner aucun sujet de plainte : mais cependant ils cultivoient particulierement l'estime & l'amitié de Ptolemée : Car par la nature de leur commerce, c'étoit particulierement aux négocians Egyptiens qu'ils étoient liés, & l'on pouvoit dire en quelque sorte que l'Egypte étoit la source de leur commerce, & la nourrice de Rhodes. Antigonus jaloux d'une liaison si avantageuse voulut y mettre une barriere ; & dès le tems de la guerre qu'il faisoit à Ptolemée au sujet de l'Isle de Chypre (*), il avoit envoyé des Ambassadeurs aux Rhodiens, pour leur demander du secours, & les inviter à fournir des vaisseaux à son fils Démetrius. Les Rhodiens ne s'étant pas rendus à cette demande, il envoya un de ses capitaines de vaisseaux croiser sur la mer, avec ordre d'arrêter & de piller tous les bâtimens de Rhodes qui iroient en Egypte. Mais ce capitaine ayant été battu & repoussé, Antigonus dès-lors menaça d'un siège en forme les Rhodiens qu'il disoit être les premiers auteurs de la guerre. Ceux-ci pour l'appaiser lui décernerent d'abord de grands honneurs, & le firent supplier de ne vouloir point les engager contre leurs propres traités à déclarer la guer-

810.

(*) Ci dessus. p. 783. l de Rhod.

re à Ptolemée. Mais le Roi peu attentif à cette démarche fit partir incessamment son fils à la tête d'une flotte, & pourvû de toutes les machines propres à un siége. Les Rhodiens effrayés de cet appareil, & redoutant la colére du Roi envoyerent dire d'abord à Démetrius qu'ils étoient disposés à se déclarer pour lui contre Ptolemée. Mais Démetrius leur ayant demandé pour ôtages cent de leurs principaux citoyens, & exigeant d'eux qu'ils reçussent sa flotte dans leur port, ils le soupçonnerent de vouloir s'emparer de leur ville par surprise, & se disposerent à la défense.

Démetrius ayant fait assembler sa flotte au port d'Elorymne (*a*), se disposoit là au siége de Rhodes. Il avoit deux cents vaisseaux longs de toute grandeur, & plus de cent soixante & dix vaisseaux de charge. Le nombre de ses soldats n'alloit pas à moins de quarante mille hommes en y comprenant les cavaliers & les Pirates Soudoyés. Il étoit fourni d'une quantité prodigieuse de traits, & de tous les instrumens nécessaires pour un siége.

(*a*) Palmerius lit ici Loryme d'après Thucydide, Strabon, Appien, Etienne de Byzance, &c.

Il avoit outre cela à sa suite environ mille vaisseaux propres à porter des marchandises. Car comme la ville de Rhodes avoit été long tems en paix, il s'étoit assemblé à l'occasion du siége prochain une quantité prodigieuse de ces Ecumeurs de mers qui attendent leur fortune du désastre dont la guerre menace les différens pays où elle se porte. Démetrius ayant donc fait les mêmes préparatifs que s'il s'étoit attendu à donner un combat naval, fit d'abord avancer ses vaisseaux longs garnis à leur proüe de machines propres à lancer des traits de trois piés de long. Il fit suivre ces premiers par ceux qui portoient les soldats & les cavaliers, & qui étoient remorqués par les vaisseaux à rames. Après ceux-ci venoient tous les bâtimens de marchands ou de Pirates, qui montoient, comme nous l'avons dit plus haut, à un nombre excessif. De sorte que cette multitude présentoit un objet effrayant à ceux qui le voyoient du rivage ou des murailles de la ville. Il y avoit déja du tems que les citoyens de Rhode observoient tous les mouvemens des ennemis, & que les vieillards & les femmes mêmes s'employoient à cette fonction. Car le terrain de la ville s'élevant en forme de théatre, les Assiégés qui ne perdoient rien, ni du nombre des Assiégeans, ni de l'éclat même de leurs armes, avoient lieu en même-tems, & de s'effrayer & de se précautionner. Cependant Démetrius fit sa descente dans l'Isle, & dressa son camp dans une distance hors de la portée des traits qu'on pourroit lancer des remparts. Mais il envoya les Pirates & autres coureurs ravager le territoire de l'Isle, & particulierement tout le tour de son rivage. On abbatit tout ce qu'il y avoit dans la campagne de granges & de clotures, & il fortifia son camp de tout ce qui servoit de défenses aux piéces de terre & aux parcs des insulaires. Il s'environna même d'un fossé dont les terres Amoncelées lui servirent de parapets ou de retraite, & de plus il se creusa un port proportionné à la grandeur de sa flotte.

Dans cet intervalle de tems, les Rhodiens lui envoyerent à plusieurs reprises des Ambassadeurs pour le prier de n'en pas venir avec eux aux dernieres extrêmités de la guerre. Mais voyant qu'il ne les écoutoit pas, ils dépêcherent d'autres Ambassadeurs à Ptolemée, à Lysimachus & Cassander, pour les prier de secourir une ville qu'on n'attaquoit que pour les offenser eux-mêmes. A l'égard des étrangers qui se trouvoient parmi eux, ils permirent d'y demeurer à tous ceux qui y étoient actuellement établis, s'ils vouloient aider à sa défense. Mais ils mirent dehors toutes les bouches inutiles, soit pour ménager les vivres, soit encore plûtôt, de peur qu'ennuyés des incommodités d'un siége, ils ne se laissassent tenter de quelque intelligence avec l'ennemi. Ayant donc fait la revûe de leurs forces, ils trouverent six mille de leurs citoyens, & environ mille étrangers ou alliés en état de porter les armes. Ils leur joignirent un certain nombre d'esclaves, hommes bien faits & courageux dont ils payerent la rançon à leurs maîtres, & qu'ils déclarerent libres & concitoyens. Ils annoncerent d'avance que tous ceux qui mourroient au service de la Patrie seroient ensevelis aux frais du public qui entretiendroit de ses revenus leurs peres, meres & enfans. Que leurs filles seroient dottées du même fond, & que leurs fils parvenus à l'âge de service, recevroient publiquement aux fêtes de Bacchus le présent d'une armure complete. Tous les citoyens engagés par ces promesses à s'exposer à toutes sortes de périls, pour la défense publique, firent de leur côté tous les frais qu'ils pouvoient faire pour s'équiper convenablement à leur condition. Les riches & les gens du peuple tendant tous au même but, les premiers fournissoient leur argent, & les seconds prêtoient leurs mains pour la fabrique des armes dont on auroit besoin. Tout le monde étoit en mouvement pour offrir ce qui dépendoit de lui. Ainsi l'on eut bientôt des machines propres à lancer des traits, ou des pierres. Quelques-uns s'employoient à réparer les endroits foibles des murs, pendant que d'autres apportoient les materiaux. Ayant apperçû des vaisseaux chargés de vivres pour les ennemis, ils envoyerent à leur rencontre trois de leurs meilleurs voiliers. Ceux-ci firent d'abord couler à fond un assez grand nombre de ces bâtimens, dont l'équipage avoit mis pié à terre pour piller la Côte, & pour s'avancer même dans l'Isle : & ils en amenerent quelques-autres jusqu'au ri-

812.

vage où ils les brûlerent, après quoi ils conduisirent dans la ville ceux de l'équipage qui leur paroissoient en état de se racheter. Car les Rhodiens étoient déja convenus avec Démetrius qu'on se donneroit de part & d'autre mille dragmes pour un homme libre & cinq cents pour un esclave.

Cependant comme ce Prince s'étoit pourvû de toutes les matieres nécessaires pour la construction de ses machines. Il fit faire d'abord deux tortües, l'une pour se garantir des pierres, & l'autre pour se défendre des traits ; l'une & l'autre posée sur deux vaisseaux de charge placés de front & liés ensemble. Il fit dresser aussi deux tours de bois à quatre étages, plus hautes que les tours de pierre qui étoient sur le port. Chacune de ces deux tours étoit posée aussi sur deux vaisseaux liés ensemble ; afin qu'en avançant elles demeurassent toujours l'une & l'autre sur le même niveau. Il fit faire encore un plancher de bois propre à voguer sur l'eau, & bien cloué sur des poutres quarrées, pour empêcher l'ennemi d'approcher des barques chargées de ses machines de guerre. Pendant qu'on achevoit ces premiers ouvrages, il fit joindre ensemble les plus fortes de ses barques par des planches liées les unes aux autres en forme de cloisons, ausquelles il fit faire des fenêtres qu'on pouvoit fermer, vis-à-vis desquelles étoient en dedans des machines à lancer au loin des traits de trois palmes de longueur, & gouvernées par des Archers Cretois, les hommes du monde les plus entendus à cet exercice. Faisant ensuite avancer ces machines jusqu'à la portée des traits qu'elles devoient lancer, il blessa de-là un grand nombre de ceux qui travailloient à exhausser les murailles qui bordoient le port. Les Rhodiens voyant que Démetrius dressoit de ce côté-là ses principales batteries, songerent aussi à le munir de défenses convenables. Ils poserent d'abord deux machines sur la terre ferme, & trois autres sur des barques à l'entrée du petit port. Ils placerent dans celles-ci des catapultes & des pierriers de toute grandeur, afin de repousser les ennemis s'ils entreprenoient de faire avancer leurs machines, ou de venir eux-mêmes jusqu'à leurs retranchemens. Ils mirent aussi sur les vaisseaux de charge, qu'ils avoient dans leur port des défenses proportionnées à l'effort des catapultes. Les choses étant ainsi disposées de part & d'autre ; Démetrius entreprenant de faire avancer ses machines fut arrêté par une tempête qui s'éleva. Mais le calme étant revenu la nuit suivante, il en profita pour se rapprocher sans être vû ; & s'étant saisi d'une hauteur de terrain dans le grand port, il s'y rampara d'un fossé qu'il fit remplir de bois & de pierres. Il fit paroître aussi-tôt quatre cents soldats pourvûs de toute espéce d'armes, sur cette hauteur qui n'étoit distante de la ville que de cinq arpens.

Le lendemain dès la pointe du jour au son des trompêtes, accompagné de grands cris de la part de ses soldats, il fit avancer dans le grand port ses plus fortes machines, pendant que l'on tiroit par son ordre des traits plus légers contre ceux qui élevoient une muraille dans le port même, & qui furent obligés de quitter prise & de s'enfuir. Ce mur n'étoit pas alors aussi considérable qu'on la vû dans la suite : la journée se passa à des attaques & à des défenses qui ne deciderent rien. Mais dès la nuit suivante, Démetrius jugea à propos de remorquer tous ses vaisseaux à machines, & de les mettre hors de la portée du trait. Les Rhodiens les poursuivirent dans les chaloupes chargées de matieres combustibles, & propres à mettre le feu à tous les bâtimens qu'ils pourroient joindre. Ils étoient déja à portée de s'attacher à la flotte ennemie, & ils avoient déja fait prendre feu à leurs méches. Mais accablés de traits, & repoussés par les soldats postés sur ce plancher, ou sur ce pont flottant dont nous avons parlé plus haut, ils furent obligés de revenir dans leurs chaloupes qui avoient elles-mêmes pris feu ; on l'éteignit dans quelques-unes qui ramenerent leur monde à bord. Mais à l'égard de la plus-part des autres, tout l'équipage fut obligé de se jetter à l'eau, & de revenir à terre à la nage.

Le lendemain Démetrius fit une nouvelle attaque, ou donna par mer un nouvel assaut. Ses gens avoient ordre de se jetter tous ensemble, & de toutes parts sur le rivage au son des trompétes, & avec de grands cris pour épouvanter les Rhodiens par leur bruit & par l'étendue de leur attaque. Ce genre d'assaut fut répeté pendant huit jours consécutifs, au bout desquels au moyen de ses pierriers (*a*) qui lançoient des quartiers de pierre d'un talent ou de cent vingt-cinq livres de poids, il avoit abbattu ou ébranlé, & les bastions & les courtines de leurs murailles. Ses soldats s'étoient même déja emparés d'une partie du mur qu'on avoit élevé autour du port. Mais les Rhodiens tombant sur eux en nombre toujours croissant, en tuerent une grande partie, & firent désemparer tout le reste. La difficulté du terrain qui alloit beaucoup en montant, & l'embarras des pierres amassées pour la construction de ce mur tournoit également à l'avantage des Assiégés. les barques qui apportoient de nouveaux soldats, ayant abordé dans ce trouble, les Rhodiens leur enlévoient toutes les piéces de leur proüe, & jettoient dans les barques mêmes des torches allumées, & des matieres combustibles, qui les consumerent presque toutes. D'un autre côté pourtant les soldats de Démetrius

---

(*a*) Je sais que ce mot signifie en François une espèce de petit-canon qu'on charge par la culasse avec des cartouches. Mais je crois pouvoir l'employer à rendre le terme Grec Πετρόβολον, qui exprime son ancien usage.

amenés en grand nombre p leurs navires appliquerent leurs échelles contre les murailles, pour profiter du tems où leurs camarades les attaquoient sur terre : & ils redoublerent leurs cris de part & d'autre. Plufieurs d'entre eux fauterent par-deffus les murs dans le rempart, ce qui donna lieu à un combat terrible entre eux, & les citoyens qui accouroient de tous côtés à la défenfe de leur ville. Auffi la plufpart de ceux qui avoient ofé faire un pareil faut, furent ils tués, ou pris couverts de bleffures par les Rhodiens, & dans ce nombre fe trouverent plufieurs des officiers les plus confidérables de Démetrius : de forte que celui-ci fut obligé de reconduire fes machines dans fon port pour réparer les dommages qu'elles avoient foufferts, auffi-bien que les vaiffeaux mêmes qui les portoient. Les Rhodiens de leur côté firent enfevelir leurs morts, & confacrerent aux Dieux les dépouilles de leurs ennemis, les pointes de leurs vaiffeaux qu'ils avoient emportées, après quoi il réparerent le dommage fait à leurs murailles.

Démetrius de fon côté employa fept jours entiers au rétabliffement de ses machines & des barques qui les portoient, & ayant préparé toutes choses pour une nouvelle attaque, il revint dans le bassin du port. Il avoit une grande impatience de s'en emparer pour reduire par ce moyen les citoyens à la famine. Ainsi venant jusqu'à la portée du trait, il fit avancer ses brulots sur les vaisseaux marchands des Assiégés séparés les uns des autres; & faisant lancer en même-tems des quartiers de pierre contre les murs, il blessa un grand nombre de ceux qui se présentoient pour les défendre. Les matelots Rhodiens zelés pour la conservation de leurs navires tachent de d'éteindre le feu; & les Magistrats, qu'on appelloit les Prytanes voyant le port même en danger d'être pris, envoyent presser les principaux des citoyens d'accourir à la défense publique. Ceux-ci arrivant aussi-tôt remplirent d'abord trois vaisseaux d'hommes choisis, auxquels ils recommanderent de faire tous leurs efforts pour couler à fond les vaisseaux à machines des ennemis, en les attaquant par la proüe, & en tachant de démonter cette partie : ainsi à travers les traits sans nombre dont ils étoient assaillis, ils s'élançoient s'élançoient avec tant de force qu'en rasant les proües des vaisseaux, ils emportoient les bandes de fer qui les tenoient en état, & revenant plusieurs fois à la charge, ils parvinrent à faire entrer l'eau en deux de ces vaisseaux à machines & à les mettre hors de service. Mais comme un troisiéme qui avoit été aussi endommagé étoit tiré à l'amarre par les ennemis qui essayoient de le sauver ; les Rhodiens enhardis par leurs succès précédens, s'exposerent trop dans la poursuite de ce dernier, & bientôt environnés par les plus forts vaisseaux de la flotte de Démetrius, & les flancs de la plûpart des leurs se trouvant considérablement endommagés par les coups violens qu'ils avoient reçus, leur commandant Execestus, & quelques autres furent blessés & pris. Quelques-uns aussi se sauverent à la nage. Il ne tomba pourtant entre les mains de Démetrius qu'un seul de leurs vaisseaux, & tout le reste eut le bonheur de s'échaper. Au sortir de ce combat naval, Démetrius imagina une autre machine trois fois plus haute & plus large que les précédentes. Mais lors qu'on la conduisoit au port de Rhodes, un vent de midi qui parut sortir du sein d'une nuée qui s'étoit rompue, fit submerger les barques qui la portoient, & la renversa elle-même dans la mer. Les Rhodiens profitant habilement de ce désastre, ouvrirent en un seul instant toutes les portes qui donnoient sur le terrain du port. Il se livra là un combat qui dura long-tems. La tempête qui n'étoit point encore appaisée empêcha Démetrius de venir au secours des siens ; au lieu que les Rhodiens se relevant les uns les autres reduisirent enfin leurs adversaires à mettre les armes bas, & à se rendre au nombre d'environ quatre cents. A cet avantage des Rhodiens se joignit l'arrivée de cent cinquante Alliés de Gnose ville de Crete, & de plus de cinq cents autres de la part de Ptolemée, dont quelques-uns étoient des Rhodiens mêmes à la solde de ce Roi. Voilà où en étoit alors le siége de Rhodes.

En Sicile Agathocle n'ayant pû convenir de rien, ni avec Dinocrate, ni avec les bannis dont celui-ci étoit le chef, marcha contre eux avec tout ce qu'il avoit de forces, persuadé qu'il lui importoit beaucoup de terminer au plûtôt cette querelle. Il se fit suivre de cinq mille hommes de pié au plus, & d'environ huit cents chevaux. Les gens de Dinocrate se voyant en bien plus grand nombre, se présenterent volontiers à ce défi. Ils faisoient tous ensemble plus de vingt-cinq mille hommes de pié, & trois mille cavaliers complets. Comme les deux armées campoient au pié du Gorgium, (*a*) elles se mirent bientôt en ordre de bataille, & ouvrirent le combat avec une grande apparence de courage de part & d'autre. Mais bientôt après les mécontens du parti de Dinocrate, au nombre de plus de deux mille passerent du côté du tyran, & causerent ainsi la défaite entiere de leurs anciens camarades. Car l'armée d'Agathocle dévenue la plus forte s'anima beaucoup davantage, & celle des bannis qui croyoient la désertion de leurs camarades bien plus nombreuse qu'elle ne l'étoit, ne crut avoir d'autre ressource que la fuite : Agathocle l'ayant poursuivie quelque tems s'arrêta tout d'un coup, & cessant de tuer, il envoya au contraire

_____

(*a*) Où Torgium, montagne de la Sicile, selon les auteurs de Geographie ancienne.

proposer aux vaincus toute cessation d'hostilités, & le retour même de chacun d'eux dans la ville (*a*) où il étoit né, en ajoutant qu'ils ne devoient point espérer de l'emporter jamais sur lui; puisque dans cette derniere circonstance où leur armée étoit plus nombreuse que la sienne, ils n'avoient pas laissé d'être vaincus. Cependant tous les cavaliers se refugierent dans Ambique. A l'égard des fantassins, quelques-uns à la faveur de la nuit s'écarterent encore plus loin. Mais la pluspart s'étant d'abord rassemblés sur une hauteur, convenant entre eux qu'ils ne devoient plus espérer de victoire, & impatiens de revoir leurs parens, leurs amis & leurs foyers, ils firent leur paix avec Agathocle. Celui-ci néanmoins après avoir reçû leur serment, prit le tems où ils descendoient du fort qui leur servoit de retraite, pour les dépouiller de leurs armes, & les environnant de ses gens de trait, il les fit tous percer à coups de fléches, au nombre de sept mille qu'ils étoient selon Timée, ou seulement quatre mille suivant d'au-

_____

(*a*). Ces différentes villes étoient aussi sous la domination d'Agathocle.

tres historiens. Car ce tyran qui méprisa toujours la foy des sermens, mesuroit moins ses forces sur le nombre de ses troupes que sur la foiblesse de ceux qu'il avoit soumis, & il craignoit beaucoup moins ses ennemis que ses alliés. Mais après s'être défait de ce qu'il y avoit de gens armés dans ce parti, il admit tout le reste au nombre des siens: se reconciliant même avec Dinocrate, il lui donna un commandement dans son armée, & lui confia ses propres intérêts en des affaires d'importance. On s'étonnera sans doute, & avec raison qu'Agathocle qui se défioit de tous les hommes, & qui n'a jamais cru personne sur sa parole, ait conservé jusqu'à la fin de ses jours de l'amitié pour Dinocrate. Il faut avoüer aussi que Dinocrate trahissant tous ses autres amis assassina Pasiphile (*a*) dans Gela, & que gagnant des villes & des forteresses à Agathocle, il employa deux années entieres à lui soumettre tous les ennemis que le tyran avoit dans la Sicile.

817.

En Italie les Romains ayant porté la guerre aux Paliniens leur enleve-

---

(*a*) Nommé en dernier lieu, ci-dessus. p. | 807. de Rhod.

rent leur territoire, & donnerent le titre de citoyens à quelques-uns de ceux qu'on difoit avoir pris le parti de Rome. Les Confuls marcherent enfuite contre les Samnites qui ravageoient le territoire de Phaleris : & gagnerent fur eux une bataille. On leur enleva vingt drapeaux, & plus de deux mille d'entre eux demeurerent prifonniers. Les Romains ayant emporté enfuite la ville de Bole, Gellius Caius général des Samnites parut à la tête de fix mille hommes, & livra aux Romains une bataille, à la fin de laquelle il fut pris lui-même. La plus grande partie des Samnites y avoit péri, & plufieurs d'entre eux furent amenés vivans. Les confuls profitant de ce fuccès, recouvrerent plufieurs villes qui leur étoient alliées, & qu'on avoit reprifes fur eux, comme Sora, Harpinum & Serenia.

T. Liv. l. 9. c. 44.

Cette année étant finie, Phérécles fut Archonte d'Athenes, & les Romains eurent pour Confuls P. Sempronius & P. Sulpitius. On célébra la cent dixneuviéme Olympiade, en laquelle Andromene de Corinthe fut vainqueur à la courfe. Démetrius qui continuoit toujours le fiége de Rho-

Olympiade 119. an. 1. 304. ans avant l'Ere Chrétienne.

des, voyant que ses attaques par mer n'avoient pas réussi tenta d'en faire de nouvelles par terre. Rassemblant une quantité prodigieuse de materiaux propres à son dessein, il entreprit une nouvelle Helepole (*a*) qui surpassât en grandeur toutes celles qu'il avoit employées jusqu'alors. Sur sa base qui étoit quarrée il fit élever quatre flancs, chacun de cinquante coudées de haut, liés ensemble par des mains de fer à des poutres posées en hauteur, & qui leur servoient d'encognures. Mais il y avoit en bas & dans le milieu un espace vuide, traversé par des poutres à une distance d'une coudée ou environ les unes des autres, pour placer ceux qui devoient pousser la machine : car elle étoit mobile en tout sens sur les huit roües qui la soutenoient. Les jantes des roües étoient épaisses de deux coudées, & garnies

(*a*) Nous en avons vû employer une au siége de Salamine dans ce L. même. p. 785. de Rhod. Il paroit ici que Démetrius en avoit déja fait faire plusieurs. Au reste toute description de machine enfermant de grandes difficultés; on peut voir sur celleci les remarques de Mr. le Chevalier Follard sur Polybe tom. 2. p. 535. ou entr'autres choses, il préfére de beaucoup la description de Diodore à celle de Plutarque dans son Démetrius.

de bandes de fer proportionnées à leur épaisseur, & les roües mêmes étoient attachées à des gons mobiles en tout sens, de sorte qu'on pouvoit mettre aisément la machine même en toute sorte de position ou d'aspect : sur chacun des quatre angles, s'élevoit une colomne de bois d'environ cent coudées de hauteur; de sorte que les quatre liées ensemble par le haut, enfermoient quarrément un édifice qui composé de neuf étages, se retrecissoit en pointe : car le premier pouvant contenir quarante-trois lits ou tables, le plus haut n'en auroit contenu que neuf. Le Prince avoit fait revêtir les trois premiers côtés de sa machine de lames de fer bien jointes & bien attachées avec des clous, pour ne laisser aucune prise aux matieres inflammables que les ennemis pourroient jetter. La face étoit garnie de fenêtres de grandeur & de forme convenable aux différentes grosseurs des traits, ou des pierres qu'on avoit dessein de lancer sur les ennemis ou contre leurs murailles : & ces fenêtres avoient aussi des especes de paravents, qu'on faisoit tomber tout d'un coup pour se garantir des mêmes attaques de la part de l'ennemi. La machine étoit revêtue en dehors de matelats de peau pleins de laine pour amortir les coups de pierres ou de roches qu'on pourroit lancer contre elle : On avoit fait faire pour chaque étage deux escaliers fort larges, par l'un desquels on y portoit tout ce qui y étoit nécessaire, au lieu qu'on ne se servoit de l'autre que pour en descendre, afin de prévenir l'embarras & la confusion des rencontres dans un seul. Pour changer la machine de place dans le besoin, on avoit fait sur toute l'armée l'élite de trois mille quatre cents hommes des plus forts. Les uns la poussoient par les poutres du dedans, & les autres les aidoient par les dehors : ce qui demandoit beaucoup d'adresse & de correspondance reciproque. Il fit faire outre cela plusieurs tortues de terre, dont les unes ne servoient que d'abry, & les autres portoient des Beliers ou d'autres machines. Il fit pratiquer au-dedans de quelques-unes des chemins voutés, par lesquels chacun alloit en sureté à son ouvrage & en revenoit de même. Il employa tous les subalternes de sa marine à applanir un chemin de quatre stades de longueur, par lequel on de-

S v.

voit amener au pié des murs les machines qu'il avoit fait faire, & qui étant mises à leurs places, formerent une enceinte qui enfermoit sept bastions & six courtines des murailles de Rhodes : le nombre de ceux qui avoient été employés à la construction de ces machines, ou qui l'étoient à leur service, ne montoit pas à moins de trente mille hommes.

Démetrius s'étoit rendu très-rédoutables aux Assiégés par le nombre de ces ouvrages, & par la celerité avec laquelle ils avoient été construits. Et cependant ils étoient moins frappés de leur multitude & de leur grandeur énorme, que du courage de l'entreprise, & de la perséverance infatigable du Prince qui les assiégeoit. Il est vrai aussi qu'il étoit singulierement industrieux, & qu'il inventa de lui-même, & indépendamment de ses ouvriers un grand nombre de choses qui lui firent donner le surnom de Poliorcete. La force & l'adresse qu'il employoit à l'attaque d'une place faisoit dire de lui qu'il n'y avoit ni remparts, ni fossés qui pussent mettre des citoyens à l'abry de ses assauts. Il joignoit à cela une taille majestueuse &

une beauté heroïque de visage, dont la réputation attiroit tout le monde le long des chemins où il passoit pour le contempler. L'élévation de son ame, & la fierté de ses sentimens répondoit à sa figure extérieure; & il faisoit sentir sa supériorité, non-seulement au commun des hommes, mais aux Princes mêmes. Mais ce qui lui étoit singulierement propre, c'est qu'en tems de paix il ne s'occupoit que de festins, de jeux & danses, & sembloit vouloir conformer sa vie en toutes choses, à celle que la fable prêtoit à Bacchus. Dans la guerre au contraire il étoit actif & vigilant, & il présidoit toujours en personne à tous les ouvrages qu'il faisoit faire. Il imagina & fit exécuter lui-même des armes, & des machines qui ont surpassé toutes celles qu'on avoit vûes avant lui: Depuis même le siége de Rhodes, & après la mort de son pere il en inventa de nouvelles pour mettre à flot les plus grands vaisseaux. Cependant les Rhodiens voyant les progrés de tous ces ouvrages, éleverent au-dedans de leurs remparts un nouveau mur, correspondant à celui qui les défendoit au-dehors. Ils y employerent les pierres de l'enceinte de leur théatre, des maisons voisines, & même de quelques temples ; en faisant aux Dieux ausquels ils appartenoient, le vœu de leur en élever de plus beaux, après la délivrance de la ville. Ils firent partir en même-tems neuf de leurs vaisseaux avec ordre de se saisir de tous ceux qu'ils appercevroient, de couler à fond les uns, & d'amener les autres à terre. Au sortir du port ceux qui avoient cet ordre se partagerent en trois escadres ; Damophile qui commandoit les Galéres qu'on appelloit les Gardiennes, vint à Carpathus (*a*), où se saisissant de plusieurs vaisseaux de Démetrius, il en fit couler à fond quelques-uns, par la violence du heurt, & mit le feu à quelques autres, après en avoir tiré les rameurs qui pouvoient servir ; & il amena à Rhodes beaucoup de barques chargées de fruits destinés à d'autres lieux. Menedeme de son côté à la tête de trois bâtimens moins considérables aborda à Patare de Licie, où il brûla trois vaisseaux dont l'équipage avoit déja pris terre, & s'emparant des pro-

___
(*a*) Isle voisine de Rhode, qui a donné le nom de Carpathienne à la mer de ces environs.

visions destinées à l'armée de Démetrius, il les envoya à Rhodes. Il prit aussi une galére à trois rangs de rames où étoient des habits, & autres ornemens royaux que Phila (*a*) femme de Démetrius avoit préparés avec un grand soin pour son mari. Il envoya ces habits en Egypte en ajoutant pour raison, que la pourpre dont ils étoient ornés ne convenoit qu'à un Roi, après quoi il amena au port la galére dont il fit vendre tous les rameurs aussi-bien que l'équipage entier des autres vaisseaux qu'il avoit pris. Enfin Amyntas qui conduisoit trois autres vaisseaux fit voile vers quelques autres Isles, où ayant trouvé encore d'autres machines qu'on préparoit par l'ordre de Démetrius, il en fit jetter à la mer une partie, & conduisit le reste à Rhode. Il se saisit entr'autres de onze des plus habiles ouvriers en ce genre de manufacture, & les amena lui-même dans la ville.

820.

A la suite de ces divers succès, les citoyens s'étant assemblés, quelques-

_____

(*a*) Elle étoit fille d'Antipater, qui l'avoit d'abord mariée à Craterus. L. 18. p. 602. de Rhod. L'Auteur en a fait un grand éloge à la p. 701 du même.

uns ouvrirent l'avis de renverser toutes les statues & toutes les représentations d'Antigonus & de Démétrius, en disant qu'il étoit honteux de conserver les mêmes honneurs à des Princes qui assiégeoient, ou qui faisoient assiéger actuellement leur ville, qu'à ceux qui l'avoient comblée de bienfaits : le peuple s'élevant contre cet avis, le reprocha comme un crime à ceux qui l'avoient ouvert, & mieux conseillé que les Sénateurs eux-mêmes, il contribua plus qu'eux à l'honneur & même au salut de la Patrie. Car la générosité & la constance qui parut dans ce jugement populaire, n'attira pas seulement les éloges de tous ceux qui en entendirent parler, mais il excita même le repentir, & le changement de volonté dans l'ame de leurs persécuteurs. Ceux-ci firent refléxion qu'après avoir délivré de leurs oppresseurs un grand nombre de villes grecques, qui ne leur avoient donné aucun signe de réconnoissance, ils alloient réduire à la servitude & à l'esclavage celle de toutes qui avoient paru la plus constante dans le souvenir des bienfaits qu'elle avoit reçus de leur part.

Mais de plus, si la fortune, contre toute sorte d'apparence, se déclaroit contre les Rhodiens, ceux-ci se préparoient à eux-mêmes pour adoucir leurs maux, le souvenir que les vainqueurs ne manqueroient pas de conserver de la gratitude toujous constante dont les vaincus s'étoient montrés capables. En un mot cette conduite des Rhodiens fut extrêmement approuvée de tout le monde. Cependant Démetrius ayant entrepris d'attaquer la ville par des souterrains, quelques transfuges vinrent les avertir que les Assiégeans paroîtroient bientôt dans la place. Sur cet avis les Rhodiens creuserent un grand fossé le long du mur qui paroissoit menacé, & employant eux-mêmes les instrumens propres à foüir la terre, il se trouverent en face des ennemis & les empêcherent d'avancer.

Tous les ouvrages étant gardés soigneusement de part & d'autre : Quelques particuliers de l'armée de Démetrius, entreprirent de corrompre Athenagoras nommé gouverneur de la place pendant le siége ; il étoit né à Milet, & il avoit été envoyé à Rhode par Ptolemée sous le titre de capitaine des Soudoyez. Dès qu'il lui eut été proposé de livrer la ville à Démetrius, il fixa le jour où ce Prince lui enverroit quelqu'un de ses premiers capitaines qui monteroit la nuit par le fossé dans la ville où cet officier choisiroit lui-même l'endroit le plus propre à le recevoir, & ensuite à poster des soldats; de sorte qu'après avoir donné de grandes espérances à Démetrius, il alla lui-même déclarer la chose au Sénat. Le Roi ayant envoyé dans ce poste souterrain un de ses amis les plus fidelles, Alexandre de Macedoine, les Rhodiens se saisirent de lui au moment qu'il en sortoit. Ils mirent en même-tems une Couronne d'or sur la tête d'Athenagoras, & lui donnerent cinq talens d'argent, pour engager par cet exemple tous les étrangers, & tous les Soudoyez à servir les citoyens avec zéle. Démetrius de son côté ayant fait disposer toutes ses machines, & bien nettoyer l'endroit où il vouloit les placer, fit poser au milieu d'elles son Helepole, auprès de laquelle il fit élever des tortues de terre au nombre de huit; quatre de chaque côté. Il fit faire par l'intérieur de chacune une route, au moyen de laquelle on pût aller & venir en sûreté. Mais outre ces huit tortues, il en fit poser encore deux autres bien plus grandes que les premieres, & destinées à porter des beliers: chacune de celles ci de six-vingts coudées de long, bien garnie dans son contour d'éparres de fer, & présentant un front semblable à la pointe d'un navire étoit posée sur des roües, & on lui faisoit porter son coup à l'aide de mille hommes qui la poussoient tous ensemble dans un même instant. Sur le point de mettre en jeu toutes ces machines, il fit porter à chaque étage de l'Helepole les catapultes & autres armes qui convenoient à chacun d'eux. En même-tems il fit approcher sa flotte du port, & de tout le rivage des environs, il borda de son infanterie les murs & les ouvrages qu'on pouvoit battre; & au signal d'un cri universel qu'il fit pousser à son armée entiere, on mit en jeu toutes les machines. Dans le tems même qu'il ébranloit ainsi toutes les fortifications, il arriva des Ambassadeurs de Cnide qui l'inviterent à suspendre ses violences, en lui promettant en même-tems d'engager les Rhodiens, à se rendre autant qu'il seroit convenable, à ses volontés. Sur cette proposition, le Roi suspendit le siége & l'on envoya de part & d'autre des députez qui ne purent convenir de rien entr'eux. Là dessus le Roi recommença son attaque ; & il mit à bas la plus forte de tours de la ville, bâtie toute entiere de pierres de quatre piés en quarré, aussi-bien que la courtine qui l'accompagnoit : de sorte que les décombres de l'une & de l'autre empêchoient les citoyens mêmes d'aborder leurs remparts dans tout cet espace. Cependant il leur arriva sur ces entrefaites de la part du Roi Ptolemée une flotte complette chargée de vivres ; elle contenoit trois cents mille mesures de blé accompagnées de legumes de toute espece. Dans le tems qu'elle se disposoit à aborder dans la ville, Démetrius envoya une escadre pour tâcher de l'amener du côté de son camp. Mais la flotte profitant d'un vent frais & favorable, déploya toutes ses voiles, & aborda heureusement au lieu de sa destination, de sorte que les gens de Démetrius s'en revinrent sans avoir rien fait.

D'un autre côté Cassander envoya aux mêmes Rhodiens dix mille mesures de blé, & Lysimachus quarante mille autres, accompagnées d'autant de mesures d'orge : A la vûe de ces provisions les Assiegés qui commençoient à désesperer de leur fortune, reprirent courage, & jugeant à propos d'attaquer eux-mêmes les machines des ennemis, ils firent un amas prodigieux de matieres inflammables, & borderent leurs murs & leurs tours de machines propres à lancer au loin des pierres, des traits & sur tout des feux. C'est aussi ce qu'ils exécuterent dès la seconde veille de la nuit suivante, par un jeu effroyable de ces pierres, de ces traits & de ces feux de toute espece, dont ils désoloient tous ceux qui s'avançoient à leur portée. Les soldats de Démetrius commençant à se défier de l'entreprise générale, couroient confusément au secours de leurs machines, lorsqu'au milieu d'une nuit sans lune, ils virent voler de toutes parts des torches allumées, qui leur faisoient découvrir en l'air des traits & des pierres, qui alloient blesser au hazard ceux qui n'avoient pû les appercevoir. Il s'étoit déja détaché de l'Helepole bien des liens de fer que les ais avoient suivis, & qui laissoient entrer les torches ardentes dans les différentes étages de l'édifice. Démetrius qui commençoit à craindre que le feu ne le consumat tout entier, fit porter incessamment de l'eau, avec laquelle on tâcha d'éteindre tous les endroits où la flâme commençoit à se manifester; & faisant en même-tems assembler à son de trompe tous ceux qu'on employoit au transport de la machine, il la fit mettre à l'écart & en sureté. Le lendemain il donna ordre qu'on ramassat un à un tous les traits qui avoient été lancés par les Assiegés, dans le dessein de juger par là des provisions d'armes qu'ils pouvoient avoir faites. On trouva qu'ils avoient lancé plus de huit cents traits à feu, & plus de quinze mille javelots : & sur ce nombre qu'ils avoient employé en une très-petite partie de la nuit, on conçût une grande idée, & de la richesse & de la prévoyance des citoyens. Démetrius fit réparer ensuite les machines endommagées, & après avoir donné ses ordres pour la sépulture des morts, il porta sa principale attention au traitement des Blessez. D'un autre côté les Rhodiens, soulagés du moins de la part des machines hors d'usage pour quelque tems, éleverent un troisiéme mur en forme de croisfant, qui environnoit toute la partie des fortifications exposées aux attaques des assiegeans ; afin qu'ils ne pussent point se glisser dans la ville par les ouvertures qu'ils avoient faites à ses murailles. Ils firent partir en même tems sous la conduite d'Amyntas ce qu'ils avoient de meilleurs voiliers entre leurs vaisseaux, pour aller aborder à la côte de l'Asie qui est vis-à-vis d'eux. Ce capitaine tomba tout d'un coup sur des Pirates qui ravageoient cette côte par l'ordre même de Démetrius. L'issüe d'un combat qui dura peu, fut que les Rhodiens se saisirent de leurs bâtimens, & de tout leur équipage dans lequel se trouva compris Timocles même leur chef. Ils se jetterent ensuite sur une flotte marchande, à laquelle ils enleverent toutes ses provisions, qu'ils amenerent de nuit à Rhode, à l'insçû de leurs ennemis.

Cependant Démetrius ayant fait réparer & rétablir ses machines, les amena encore une fois devant les murailles; & n'épargnant point les traits, il les nettoya d'abord de tous leurs défenseurs, après quoi il mit à bas à coups de beliers deux longues courtines entre leurs bastions, sur lesquels les plus braves des citoyens s'étant rassemblés, & se succedant courageusement les uns & les autres, il se fit une défense si opiniâtre que leur chef Ananias, & à son exemple plusieurs d'entr'eux y perdirent la vie. Dans ces circonstances, il arriva aux Rhodiens de la part de Ptolemée une provision de blés & de vivres aussi forte que la précédente, & un nouveau secours de quinze cents hommes conduits par Antigonus (a) de Macedoine. D'autre part il vint à Démetrius des députés d'Athenes & d'autres villes grecques, & qui faisoient ensemble le nombre de cinquante Ambassadeurs, pour inviter ce Prince à faire la paix avec les Rhodiens. Là dessus il accorda d'abord une treve, à l'occasion de laquelle il y eut beaucoup de conférences sans aucune conclusion; de sorte que les Ambassadeurs s'en retournerent sans avoir rien fait. Démetrius résolu de donner un assaut dès la nuit suivante par l'endroit où le mur étoit abbatu, fit un choix des plus braves, & des plus entendus de son armée au nombre de

---

(a) Il n'est nommé qu'en cette occasion.

quinze cents hommes, ausquels il donna ordre d'arriver à la breche en silence dès la seconde veille de la nuit. Lui-même voulant commander en cette occasion, avoit chargé tous les chefs de faire pousser au signal qu'il donneroit un cri universel par les soldats, & de commencer aussi-tôt l'attaque par mer & par terre. Cet ordre ayant été exactement suivi, on monta à la breche de toutes parts, & les soldats égorgeant tout ce qu'ils rencontroient devant eux, se jetterent dans l'intérieur de la ville par toutes les ouvertures qu'ils avoient faites, & en tuant tous ceux qu'on y avoit postés ; de sorte qu'ils parvinrent à occuper tout le tour du théatre. A ce coup les Rhodiens voyant toute la ville en émotion envoyerent ordre à ceux qui gardoient le port de demeurer fermes dans leur poste pour barrer tout le secours qui pourroit venir à ceux qui étoient déja entrés ; & eux-mêmes s'aidant de l'élite des troupes qui leur étoient venues d'Alexandrie, ils attaquent cette partie des assiegeans qui avoit eu l'audace de s'introduire dans la ville. Cependant le jour commençant à paroître & Démetrius ayant donné le signal, tous ceux qui environnoient le port, & les murailles intériéures de la ville pousserent tous ensemble un cri effroyable dans le dessein d'animer ceux qui occupoient les environs du théatre. Ce cri jetta dans la terreur & dans les larmes, les femmes & les enfans qui crurent la ville prise en ce moment. Là dessus les ennemis entrés & les Rhodiens livrerent un combat terrible, où périt de part & d'autre beaucoup de monde, sans qu'aucun d'abord eut quitté son poste. Mais ensuite les Rhodiens arrivant toujours en plus grand nombre, & s'animant pour le salut de leur patrie, & pour le leur propre, les troupes du Roi eurent du dessous. Alcimus & Mantias leurs commandans tomberent morts & couverts des blessures. Entre les soldats les uns furent tués & les autres pris : & il n'y en eut qu'un très-petit nombre que leur fuite ramena au Roi. Les Rhodiens perdirent aussi beaucoup des leurs, entre lesquels le commandant Damotelés s'étoit le plus distingué.

Quoique Démetrius pensât que la fortune lui arrachoit des mains la ville de Rhodes, il ne laissoit pas de se disposer à une nouvelle attaque. Mais le Roi

Roi son pere lui ayant écrit de s'accommoder aux meilleures conditions qu'il lui feroit possible avec les Rhodiens, il attendoit quelque prétexte apparent de faire la paix avec eux. Ptolemée lui-même qui leur avoit promis quelque tems auparavant de leur envoyer une forte provision de blé, & trois mille hommes de recrue, leur ayant proposé ensuite lui-même de s'accommoder avec Antigonus, tout le monde panchoit également pour la paix. Les villes alliées de l'Ætolie avoient même fait partir des Ambassadeurs pour ce dessein. Les Rhodiens signerent donc avec Démetrius un traité qui portoit que la ville demeureroit à elle-même sans aucune garnison étrangere, & jouissant de ses propres revenus : qu'elle feroit néanmoins alliance d'armes avec Antigonus à l'exception de toute guerre contre Ptolemée. Ils consentirent enfin d'accorder à Démetrius cent ôtages à son choix, pourvû qu'aucun d'eux ne fut actuellement en fonction publique. Ce fut ainsi que les Rhodiens rentrerent en paix au bout d'une année entiere de siége. Ils distribuerent des présens convenables à ceux qui s'étoient distingués,

825.

& donnerent la liberté & le droit de bourgeoisie aux esclaves qui avoient montré du zéle & du courage. Ils dresserent ensuite des statues aux Rois Ptolemée, Cassander & Lysimachus, & à quelques autres chefs moins qualifiés, mais qui avoient contribué comme eux au salut de leur ville. Cependant voulant distinguer dans cette reconnoissance générale le Roi Ptolemée, ils envoyerent des Aruspices en Libye pour demander à l'oracle de Jupiter Ammon, s'il consentoit que les Rhodiens honorassent Ptolemée comme un Dieu. L'oracle le leur ayant permis, ils dresserent dans leur ville un temple quarré, dont chaque côté avoit un stade (*a*) de long, & qu'ils appellerent le Ptolemée, ils rétablirent aussi leur théatre, ils releverent leurs murailles abattues; & ils eurent soin que tous leurs édifices réparés fussent plus magnifiques qu'ils ne l'étoient avant leur chute.

Démetrius abandonnant Rhodes par l'ordre de son pere se fit suivre par toute sa flotte, & cotoyant toutes les Isles, il vint prendre terre à Aulis de

(*a* 125. pas.

Bœotie, dans le dessein de rendre la liberté aux Grecs. Car Polysperchon & Cassander profitant de l'éloignement de leurs ennemis, ravageoient depuis long-tems la plus grande partie de la Grece. Il commença par la délivrance de Chalcis occupée alors par une garnison de Bœotiens, & de plus ceux-ci par la crainte qu'ils eurent de lui, renoncerent à l'alliance de Cassander. Il fit tout de suite un traité avec les Ætoliens, par lequel il les engagea à déclarer la guerre à Polysperchon & à Cassander. En ce même-tems Eumelus Roi du Bosphore mourut aubout de six ans de regne; son fils Spartacus qui lui succeda en regna vingt. Pour nous après avoir rapporté les affaires de la Grece & de l'Asie, nous passerons comme à l'ordinaire aux autres parties du monde.

826.

Agathocle, pendant que les habitans de Lipare (*a*) étoient en paix, arriva subitement dans leur port à la tête d'une flotte; & quoiqu'ils ne lui eussent fait aucune espéce de tort, il les condamna à une amende de cinquante ta-

XX.

(*a*) Une des Æoliennes au Nord de la Sicile.

lens d'argent. Les Dieux firent voir dans la suite que cette vexation étoit une impieté. Car les Lipareens lui ayant demandé du tems pour le payement d'un reste de cette somme, sur ce qui ne leur étoit pas permis de toucher au thrésor des Dieux; Agathocle les obligea de la prendre dans leur Prytanée ou dans la sale de leur Sénat, qui portoit l'inscription des Dieux Æole & Vulcain, & dès qu'il eut reçue il mit à la voile. Mais il s'éleva aussi-tôt un vent furieux qui fit d'abord couler à fond les vaisseaux qui portoient cet argent : ce qui fit juger à plusieurs qu'Æole qui passoit en ces endroits-là pour le Dieu des vents, avoit dès-lors tiré cette vengeance de l'impieté commise à son égard. Mais Vulcain, le Dieu du feu, attendit le tems de la mort du tyran pour le faire brûler vif sur des charbons ardens dans sa patrie même. Il étoit convenable en effet que le même Dieu qui avoit préservé de ses flâmes ceux qui avoient gardé ses parens au pié du mont Æthna fit éprouver sa vengeance aux impies. L'évenement confirmera ce que nous venons de dire d'avance, quand nous ferons arrivés au tems de la mort (a) d'Agathocle. Nous passerons actuellement aux affaires de l'Italie, les Romains & les Samnites entrerent par des Ambassades reciproques en quelques propositions d'accommodement, après une guerre de vingt-deux ans & demi. Cependant le Consul P. Sempronius se jettant avec une armée dans le pays des Æques, emporta en cinquante jours quarante villes, & soumit à Rome toute leur nation ; ce qui lui obtint un triomphe très-legitime : après quoi le peuple Romain signa une alliance avec les Marses, les Pallenes ou Peligniens, & les Marruciniens.

T. Liv. 9. c. 45.

L'année suivante Leostrate fut Archonte d'Athenes, & l'on fit Consuls à Rome Servius Cornelius, & L. Genutius. Démetrius forma le projet de porter la guerre à Cassander, pour remettre les Grecs en liberté & en honneur. Il jugeoit que leur retablissement, outre la gloire qu'il lui procureroit, le mettroit encore en état de détruire les lieutenans de Cassander qui s'étoient ligués avec Prepelas (b)

Olympiade 119. an. 2. 303. ans avant l'Ere Chrétienne.

827.

(a) Il en sera parlé dans les fragmens du l. 21. art. 12.
(b) Prepelas est nommé dans le livre précédent p. 705. de Rhod. comme un officier de l'armée de Cassander.

Mais il crut alors que le plus sur moyen d'affermir sa propre puissance étoit d'attaquer Cassander lui-même. La ville de Sicyone étoit actuellement soumise au Roi Ptolemée qui y tenoit une garnison, dont Philippe étoit le premier commandant. Démetrius y étant entré de nuit par surprise, la garnison se réfugia dans la citadelle. Mais le Roi campé dans l'espace qui la séparoit de la ville faisoit déja avancer ses machines, lorsque la garnison effrayée lui rendit la place par composition, & se retira en Egypte. Démetrius persuada ensuite aux citoyens d'habiter dans leur citadelle même; & pour les y inviter encore davantage, il fit abbattre toute la partie de la ville qui bordoit le port : & qui ne laissoit pas d'être bien fortifiée. Conduisant ensuite lui-même les nouveaux édifices qu'il faisoit faire, & ayant enfin donné publiquement la liberté au peuple, on lui decerna les honneurs divins. Ils appellerent leur nouvelle ville Démetriade, & établirent sous le nom de son Protecteur des sacrifices, des assemblées publiques, des combats annuels, en un mot toutes les cérémonies réligieuses instituées pour les Dieux fondateurs.

Mais le tems a détruit une grande partie de ces ouvrages auſſi-bien que de ces pratiques, & les Sicyoniens ſe tranſporterent même depuis ſur un ſol plus avantageux, qui eſt celui où ils ſont actuellement. Car l'enceinte de leur citadelle préſente eſt unie, ſpatieuſe, & environnée de toutes parts d'ouvrages qui en défendent l'abord, de ſorte qu'aucune machine ne peut en approcher. Outre cela elle enferme une grande quantité de ſources qui entretiennent la fertilité de pluſieurs jardins fort étendus: & ce Prince ſemble avoir pourvû en même-tems, & aux beſoins de la guerre, & aux plaiſirs de la paix.

Démetrius ayant reglé tout ce qui concernoit les intérêts des Sicyoniens, marcha du côté de Corinthe actuellement gardée par Prépelas de la part de Caſſander. Ayant été d'abord introduit dans la ville à la faveur des ténébres, par quelques citoyens qui lui ouvrirent une porte ſecrete, il ſe trouva maître & de la ville & de ſon port. L'ancienne garniſon s'étant ſauvée à ſon aſpect, partie dans le fort appellé Siſyphon, partie dans l'Acrocorinthe, le Roi fit avancer ſes machines, & après de grandes peines & de grands travaux, il emporta d'assaut le Sisyphion. Les assiegés s'étoient déja refugiés auprès de ceux qui défendoient l'Acrocorinthe. Mais il contraignit bientôt ces derniers à lui rendre leur citadelle. Car il étoit inébranlable & persévérant dans ses attaques, par l'expérience qu'il s'étoit acquise, & par les expédiens qu'il savoit imaginer en matiere de siége. Or quoiqu'il eut remis les Corinthiens en liberté, il ne laissa pas de mettre une garnison dans l'Acrocorinthe du consentement des citoyens mêmes, qui souhaitoient de demeurer sous sa protection, jusqu'à ce que la guerre contre Cassander fut terminée. Ce fut ainsi que Prépélas sortant assez honteusement de Corinthe, se retira vers Cassander : Démetrius passant de son côté dans l'Achaïe emporta Buta (*a*) d'assaut, & rendit de même la liberté à ses citoyens. Il procura le même avantage à l'Isle de Scyros, d'où venant dans l'Achaïe, il en délivra les villes les unes après les autres. Se transportant de-là devant Ægium, il l'assiégea, & étant entré en conférence

(*a*) Palmerius lit Bu- ra.

avec Strombicus qui y commandoit, il lui proposa de la lui céder dans la même vûe. Celui-ci n'ayant point accepté sa proposition, & lui disant même des injures du haut de ses murailles, le Roi fit avancer ses machines & emporta la ville d'assaut. Alors se saisissant de Strombicus, placé là par Polysperchon, & d'environ quatre-vingt autres officiers de guerre qui parloient mal de lui, il les fit tous mettre en croix au pié des murailles ; après quoi il incorpora dans son armée près de deux mille Soudoyez qui servoient là de garnison. Sur ces exemples tous les corps de troupes qui occupoient les forts voisins, jugeant qu'il leur seroit impossible de resister à un tel aggresseur, lui livrerent eux-mêmes leurs places. Ainsi les garnisons posées en différents endroits de la part de Cassander, de Prépélas & de Polysperchon, voyant d'ailleurs que ces généraux ne se hâtoient point de venir à leur secours ; se rendirent volontiers à un conquérant qui marchoit accompagné de troupes victorieuses, & de machines formidables.

En Italie les Tarentins ayant affaire en même tems aux Romains & aux

XXI.

Lucaniens envoyerent demander à Sparte des troupes auxiliaires, & nommément le général Cleonyme. Les Lacedemoniens leur accorderent cette demande de bonne grace; d'autant plus que les Tarentins leur fournissoient eux-mêmes de l'argent pour lever des troupes, & des vaisseaux pour les embarquer: Ainsi Cleonyme ayant bientôt réuni cinq mille hommes dans le Tænare de Laconie, fit voile du côté de Tarente. Là il assembla encore le même nombre de Soudoyez, & faisant enrôler les bourgeois mêmes de la ville, il composa une armée de vingt mille hommes de pié, & de deux mille hommes de cheval. Il attira même des Grecs établis en Italie, & il fit alliance avec la nation des Messapiens. Au seul aspect de tant de troupes, les Lucaniens jugerent à propos de se réconcilier avec les Tarentins. Les Metapontins s'opposerent seuls à ce raccommodement. Là dessus le Spartiate conseilla aux Lucaniens de se jetter sur leurs terres, où ayant rencontré les Metapontins eux-mêmes en corps d'armée, il leur parut redoutable. En effet étant entré à quelque tems de-là dans leur ville comme ami, il trouva moyen de tirer d'eux plus de six cents talens d'argent, & de se faire donner pour ôtages deux cents jeunes filles, qu'il destinoit sous ce titre ou sous ce prétexte à ses plaisirs. Car ayant renoncé jusqu'à l'habit de Lacedomone (*a*), il se plongeoit dans la débauche, & se faisoit des esclaves de ceux qui se fioient à sa parole : ainsi avec toutes les troupes dont il étoit accompagné, il n'exécuta rien qui fut digne de la réputation de sa patrie. Il avoit annoncé en s'embarquant pour la Sicile, qu'il y alloit détruire la tyrannie d'Agathocle, & rendre cette Isle à ses propres loix ; mais abandonnant aussi-tôt ce projet, il vint aborder à Corcyre, où se saisissant de la capitale, il y extorqua de grosses sommes d'argent, y mit une forte garnison, & en fit sa place d'armes, pour tomber de là sur les villes de la Grece qu'il lui conviendroit d'attaquer. Là

_____

(*a*) Ce Cleonyme est le second exemple d'un Spartiate qui déshônore sa Patrie chez les étrangers. Le premier a été Acrotatus dans le livre précédent. p. 711. de Rhod. Cleonyme est nommé dans T. Live L. 10. c. 2. où cet historien lui oppose M. Æmilius un des deux Consuls de l'année suivante dans le texte de Diodore, & dans la seconde table chronologique corrigée de Rhod.

même il reçut des députez de la part de Démetrius & de Caſſander, qui l'invitoient chacun de leur côté à ſe joindre à eux ; mais il n'écouta ni l'un ni l'autre : apprenant enſuite que les Tarentins & quelques autres peuples d'Italie s'étoient révoltés, il vient en diligence, comme pour châtier les rébelles. Mettant pié à terre dans l'endroit où ces Barbares avoient leur camp, il prend leur ville, en met en vente les citoyens, & ravage leurs campagnes. Paſſant de-là à Triopium il l'aſſiége, & y fait trois mille eſclaves. Mais les payſans du voiſinage s'étant raſſemblés, aſſiégent ſon camp pendant la nuit, & dans le combat qui fut livré à cette occaſion, ils lui tuerent plus de deux cents hommes, & firent ſur lui environ mille priſonniers. Une tempête qui s'éleva quelque tems après ſubmergea une vingtaine de ſes vaiſſeaux qui étoient à la rade auprès de ſon camp. Ces deux échecs arrivés coup ſur coup, l'obligerent de ramener à Corcyre le reſte de ſon armée & de ſa flotte.

830.

XXII. Au commencement de l'année ſuivante Nicoclés fut fait Archonte d'Athenes, & l'on nomma pour Conſuls

Olympiade 119. an. 3.
302. ans a-

à Rome M. Livius & M. Æmilius. Cassander Roi de Macedoine voyant la puissance des Grecs relevée de toutes parts, & jugeant que tout le poids de la guerre alloit tomber sur ses états, entra en crainte pour l'avenir. Ainsi il envoya des Ambassadeurs en Asie à Antigonus pour l'inviter à faire la paix avec lui. Antigonus leur ayant dit pour toute réponse que Cassander devoit lui remettre tous ses interêts: celui-ci ne vit point d'autre ressource que de faire venir incessamment Lysimachus de la Thrace pour consulter ensemble sur leur sûreté commune. C'étoit lui qu'il appelloit toujours à son secours dans les affaires tâcheuses ou difficiles, tant à cause de son mérite personnel, que parce que ses Etats étoient contigûs aux siens. Ces deux Rois après avoir conferé ensemble envoyerent une Ambassade à Ptolemée Roi d'Egypte, & une autre à Seleucus souverain des Satrapies supérieures, pour rendre compte à l'un & à l'autre de l'orguelleuse réponse de leur ennemi commun, & pour leur faire comprendre qu'ils étoient également menacés tous les trois; d'autant qu'Antigonus devenu maître de la Macedoine ne manqueroit pas d'envahir les autres Royaumes. On connoissoit assez son ambition insatiable, & à quel point il haïssoit dans le commandement, & dans la puissance tout ce qui approchoit de l'égalité. Qu'ainsi il leur convenoit à tous de s'entendre, & de déclarer d'un commun accord la guerre à Antigonus. Les deux Rois qui sentoient parfaitement la vérité du fait, se rendirent à la proposition de Cassander, & se disposerent à lui prêter de puissans secours. Cassander de son côté jugea qu'il ne falloit point attendre l'arrivée de l'ennemi, & qu'il étoit bon de se procurer par l'avantage de l'attaque, le choix des postes & la facilité des provisions. Il confia donc d'abord à Lysimachus le commandant & des troupes qui devoient passer incessamment en Asie : & lui-même vint en Thessalie à la rencontre de Démetrius & des Grecs de son armée. Lysimachus arrivé d'Europe en Asie rendit la liberté aux habitans de Lampsaque & de Paria, qui entrerent de bonne grace dans son alliance. Mais il mit une garnison dans Sigée qu'il avoit emportée de force. Donnant ensuite six mille fantassins & mille chevaux au capitaine Prépélas, il le chargea d'attirer à leur parti les villes de l'Æolide & de l'Ionie. Et dans le dessein qu'il avoit d'assiéger lui-même Abydos, il s'étoit déja pourvû d'armes & de machines de toute espéce. Mais cette ville ayant reçû de la part de Démetrius toutes les sortes de provisions qui pouvoient la mettre en sûreté, il se désista de cette entreprise; & passant dans la Prygie sur l'Hellespont, il assiégea réellement Synada, où il savoit que les deux Rois pere & fils avoient mis en reserve une grande partie de leurs richesses. Mais ayant gagné Docimus, préposé par Antigonus à la garde de ces cantons, il se rendit maître par son entreprise & de Synada & de quelques autres forts, où le Roi tenoit des thrésors enfermés. Cependant le capitaine Prépélas envoyé dans l'Æolide & dans l'Ionie par Lysimachus, prit Adramyttium en passant, & assiégea ensuite Ephese. La ville effrayée se rendit par composition, & le vainqueur renvoya à Rhodes les ôtages Rhodiens qu'il y trouva. Il rendit d'ailleurs la liberté aux Ephesiens mêmes: mais il fit brûler tous les navires qui étoient dans leur port; parce

831.

que les ennemis avoient encore l'Empire de la mer, & que le sort de la guerre présente étoit encore très-incertain. Il passa de-là à Teos & à Colphon. Il étoit venu du secours par mer à Erithrée & à Clasomene : ce qui fit que se défiant de pouvoir prendre ces deux villes, il se contenta d'en ravager les environs, en conduisant son armée du côté de Sardis. Là il gagna Phœnix (*a*) & Docimus (*b*) qui lui ouvrirent les portes de la ville. Mais il ne put entrer dans la citadelle trop bien défenduë, par Philippe (*c*) qui demeura toujours fidelle à son Prince, d'ailleurs son ancien ami. Aussi lui gardat-il dans tous les tems la fidélité qu'il lui avoit promise. C'étoit là qu'en étoit l'entreprise particuliere de Lysimachus.

Antigonus s'occupoit alors à faire célébrer une fête accompagnée d'un combat public, qu'il avoit fondée à Antigonie (*d*), où il attiroit par de

(*a*) Nommé ci-dessus p. 760. de Rhod.
(*b*) Le second a été nommé dès le livre précédent. p. 715. de Rhod.
(*c*) Celui-ci est peut-être le Satrape de la Bactriane & de la Sogdiane, au L. 18. p. 588. de Rhod. & qui le fut ensuite de la Parthie. p. 68. du même.
(*d*) Ci-dessus p. 784. de Rhod.

grandes promesses, & par de grandes récompenses les ouvriers les plus habiles, & les plus vaillans Athletes. Ayant appris là l'irruption de Lysimachus, & la défection d'une partie de ses officiers & de ses troupes, il interrompit les jeux, après avoir donné deux cents talens au moins à ses Athletes & à ses entrepreneurs; & faisant assembler ses troupes, il partit de la Syrie, & marcha à grandes journées à la rencontre de ses ennemis. Arrivé à Tarse de Cilicie, il distribua à toute son armée la paye de trois mois d'avance, du thrésor qu'il avoit à Quindes. Mais de plus il s'étoit fourni de trois mille talens, pour les besoins imprévûs. Passant de-là par-dessus le mont Taurus, il entra dans la Cappadoce, d'où il ramena à son obéissance les révoltés de la haute Prygie & de la Lycaonie: Lysimachus instruit de son approche, tint conseil sur ce qu'il importoit de faire dans les circonstances présentes. On y convint qu'il n'étoit pas à propos de s'exposer à une bataille reglée avant que d'avoir reçû les troupes qu'on attendoit de la part de Seleucus; & qu'ainsi il ne s'agissoit

832

actuellement que de choisir un poste avantageux, & d'y attendre l'ennemi dans un camp bien remparé de fossés & de palissades : C'est en effet le parti qu'ils prirent alors. Cependant Antigonus arrivé à la portée de leur vûe rangea son armée en bataille, & les provoquoit au combat. Mais n'appercevant aucun mouvement de leur part, il se saisit de divers passages par où il falloit que les vivres arrivassent jusqu'à eux. Ainsi les gens de Lysimachus craignant que la disette seule ne les soumit à leurs adversaires, décamperent dès la nuit suivante, & faisant tout de suite quatre (*a*) cents stades, ils arriverent à Dorylée de Phrygie. Ce canton étoit extrêmement bien fourni, & traversé d'ailleurs par un fleuve qui pouvoit servir de barriere contre l'ennemi. Ce fut là qu'ils tracerent un nouveau camp environné d'une triple palissade.

Antigonus bientôt instruit de la retraite des ennemis se mit à les poursuivre ; & arrivé à ce second réfuge dont ils ne sortoient non plus que du premier ; il commença à l'environner d'un fossé profond, & faisant venir des

(*a*) 16 à 17 lieuës : à la rigueur 16 lieuës ⅔.

traits & des catapultes, il en entreprit le siége en forme. Mais les gens de Lysimachus avoient beau tirer sans cesse des traits contre ceux qui préparoient les batteries, les soldats d'Antigonus prenoient visiblement le dessus : & la disette des assiegés croissoit à proportion des travaux des assiegeans : de sorte qu'enfin Lysimachus fut réduit à épier le temps d'une nuit noire & orageuse, pour s'échaper avec les siens, & chercher sa retraite du côté du Nord. Antigonus au lever du soleil s'étant apperçû de cette fuite, se mit à leur quëue à travers des campagnes assez arides. Mais de grandes pluyes étant survenues, & le terrain étant de lui-même extrêmement fangeux, il perdit dans cette poursuite un assez grand nombre & d'hommes & de chevaux, & son armée entiere souffrit beaucoup ; de sorte que le Roi qui voulut la soulager, d'autant plus qu'on se trouvoit effectivement à l'entrée de la mauvaise saison, abandonna les fuyards. Choisissant ensuite les endroits les plus favorables pour ses quartiers d'hyver, il assigna différens postes à ses troupes. Là il eut bientôt confirmation que

833.

Seleucus amenoit une forte armée des Satrapies supérieures ; sur quoi il dépêcha un officier de ses confidens à son fils Démetrius qui lui portoit l'ordre de venir incessamment à son secours à la tête de ses troupes : car il craignoit sur toutes choses que tous les souverains se rassemblant contre lui, il ne fut obligé d'en venir avec eux à une bataille reglée avant le retour de son fils qui étoit alors en Europe & dans la Grece. Lysimachus de son côté avoit mis aussi ses soldats en quartier d'hyver dans la plaine qui portoit le nom de Salmonie. Mais il avoit fait venir de fortes provisions d'Heraclée, à la faveur de l'alliance qu'il avoit contractée avec cette ville. Car il avoit épousé Amestris, fille d'Oxiartés, & niece du Roi Darius, donnée pour femme à Craterus de la main d'Alexandre même, & actuellement gouvernante & souveraine d'Heraclée. C'étoit là qu'en étoient les affaires de l'Asie.

XXIII. Dans la Grece, Démetrius résidoit alors à Athenes, où il s'occupoit de se faire initier aux mysteres d'Eleusine. Mais comme on ne se trouvoit pas au tems marqué par les loix pour cette initiation, il persuada au peuple de passer par-dessus les regles en sa faveur. Il se présenta donc aux prêtres dépouillé de toutes armes, & dès-qu'il se vit initié ainsi hors de tems & par privilege, il partit d'Athenes. Il se rendit d'abord à Calchis d'Eubée, où il fit assembler sa flotte & toute son infanterie; & apprenant là que tous les passages étoient occupés par Cassander, il ne jugea pas à propos d'aller par terre dans la Thessalie: mais transportant toute son armée sur des vaisseaux jusqu'au port de Larisse, il lui fit là prendre terre. Il emporta la ville d'emblée, & ayant assiégé & pris de même la citadelle, il en fit toute la garnison prisonniere; mais il rendit la ville aux citoyens & leur en laissa le gouvernement. Passant de-là à Prones & à Ptelée, il les attira dans son parti, & empêcha l'exécution de l'ordre que Cassander avoit donné aux habitans de Dios & d'Orchomene de se transporter à Thebes. Cassander s'appercevant alors que tout réussissoit à Démetrius, jugea à propos de munir Pherès & Thebes de plus fortes garnisons, & rassemblant toutes ses troupes en un même lieu, il posa son

834.

camp en face de celui de Démetrius. Il avoit en tout vingt-neuf mille hommes d'infanterie, & environ deux mille chevaux. La cavalerie de Démetrius ne montoit alors qu'à quinze cens chevaux : mais il n'avoit pas moins de huit mille hommes d'infanterie Macedonienne, & de quinze mille Soudoyez ; & les différentes villes de Grece lui avoient fourni jusqu'à vingt-cinq mille hommes : il lui étoit venu aussi de toutes ces villes huit mille de ces coureurs, ou de ces Pirates qui ne sont à la guerre que pour piller : ce qui lui faisoit en tout une infanterie de cinquante-six mille hommes. Pendant tout le tems que les deux armées furent en préfence l'une de l'autre, la revûe & l'exercice se fit plus d'une fois des deux côtés ; mais il n'y eut aucune attaque ; & les deux armées attendoient des nouvelles de ce qui se passeroit en Asie, où étoit le fort de la guerre, & d'où la décision finale devoit venir. Dans ces entrefaites, Démetrius appellé par les habitans de Pherés fut introduit dans la ville, & ayant affiegé & pris la citadelle par composition, il renvoya sur leur parole les soldats de la garnison que Cafsander y avoit mise, & rendit la liberté aux citoyens.

Les affaires en étoient là dans la Thessalie, lorsqu'il vint à Démetrius de la part de son pere, des Envoyés qui lui apportoient l'ordre d'amener incessamment toutes ses forces en Asie. Le Roi jugeant qu'il lui convenoit d'obéir à son pere, conclût avec Cassander un traité dont il lui assura tous les articles, sous la condition néanmoins qu'ils fussent agréés par son pere. Or il savoit assez qu'Antigonus ne les approuveroit pas, d'autant que son intention étoit de terminer toute cette querelle par la force de ses armes. Mais Démetrius vouloit donner une apparence avantageuse à sa retraite, & lui ôter l'air d'une fuite. C'est dans cette même vûe de hauteur, qu'il fit inserer dans le traité, que toutes les villes grecques de l'Asie même seroient mises en liberté. Aussi-tôt après ces dispositions, Démetrius ayant donné les derniers ordres pour le départ des troupes & des provisions qui devoient l'accompagner, s'embarqua avec toute son armée & cotoyant toutes les Isles, il arriva à Ephese. Ayant mis là ses troupes à terre, & les ayant fait camper devant les murailles, il remit cette ville sous son ancienne domination (*a*). Il permit à Prépélas établi là pour gouverneur par Lysimachus de se retirer avec sa garnison sur son serment : & en y ayant mis une autre de sa part & sous son nom, il cingla du côté de l'Hellespont (*b*) où il ramena de même à leur ancienne soumission les habitans de Parium & de Lamsaque, & quelques autres villes qui s'en étoient détachées. Arrivant ensuite à l'embouchure du pont Euxin, il fit un fort du temple de Chalcedoine, & laissa pour le garder trois mille hommes d'infanterie, & trente vaisseaux longs ; après quoi il distribua ses troupes en différentes villes pour y prendre les quartiers d'hyver : ce fut en ce tems-là que fut tué le Roi Mithridate soumis par Antigonus, mais qu'on croyoit être passé dans le parti de Cassander. Ce meurtre fut fait à Cium de Mysie, dont ce Prince avoit été Roi, aussi-bien que

(*a*) C'étoit celle d'Antigonus même. l. 18. p. 629. de Rhod.

(*b*) L'Hellespont se prend ici comme en d'autres Auteurs, pour la province de l'Asie environ née du bras de mer qui porte le même nom.

d'Arrhine,

d'Arrhine, pendant trente-cinq ans. Son fils nommé Mithridate (*a*), comme lui, accrut encore sa domination de la Cappadoce & de la Paphlagonie, & regna trente-six ans. Au reste dès que Démetrius eut abandonné ces cantons pour rejoindre son pere, Cassander remit sous son obéissance toutes les villes maritimes ; & il envoya en même-tems en Asie Pleistarque (*b*) avec une armée au secours de Lysimachus. Cette armée consistoit en douze mille hommes d'infanterie & cinq cents cavaliers. Pleistarque arrivé à l'Hellespont trouva le passage fermé par les ennemis. Là dessus il revint à Odesse située entre Apollonie & Calatie (*c*) vis-à-vis d'Heraclée, où Lysimachus tenoit une partie de ses troupes. N'ayant pas là les bâtimens qu'il lui falloit pour le transport de toutes les siennes ensemble, il en fit trois divisions. La premiere arriva heureuse-

(*a*) Cet endroit est suspect à Palmerius, d'autant que dans une liste des Rois de Cappadoce, tirée de Diodore même par Photius, c'est un Axiarathe, qui est nommé à la place de ce Mithridate.

(*b*) Il a été nommé au l. 19. p. 718. de Rhod. comme gouverneur de la citadelle de Chalcis de la part de Cassander.

(*c*) Correction de Palmerius, au lieu de Galatie, qui est dans le texte.

ment à Heraclée, la seconde fut attaquée & battue, par un corps de troupes préposé à la garde du détroit. Et la troisiéme commandée par Pleistarque fut assaillie d'une tempête si violente, qu'elle lui fit perdre une grande partie de ses gens, & même de ses vaisseaux. Une galére à six rangs de rames, où il étoit lui-même, fut submergée, & de cinq cents hommes qu'elle portoit, il ne s'en sauva que trente-trois, entre lesquels se trouva heureusement Pleistarque lui-même, qui eut la présence d'esprit de se saisir d'une planche brisée, qui l'amena demi-mort sur le rivage. Il se fit porter de-là jusqu'à Heraclée où il reprit ses forces peu à peu, après quoi il se rendit avec les troupes qu'il avoit sauvées au quartier d'hyver de Lysimachus.

836.

En ce même-tems le Roi Ptolemée passant de l'Egypte à la tête d'une armée considérable, vint réduire à son obéissance toutes les villes de la Cœlesyrie. Pendant qu'il assiégoit Sidon, quelques-uns vinrent lui apporter la fausse nouvelle qu'à la suite d'un combat, qui s'étoit donné entre les Rois, Lysimachus & Séleucus défaits 'étoient sauvés dans Heraclée.

& qu'Antigonus vainqueur amenoit toutes ses forces dans la Syrie. Ptolemée trompé par cette nouvelle qu'il croyoit vraye, signa une treve de quatre mois avec les Sicyoniens, & s'assurant par de fortes garnisons des villes qu'il avoit déja emportées, revint en Egypte avec le reste de ses troupes. D'un autre côté, il déserta des soldats que Lysimachus avoit mis en quartier d'hyver, deux mille Autoriates (a) & près de huit cents Lyciens ou Pamphiliens, qui allerent tous se rendre à Antigonus. Celui-ci les reçût agréablement, & outre la paye qu'il leur accorda telle qu'ils disoient la recevoir de Lysimachus, il leur fit encore des présens. Ce fut en ce même-tems que Séleucus arriva des Satrapies supérieures en Cappadoce, à la tête d'une forte armée qu'il mit là en quartier d'hyver sous des tentes. Il amenoit vingt mille hommes d'infanterie, douze mille tant cavaliers qu'hommes de trait, quatre cents quatre-vingts élephans, & plus de cents chariots armés de faux. C'étoient là les forces que les Rois avoient rassemblées chacune son côté, dans la pensée où ils pa-

(a) Nation de l'Epire.

roiſſoient tous être que l'Eté prochain termineroit par les armes toutes leurs querelles. Pour nous après avoir expoſé dans ce Livre, les préparatifs que les Rois faiſoient les uns contre les aures, pour une déciſion générale; nous commencerons le Livre ſuivant par l'expoſition fidelle de cette guerre même.

Fin du Livre vingtiéme & dernier de ce qui nous reſte du texte ſuivi de Diodore.

AVERTISSEMENT.

C'Est ici la place naturelle de la Table Chronologique que nous avons promise dans la Préface du troisiéme Volume de cette traduction, pour rectifier les fausses dattes & les erreurs de noms à l'égard des Consuls ou autres Magistrats Romains énoncés par Diodore. Cette Table n'est qu'un précis des deux Tables de Rhodoman, dans lequel nous ne faisons entrer que les Olympiades, les *Archontes* d'Athenes, & les années écoulées depuis la fondation de Rome; mais au lieu des années du monde, au sujet desquelles l'Eglise même laisse indécise une différence de 1500. ans, qui se trouve entre la vulgate & les Septante; nous employons les années, qui ont précédé l'Ere Chrétienne, pour indiquer plus sensiblement le vrai tems des faits historiques exposés par notre Auteur. Dans les quatres suites mêmes des fragmens qui nous restent des vingt livres perdus après le vingtiéme, & qui rempliront le septiéme & dernier volume de cette traduction : lorsque le texte fournira quelque datte bien marquée, nous la rapporterons aux époques précédentes, pour en épargner le calcul aux Lecteurs. Mais quoique Rhodoman à la fin de la Préface de son Diodore, allegue Sigonius comme un grand Auteur en Chronologie; il ne faut pas croire que ses Tables Chronologiques, que nous suivons, s'accordent beaucoup pour les noms des Magistrats Romains, avec celle même de Sigonius; telle qu'on

AVERTISSEMENT.

trouve celle-ci, à la fin du premier volume du Tite Live d'Amsterdam. *in*-8°. 1679. Enfin la Table Chronologique que nous donnons ici servira encore à rectifier les dattes marginales de tout l'Ouvrage, dans les endroits où elles s'écartent des années anterieures à l'Ère Chrétienne, telles que nous les allons marquer, conformément à la Chronologie de *Calvisius*, selon laquelle l'an de Rome 273. le premier de notre Table, répond à l'an 478. avant l'Ere Chrétienne. Ainsi le Lecteur curieux de suivre exactement l'ordre des tems, ne sçauroit mieux faire que de confronter dans le cours de sa lecture, chaque datte marginale avec cette Table qui redressera sur cet article toutes les fautes & de l'Auteur, & de l'Imprimeur & du Traducteur même. Observez néanmoins, que les *Archontes* ne regardent que la République d'Athenes, comme les *Consuls* ne regarde que la République Romaine: outre la supputation de Rhodoman & de Calvisius, on nous a conseillé de joindre la supputation vulgaire adoptée par le Pere *Petau*, & par les autres Chronologistes, qui sont venus depuis. Ainsi sous un même point de vuë on aura diverses manieres de compter les années avant l'Ere Chrétienne.

TABLE
CHRONOLOGIQUE

Tirée des deux Tables de Rhodoman, en correction des fausses dattes ou des erreurs des noms qui se trouvent dans le texte de Diodore.

Avant l'Ere Chrétienne suivant le P. Petau.	Ans de Rome.			Avant l'Ere Chrétienne. Selon Calvisius.
		\multicolumn{2}{c}{OLYMPIADE LXXV.}	
480	273	1.	Archonte d'Athenes, *Calliades.* Consuls de Rome, *Cæso Fabius 2°. & Spurius Furius.*	478
479	274	2.	Arc. *Xantippe.* Consf. *Cn. Manlius & M. Fabius.*	477
478	275	3.	Arc. *Timosthenès.* Consf. *Cæso Fabius 3°. & T. Virginius.*	476
477	276	4.	Arc. *Adimantus.* Consf. *L. Æmilius & C. Servilius.*	475
		\multicolumn{2}{c}{OLYMPIADE LXXVI.}	
476	277	1.	Arc. *Phædon.* Consf. *C. Horatius & T. Menenius.*	474
475	278	2.	Arc. *Dromoclides.* Consf. *Sp. Servilius. & A. Virginius.*	473
474	279	3.	Arc. *Acestorides.* Consf. *P. Valerius & C. Nautius.*	472
473	280	4.	Arc. *Menon.* Consf. *A. Manlius. & L. Furius.*	471
		\multicolumn{2}{c}{OLYMPIADE LXXVII.}	
472	281	1.	Arc. *Charès.* Consf. *L. Æmilius 3°. & Vopiscus Julius*	470
471	282	2.	Arc. *Praxiergus.* Consf. *L. Pinarius Mamertus & L. Furius Rufus.*	469

TABLE

P. Petau.	An de Rome.		Calvisius.
470	283	3. Arc. *Demotion.* Conss. *Appius Claudius* & *T. Quintius Capitolinus.*	468
469	284	4. Arc. *Phædon.* Conss. *L. Valerius Publicola.* 2°. & *T. Æmilius Mamertinus.*	467

OLYMPIADE LXXVIII.

468	285	1. Arc. *Theagenides.* Conss. *Aul. Virginius Montanus* & *T. Numicius Priscus.*	466
467	286	2. Arc. *Lysistratus.* Conss. *T. Quintius Capitolinus.* 2°. & *Q. Servilius Priscus.*	465
466	287	3. Arc. *Lysanias.* Conss. *Q. Fabius Vibulanus.* & *T. Æmilius Mamercinus.*	464
465	288	4. Arc. *Lysitheus.* Conss. *Q. Servilius Priscus.* & *Sp. Posthumius Albinus.*	463

OLYMPIADE LXXIX.

464	289	1. Arc. *Archidemides.* Conss. *Q. Fabius Vibulanus.* 2°. & *T. Quintius Capitolinus* 3°.	462
463	290	2. Arc. *Tlepolemus.* Conss. *A. Posthumius Regillensis.* & *Sp. Furius Medullinus.*	461
462	291	3. Arc. *Conon.* Conss. *P. Servilius Priscus* & *L. Æbutius Elva.*	460
461	292	4. Arc. *Evippus.* Conss. *L. Lucretius Tricipitinus.* & *T. Veturius Geminus.*	459

OLYMPIADE LXXX.

460	293	Arc. *Phrasiclides.* Conss. *Ser. Sulpicius Camerinus* & *P. Volumnius.*	458
459	294	Arc. *Philocles.* Conss. *P. Valerius Publicola.* & *C. Clodius Sabinus.*	457

CHRONOLOGIQUE.

P. De-tau.	An de Rome.		Cal.sius.
458	295	Arc. Bion. Conss. Q. *Fabius Vibulanus* 30. & *L. Cornelius Cossus*.	456
457	296	Arc. *Mnesitides*. Conss. *C. Nautius Rutilus*. & *L. Minutius Augurinus*.	455

OLYMPIADE LXXXI

456	297	Arc. *Callias*. Conss. *Q. Minutius Augurinus*. & *Q. Horatius Pulvillus*.	454
455	298	Arc. *Sosistratus*. Conss. *M. Valerius Lactucinus*. & *Sp. Virginius Tricostus*.	453
454	299	Arc. *Ariston*. Conss. *T. Romilius Vaticanus*. & *C. Veturius Cicurinus*.	452
453	300	Arc. *Lysicrates*. Conss. *Sp. Tarpeius*. & *A. Æterius Fontinalis*.	451

OLYMPIADE LXXXII.

452	301	Arc. *Inconnu*, ou peut-être, *Chrephanès*. Conss. *S. Quintilius*. & *P. Horatius Tergeminus*.	450
451	302	Arc. *Antidotus*. Conss. *T. Menenius Lanatus*. & *P. Sestius Capitolinus*.	449
450	303	Arc. *Eutidemus*.	448

Decemvirs pour rédiger les Loix.

Appius Clodius.
T. Genutius.
Sp. Posthumius.
Serv. Sulpicius.
A. Manlius.
T. Romilius.
C. Julius.
P. Sestius.
P. Horatius.
Sp. Veturius.

| 449 | 304 | Arc. *Pedieus*. | 447 |

TABLE

P. Petau.	An de Rome.	Seconds Decemvirs pour ajouter deux autres Tables aux Loix précédentes. Sçavoir :	Calvisius.
		Appius Clodius 20.	
		M. Cornelius Maluginus.	
		M. Sergius.	
		L. Minutius.	
		Q. Fabius Vibulanus.	
		T. Antonius Merenda.	
		M. Rabuleius.	
		Q. Pœtilius.	
		C. Duilius.	
		Sp. Oppius.	

OLYMPIADE LXXXIII.

		Arc. Philiscus.	
448	305	Les mêmes Decemvirs Consuls ; mais par violence.	446
		Arc. Timarchides.	
447	306	Consſ. M. Horatius Barbatus & L. Valerius Potitus.	445
		Arc. Callimacnus.	
446	307	Consſ. Lars. Herminius & T. Virginius Tricoſtus.	444
		Arc. Lyſimachides.	
445	308	Consſ. M. Geganius, & C. Julius.	443

OLYMPIADE LXXXIV.

		Arc. Praxiteles.	
444	309	Consſ. T. Quintius Capitolinus 4°. & Agrippa Furius.	442
443	310	Arc. Lyſanias.	441
		Consſ. M. Genutius Agrippa. & Curtius Philo.	
442	311	Arc. Diphilus.	440
		Trois Tribuns militaires. Aul. Sempronius	
		L. Attilius.	
		T. Clœlius. Et dans la même année 2. Conſuls, ſçavoir :	
		L. Papirius Mugillanus. & L. Sempronius Atratinus.	
441	312	Arc. Timoclès.	439
		Consſ. T. Quinctius. & M. Geganius Macerinus.	

CHRONOLOGIQUE.

OLYMPIADE LXXXV.

P. Pe-tau.	An de Rome.		
440	313	1. Arc. *Myrichides.* Consl. *M. Fabius Vibulanus* & *Posthumius Abutius Elva.*	438
439	314	2. Arc. *Glaucides.* Consl. *C. Furius Facilus* & *M. Papyrius Crassus.*	437
438	315	3. Arc. *Theodorus.* Consl. *Proculus Geganius Macerinus.* & *T. Menenius.*	436
437	316	4. Arc. *Euthymenes.* Consl. *T. Quinctius Capitolinus.* 6°. & *Agrippa Menenius Lanatus.*	435

OLYMPIADE LXXXVI.

436	317	1. Arc. *Nausimachus.* Trois Tribuns du peuple; *Mam. Æmilius Mamercinus.* *C. Julius.* *L. Quinctius.*	434
435	318	2. Arc. *Antilochidès.* Consl. *M. Geganius Macerinus* 3°. & *L. Sergius Fidenas.*	433
434	319	3. Arc. *Charès.* Consl. *L. Papyrius Crassus.* & *M. Cornelius Maluginensis.*	432
433	320	4. Arc. *Apseudès.* Consl. *C. Julius* 2°. & *Proculus Verginius Tricostus.*	431

OLYMPIADE LXXXVII.

432	321	1. Arc. *Pithodorus.* Trois Tribuns militaires; *M. Manlius.* *Q. Sulpitius Prætextatus.* *Serv. Cornelius Cossus.* Six mois après deux Consuls; *C. Julius* 3°. & *L. Virginius* 2°.	430
431	322	2. Arc. *Euthydemus.* Tribuns militaires, *M. Fabius Vibulanus.* *M. Fossius Flacinator.* *L. Sergius Fidenas.*	429

TABLE

Pe. tau.	An de Rome.		Calvisius.
430	323	3. Arc. *Apollodorus.* Tribuns militaires *L. Pinarius Mamercus.* *L. Furius Medullinus.* *Sp. Posthumius Albus.*	428
429	324	4. Arc. *Epaminondas.* Consl. *T. Quintius Cincinatus.* & *C. Julius Mento.*	427

OLYMPIADE LXXXVIII.

428	325	1. Arc. *Diotimus.* Consl. *L. Papirius Crassus* & *L. Julius.*	426
427	326	2. Arc. *Euclides.* Consl. *Hostus Lucretius Tricipitinus* & *C. Sergius Fidenas.*	425
426	327	3. Arc. *Euthidemus.* Consl. *A. Cornelius Cossus* & *T. Quintius Pennus.*	424
425	328	4. Arc. *Stratocles.* Consl. *L. Papyrius Mugillanus* & *C. Servilius Structus Ahala.*	423

OLYMPIADE LXXXIX.

424	329	1. Arc. *Isarchus* ou *Hipparchus.* Tribuns militaires *C. Furius Socilus.* *T. Quintius Pennus.* *M. Posthumius.* *A. Cornelius Cossus.*	422
423	330	2. Arc. *Amyntas.* Tribuns milit. *L. Furius Medullinus.* *L. Quintius Cincinatus.* *A. Sempronius.* *L. Horatius Barbatus.*	421
422	331	3. Arc. *Alcæus.* Tribuns milit. *T. Claudius Crassus.* *Sp. Nautius Rutilus.* *L. Sergius Fidenas.* *Sex. Julius Iulus.*	420
421	332	4. Arc. *Ariston.* Consl. *C. Sempronius Atratinus* & *Q. Fabius Vibulanus.*	419

OLYMPIADE XC.

420	333	1. Arc. *Aristophilus.* Tribuns	418

CHRONOLOGIQUE.

P. Petau.	An de Rome.		Calvisius.
		Tribuns milit. *L. Manlius Capitolinus.*	
		Q. Antonius Merenda.	
		L. Papirius Mugillanus.	
		L. Servilius Structus.	
419	334	2. Arc. *Archias.*	417
		Consl. *Numerius Fabius Vibulanus.*	
		T. Quintius Capitolinus.	
418	335	3. Arc. *Antiphon.*	416
		Tribuns milit. *T. Quinctius Cincinnatus* 3º.	
		L. Furius Medullinus 2º.	
		M. Manlius.	
		A. Sempronius Atratinus.	
417	336	4. Arc. *Euphemus.*	415
		Tribuns milit. *Agrippa Menenius Lanatus.*	
		P. Lucretius Tricipitinus.	
		Sp. Nautius.	
		C. Servilius Axilla.	

OLYMPIADE XCI.

416	337	1. Arc. *Aristomnestus.*	414
		Tribuns milit. *L. Sergius Fidenas.*	
		C. Servilius Axilla 2º.	
		M. Papirius Mugillanus.	
		Q. Servilius, Dictator 2º.	
415	338	2. Arc. *Chabrias.*	413
		Tribuns milit. *P. Lucretius Tricipitinus* 2º.	
		L. Servilius Structus 2º.	
		Agrippa Menenius Lanatus 2º.	
		Sp. Veturius Crassus.	
414	339	3. Arc. *Pisander.*	412
		Tribuns milit. *A. Sempronius Atratinus* 3º.	
		M. Papirius Magillanus 2º.	
		Sp. Nautius Rutilus 2º.	
		Q. Fabius 4º.	
413	340	4. Arc. *Cleocritus.*	411
		Tribuns milit. *P. Cornelius Cossus.*	
		L. Valerius Potitus.	
		Quinctius Cincinnatus.	
		N. Fabius Vibulanus.	

OLYMPIADE XCII.

412	341	1. Arc. *Callias.*	410
		Tribuns milit. *Cn. Cornelius Cossus.*	

Tome VI.   X

TABLE

P. Pe au.	An de Rome.		Calvi sius.
		L. *Valerius Potitus.*	
		Q. *Fabius Vibulanus* 20.	
		P. *Posthumius Regillensis.*	
411	342	2. Arc. *Theopompus.*	409
		Conss. *M. Cornelius Cossus.*	
		L. Furius Medullinus.	
410	343	3. Arc. *Glaucippus.*	408
		Conss. *Q. Fabius Ambustus* & *C. Furius Pacilus.*	
409	344	4. Arc. *Diocles.*	407
		Conss. *M. Papirius* & *C. Nautius Rutilus.*	

OLYMPIADE XCIII.

408	345	1. Arc. *Euctemon.*	406
		Conss. *M. Æmilius* & *C. Valerius.*	
407	346	2. Arc. *Antigenes.*	405
		Conss. *Cn. Cornelius Cossus* & *L. Furius Medullinus.*	
406	347	3. Arc. *Callias.*	404
		Tribuns militaires avec autorité de Consuls. *C. Julius Iulus.*	
		P. Cornelius Cossus.	
		Servilius Ahala.	
		P. Cornelius Cossus, fut Dictateur.	
405	348	4. Arc. *Alexia.*	403
		Quatre Tribuns milit. *L. Furius Medullinus.*	
		C. Valerius Potitus.	
		N. Fabius Vibulanus.	
		C. Servilius Ahala.	

OLYMPIADE XCIV.

404	349	1. Arc. *Pithodore*, sous lequel les XXX. tyrans gouvernent Athenes.	402
		Quatre Tribuns milit. *P. Cornelius Cossus.*	
		Nautius Fabius Ambustus.	
		L. Valerius Potitus.	
		Cn. Cornelius Cossus.	
403	350	2. Arc. *Euclides.*	401
		Six Tribuns milit. *T. Quinctius Capitolinus.*	
		Q. Quinctius Cincinnatus.	
		C. Julius Iulus 20.	
		A. Manlius.	

CHRONOLOGIQUE.

P. Petau.	An de Rome.		Calvisius.
		I. Furius Medullinus 3.	
		M. Æmilius Mamercus.	
402	351	3. Arc. *Micion.*	400
		Six Tribuns milit. *C. Valerius Potitus* 3º.	
		M. Sergius Fidenas.	
		P. Cornelius Maluginensis.	
		Cn. Cornelius Cossus.	
		K. Fabius Ambustus.	
		Sp. Nautius Rutilus 2º.	
401	352	4. Arc. *Exænete.*	399
		Tribuns milit. *M. Æmilius Mamercus* 2º.	
		L. Valerius Potitus 3º.	
		App. Claudius Crassus.	
		M. Quintilius Varus.	
		L. Julius Iulus.	
		M. Posthumius.	
		M. Furius Camillus.	
		M. Posthumius Albinus.	

OLYMPIADE XCV.

400	353	1. Arc. *Laches.*	568
		Tribuns milit. *C. Servilius Ahala* 3º.	
		Q. Servilius.	
		L. Virginius.	
		Q. Sulpicius Camerinus.	
		A. Manlius 2º.	
		M. Sergius 2º.	
399		2. Arc. *Aristocrates.*	397
		Tribuns milit. *L. Valerius Potitus* 4º.	
		L. Julius Iulus.	
		M. Furius Camillus.	
		M. Æmilius Mamercus. 3º.	
		Cn. Cornelius Cossus 2º.	
		K. Fabius Ambustus.	
398	355	3. Arc. *Iphicles.*	396
		Tribus milit. *P. Licinius Calvus.*	
		P. Mœlius.	
		L. ou M. Titinius.	
		P. Mænius.	
		L. Furius Medullinus.	
		L. Pullilius Volscus.	
397	356	4. Arc. *Lysiades.*	395
		Tribuns milit. *M. Veturius.*	
		M. Pomponius.	

X ij

P. Pe-rau.	An de Rome.	TABLE	Calvi-sius.
		C. Duilius.	
		Volero Publilius.	
		Cn. Genutius.	
		L. Attilius.	

OLYMPIADE XCVI.

396	357	1. Arc. Phormion.	394
		Tribuns milit. L. Valerius Potitus 5⁰.	
		M. Valerius Maximus.	
		M. Furius Camillus. 2⁰.	
		L. Furius Medullinus. 3⁰.	
		Q. Servilius Fidenas. 2⁰.	
		Q. Sulpitius Camerinus. 2⁰.	
395	358	2 Arc. Diophante.	393
		Tribuns milit. L. Julius Iulus.	
		L. Furius Medullinus. 4⁰.	
		L. Sergius Fidenas.	
		A. Posthumius Regillensis.	
		P. Cornelius Maluginensis.	
		A. Manlius.	
394	359	3. Arc. Eubulides.	392
		Tribuns milit. P. Licinius.	
		L. Titinius.	
		P. Mænius.	
		P. Mælius.	
		Cn. Genusius.	
		L. Attilius.	
393	360	4. Arc. Demostrate.	391
		Tribuns milit. P. Cornelius Cossus.	
		P. Cornelius Scipio.	
		M. Valerius Maximus. 2⁰.	
		K. Fabius Ambustus. 3⁰.	
		L. Furius Medullinus. 5⁰.	
		Q. Servilius. 3⁰.	

OLYMPIADE XCVII.

392	361	1. Arc. Philocles.	390
		Tribuns milit. M. Furius Camillus. 3⁰.	
		L. Furius Medullinus. 6⁰.	
		C. Æmilius Mamercinus.	
		Sp. Posthumius Albinus.	
		P. Cornelius Scipio. 2⁰.	
		L. Valerius Publicola.	
391	362	2. Arc. Nicoteles.	389
		Consf. T. Lucreti Flavus & Serv. Sulpi-	

CHRONOLOGIQUE.

P. Pe- tau	An de Rome.		Cavl- sius.
390	363	cius Camerinus. 3. Arc. *Demostrate*. Consl. *L. Valerius & M. Manlius*.	388

389	364	4. Arc. *Antipater*.
		     Tribuns milit. *L. Lucretius*.
		     Serv. Sulpicius.
		     M. Æmilius Lucius.
		     L. Furius Medullinus. 7°.
		     Agrippa Furius Fusus.
		     C. Æmilius. 2°.
			387

OLYMPIADE XCVIII.

388	365	1. Arc. *Pyrrhio*.
		     Tribuns milit. *Q. Sulpicius Longus*.
		     Q. Servilius. 4°.
		     Servil. Cornelius Maluginensis.
		     Tres Fabii.
			386

387	366	2. Arc. *Theodote*.
		     Tribuns milit. *L. Valerius Publicola*. 2°.
		     L. Virginius.
		     P. Cornelius Cossus.
		     A. Manlius.
		     L. Æmilius.
		     L. Posthumius.
			385

386	367	3. Arc. *Mystichides*.
		     Tribuns milit. *T. Quinctius Cincinnatus*.
		     Q. Servilius Fidenas. 5°.
		     L. Julius Iulus.
		     L. Aquilius Corvus.
		     L. Lucretius Tricipitinus.
		     Ser. Sulpicius Rufus.
			384

385	368	4. Arc. *Dexitheus*.
		     Tribuns milit. *L. Papirius*.
		     Cn. Sergius Fidenas.
		     L. Æmilius. 2°.
		     L. Menenius.
		     L. Valerius Publicola. 3°.
		     C. Cornelius Cossus.
			383

OLYMPIADE XCIX.

384	369	1. Arc. *Diotrephes*.
		     Tribuns milit. *M. Furius Camillus*.
		     Sergius Cornelius Maluginensis. 2°.
		     Q. Servilius Fidenas. 6°.
		     L. Quintius Cincinnatus.
			382

X iij

TABLE

P. Petau.	An de Rome.		Calvisius.
		L. Horatius Pulvillus.	
		P. Valerius Publicola.	
383	370	2. Arc. Phanostratus.	381
		Tribuns milit. A. Manlius.	
		P. Cornelius Cossus.	
		T. & L. Quintii Capitolini.	
		L. Papirius Cursor.	
		C. Sergius Fidenas. 3º.	
382	371	3. Arc. Menander.	380
		Tribuns milit. Serg. Cornelius. 2º.	
		P. Valerius Potitus. 2º.	
		M. Furius Camillus. 5º.	
		Sergius Sulpicius Rufus. 2º.	
		C. Papirius Crassus.	
		T. Quinctius Cincinnatus. 2º.	
381	372	4. Arc. Demophilus.	379
		Tribuns milit. L. Valerius. 4º.	
		A. Manlius. 3º.	
		Servius Sulpicius. 3º.	
		L. Lucretius.	
		L. Æmilius. 3º.	
		M. Trebonius Flavus.	

OLYMPIADE C.

380	373	1. Arc. Pytheus.	378
		Tribuns milit. Sp. & L. Papirii Crassi.	
		Sergius Cornelius Maluginensis. 4º.	
		Q. Servilius Priscus.	
		Ser. Sulpicius Prætextatus.	
		L. Æmilius. 4º.	
379	374	2. Arc. Nicon.	377
		Tribuns milit. M. Furius Camillus. 6º.	
		A. & L. Posthumii Regillenses.	
		L. Furius Medullinus.	
		L. Lucretius. 3º.	
		M. Fabius Ambustus.	
378	375	3. Arc. Nausinicus.	376
		Tribuns milit. L. Valerius. 5º.	
		P. Valerius. 3º.	
		C. Sergius. 3º.	
		L. Menenius. 2º.	
		Sp. Papirius Cursor.	
		Ser. Cornelius Maluginensis. 5º.	
377	376	4. Arc. Callias.	375
		Tribuns milit. P. & C. Manlii.	

CHRONOLOGIQUE.

P. Pe-tau.	An de Rome.		Calvi-sius.
		L. *Julius Iulus.* 2°.	
		C. *Sextilius.*	
		M. *Albinius.*	
		L. *Antistius.*	

OLYMPIADE CI.

376 | 377 | 1. Arc. *Chariander.* | 374
        Tribuns milit. Sp. *Furius.*
        Q. *Servilius Priscus.* 2°.
        C. *Licinius Calvus.*
        P. *Clœlius Siculus.*
        M. *Horatius Pulvillus.*
        L. *Geganius.*

375 | 378 | 2. Arc. *Hippodamus.* | 373
        Tribuns milit. L. *Æmilius.* 5°.
        P. *Valerius.* 4°.
        C. *Veturius Crassus.*
        Serv. *Sulpicius.* 2°.
        L. & C. *Quinctii Cincinnati.*

374 | 379 | 3. Arc. *Socratides.* | 372
373 | 380 | 4. Arc. *Asteius.* | 371

OLYMPIADE CII.

372 | 381 | 1. Arc. *Alcistines.* | 370
371 | 382 | 2. Arc. *Phrasiclides.* | 369
370 | 383 | 3. Arc. *Dysnicetus.* | 368
369 | 384 | | 367

} Dans ces cinq années Rome est dominée par les Tribuns du Peuple. T. Live Lib. VI. les nomme L. Sextius Sextius & L. Licinius Calvus.

        4. Arc. *Lysistratus.*
        Tribuns milit. L. *Furius.*
        A. *Manlius.*
        Serv. *Sulpicius.*
        Serv. *Cornelius.*
        P. & C. *Valerii.*

OLYMPIADE CIII.

368 | 385 | 1. Arc. *Nausigenes.* | 366
        Tribuns milit. Q. *Servilius Priscus.*
        C. *Valerius.* 2°.
        A. & M. *Cornelii.*
        Q. *Quintius.*
        M. *Fabius Ambustus.*

367 | 386 | 2. Arc. *Polychelus ou Polyzelus.* | 365
        Tribuns milit. L. *Quinctius.*
        Serv. *Cornelius.*

TABLE

P. Petau.	An de Rome.		Calvisius.
		Serv. Sulpicius.	
		Sp. Servilius.	
		L. Papirius.	
		L. Veturius Crassus.	
366	387	3. Arc. *Cephisodorus.*	
		Tribuns milit. *A. & M. Cornelii.* 2º.	364
		M. Geganius.	
		P. Manlius Capitolinus.	
		P. Veturius Crassus Cicurinus. 2º.	363
		P. Valerius Potitus Publicola. 2º.	
365	388	4. Arc. *Chion.*	
		Consuls *L. Æmilius Mamercus* Patricien & *L. Sextius Lateranus* premier Consul tiré du peuple.	

OLYMPIADE CIV.

364	389	1. Arc. *Timocrate.*	362
		Consl. *L. Genucius & Q. Servilius.*	361
363	390	2. Arc. *Chariclidès.*	
		Consl. *C. Sulpicius Peticus & C. Licinius Stolo.*	360
362	391	3. Arc. *Molon.*	
		Consl. *Cn. Genucius & L. Æmilius Mamercus.*	359
361	392	4. Arc. *Nicophemus.*	
		Consl. *Q. Servilius Ahala* 2º. & *L. Genucius.* 2º.	

OLYMPIADE CV.

360	393	2. Arc. *Callimedes.*	358
		Consl. *C. Sulpicius* 2º. & *C. Licinius Calvus.*	357
359	394	3. Arc. *Eucharistus.*	
		Consl. *C. Poetilius Balbus & M. Fabius Ambustus.*	
358	395	2. Arc. *Cephisodotus.*	356
		Consl. *M. Popilius Lanas & Cn. Manlius.*	
357	396	4. Arc. *Agathocles.*	355
		Consl. *C. Fabius Ambustus* & 3º. *C. Plautius Proculus.* 2º.	

OLYMPIADE CVI.

356	397	1. Arc. *Elpinus.*	354
		Consl. *C. Plautius & Cn. Manlius.*	
355	398	2. Arc. *Callistratus.*	353

CHRONOLOGIQUE.

P. Petau.	An de Rome.		Calvisius.
		Consf. *M. Fabius Ambustus* 2°. & *M. Popilius Lænas.* 2°.	
354	399	3. Arc. *Dioximus.*	352
		Consf. *C. Sulpicius Peticus* 3°. & *M. Valerius Publicola.*	
353	400	4. Arc. *Eudemus.*	351
		Consf. *M. Fabius Ambustus* 3°. & *T. Quinctius.*	

OLYMPIADE CVII.

352	401	1. Arc. *Aristodemus.*	350
		Consf. *C. Sulpicius Peticus* 4°. & *M. Valerii Publicola.* 2°.	
351	402	2. Arc. *Thessalus.*	349
		Consf. *P. Valerius Publicola* & *C. Martius.* 2.	
350	403	3. Arc. *Apollodorus.*	348
		Consf. *C. Sulpicius Peticus* 5°. & *T. Quinctius Pennus.*	
349	404	4. Arc. *Callimachus.*	347
		Consf. *M. Phopilius Lænas* 3°. & *L. Cornelius Scipio.*	

OLYMPIADE CVIII.

348	405	1. Arc. *Theophilus.*	346
		Consf. *L. Furius Camillus* & *Ap. Claudius Crassus.*	
347	406	2. Arc. *Themistocles.*	245
		Consf. *M. Valerius Corvus* & *M. Popilius Lænas.* 4°.	
346	407	3. Arc. *Archias.*	344
		Consf. *T. Manlius Torquatus* & *C. Plautius Hypseus.*	
345	408	4. Arc. *Eubulus.*	343
		Consf. *M. Valerius Corvus* 2°. & *C. Patilius.*	

OLYMPIADE CIX.

344	409	1. Arc. *Lyciscus.*	342
		Consf. *M. Fabius Dorso* & *Serv. Sulpicius Camerinus.*	
343	410	2. Arc. *Pythodorus.*	341

TABLE

P. Petau.	An de Rome.		Calvisius.
		Conss. C. *Marcius Rutilus* 30. T. *Manlius Torquatus* 30.	
342	411	3. Arc. *Sosigenes*.	340
		Conss. M. *Valerius Corvus* 30. & A. *Cornelius Cossus*.	
341	412	4. Arc. *Nicomachus*.	339
		Conss. C. *Marcius Rutilus* 40. & Q. *Servilius*.	

OLYMPIADE CX.

340	413	1. Arc. *Theophrastus*.	338
		Conss. C. *Plautius Hipsæus* & 20. & L. *Æmilius Mamercus*.	
339	414	2. Arc. *Lysimachides*.	337
		Conss. T. *Manlius Torquatus* 30. & P. *Decius Mus*.	
338	415	3. Arc. *Charondas*.	336
		Conss. T. *Æmilius Mamercus* & Q. *Publius Philo*.	
337	416	4. Arc. *Phrynicus*.	335
		Conss. L. *Furius Camillus* & C. *Mœnius*.	

OLYMPIADE CXI.

336	417	1. Arc. *Pythodorus*.	334
		Conss. C. *Sulpicius Longus* & P. *Ælius Pætus*.	
335	418	2. Arc. *Evænetus*.	333
		Conss. L. *Papirius Crassus* & *Cæso Duilius*.	
334	419	3. Arc. *Ctesicles*.	332
		Conss. M. *Valerius Corvus* 40. & M. *Attilius Regulus*.	
333	420	4. Arc. *Nicocrates*.	331
		Conss. P. *Veturius* & Sp. *Posthumius*.	

OLYMPIADE CXII.

332	421	1. Arc. *Niceratus*.	330
		Anarchie sans Magistrats à cause de la peste. Néanmoins Solin cap. 34. met pour Consuls L. *Papirius* & Sp. *Pœtelius*.	
331	422	2. Arc. *Aristophanes*.	329
		Conss. A. *Cornelius* 20. & Cn. *Domitius*.	
330	423	3. Arc. *Aristophon*.	328

CHRONOLOGIQUE.

P. Pe- tau.	An de Rome.		Calv. ius.
		Conff. *M. Claudius Marcellus* & *C. Vale- rius Potitus.*	
329	424	4. Arc. *Cephisophon.*	327
		Conff. *L. Papirius Crassus* 2°. & *L. Plautius Venno.*	

OLYMPIADE CXIII.

328	425	1. Arc. *Eutycritus.*	326
		Conff. *L. Æmilius Mamercus* 4°. & *C. Plautius Decius.* 3°.	
327	426	2. Arc. *Chremès.*	325
		Conff. *P. Plautius Proculus* & *P. Cornelius Scapula.*	
326	427	3. Arc. *Anticlès.*	324
		Conff. *L. Cornelius Lentulus* & *Q. Publilius Philo.* 2°.	
325	428	4. Arc. *Sosicles.*	323
		Conff. *C. Poetelius* 3°. & *L. Papirius.*	

OLYMPIADE CXIV.

324	429	1. *Agesias* ou *Hegesias.*	322
		Conff. *L. Furius Camillus* 2°. & *Junius Brutus Scæva.*	
		Dictateur. *L. Papirius Cursor.*	
323	430	2. Arc. *Cephisodorus.*	321
		Conff. *C. Sulpicius Longus* 2°. & *Q. Æmilius Ceretanus.*	
322	431	3. Arc. *Philocles.*	320
		Conff. *Q. Fabius* & *L. Fulvius.*	
521	432	4. Arc. *Apollodorus.*	319
		Conff. *T. Veturius Calvinus* 2°. & *Sp. Posthumius.* 2°.	

OLYMPIADE CXV.

320	433	1. Arconte inconnu, peut-être *Neachmus.*	318
		Conff. *Q. Publilius Philo* 3°. & *C. Papirius Cursor.* 2°.	
319	434	2. Arconte est inconnu, peut-être *Phocion.*	317
		Conff. *L. Papirius Cursor* 3°. & *Q. Æmilius Ceretanus.* 2°.	
318	435	3. Arc. *Archippus.*	316
		Conff. *M. Foslius Flaccinator* & *L. Plautius*	

TABLE

P. Petau.	An de Rome		Calvisius.
317	436	Venno. 4. Arc. Demogenes. Consl. C. Junius Bubulcus Brutus & Q. Æmilius Barbula.	315

OLYMPIADE CXVI.

316	437	1. Arc. Democlides. Consl. Sp. Nautius Rutilus. & M. Popilius Lænas.	314
315	438	2. Arc. Praxibule. Consl. L. Papirius 4°. & Q. Publilius Philo. 4°.	313
314	439	3. Arc. Nicodore. Consl. C. Sulpicius Longus 3°. & M. Poetilius Libo.	312
313	440	4. Arc. Theophraste. Consl. L. Papirius Cursor 5°. & C. Junius Bubulcus Brutus. 2°.	311

OLYMPIADE CXVII.

312	441	1. Arc. Polemon. Consl. M. Valerius Maximus & P. Decius Mus.	310
311	442	2. Arc. Simonide. Consl. C. Junius Bubulcus Brutus 3°. & Æmilius Barbula. 2°.	309
310	443	3. Arc. Hieromnemon. Consl. C. Marcius Rutilius & Q. Fabius Maximus. 2°.	308
309	444	4. Arc. Demetrius Phalereus. Sans Consuls mais pour Dictateur L. Papirius Cursor 2°. Maître de la Cavallerie. C. Junius Bubulcus. 2°.	307

OLYMPIADE CXVIII.

308	445	1. Arc. Charinus. Consl. Q. Fabius 3°. & P. Decius Mus. 2°.	306
307	446	2. Arc. Anaxicrates. Consl. Appius Claudius & L. Volumnius.	305
306	447	3. Arc. Corœbus. Consl. P. Cornelius Arvina & Q. Marcius Tremulus.	304

4. Arc.

CHRONOLOGIQUE.

P. Petau.	Ans de Rome.		Calvisius.
305	448	4. Arc. *Xenippus*. Conss. *L. Posthumius* & *T. Minutius*.	303

OLYMPIADE CXIX.

304	449	1. Arc. *Pherecles*. Conss. *P. Sulpitius Saverrio* & *P. Sempronius Sophus*.	302
303	450	2. Arc. *Leostratus*. Conss. *L. Genutius Aventinensis* & *Serv. Cornelius Lentulus*.	301
302	451	3. Arc. *Nicocles*. Conss. *M. Livius Dexter* & *M. Æmilius Paulus*.	300

A cette année finit le vingtiéme & dernier Livre qui nous reste entier de la Bibliotheque Historique de DIODORE DE SICILE.

Fin de la Table Chronologique tirée des deux Tables de Rhodoman.

F I N.

TABLE
DES MATIERES

Du cinquiéme & sixiéme Tome de Diodore de Sicile.

Le chiffre Romain marque le Volume, & le chiffre Arabe marque la page.

A

ACESTORIDES, Gouverneur de Corinthe. VI. 12.

ACROTATUS, fils du Roi Cleomene, se met à la tête des Agrigentins. VI. 154. Il invite à un repas Sosistrate & le tue. 155. Il disparoît la nuit suivante. 157.

ACUPHIS, Gouverneur de la ville de Nyse, parle à Alexandre au nom de la ville. V. 220.

ADA implore la protection d'Alexandre. V. 45.

ÆACIDE'S, Roi d'Epire, secoure Olympias. VI. 79. Ses sujets se révoltent, & font alliance avec Cassander. 80. il est défait par Philippe. 163. Sa mort. 190.

AFRICE'S, Indien est égorgé. V. 235.

AGATHOCLE, tyran de Syracuse. VI. 5. Sa naissance 6. Les exercices de sa jeunesse. 8. Il épouse la veuve de Damas. *ibid.* Il va demeurer en Italie. 10. Il revient dans sa patrie. *ibid.* Il se sauve de Gela. 11. Il rentre dans sa patrie. 13. Il reçoit le pouvoir souverain. 20. Il fait la paix avec les Messinois. 14. Il va à

TABLE.

Agrigente. 220. Il revient à Syracuse. 223. Il se retire dans Gela. 233. Il passe en Lybie. 240. Il met le feu à ses vaisseaux. 248. Il s'empare de Megalopolis. 251. Il bat les Carthaginois. 255. Il tue le Roi Elimas. 272. Il appaise une sédition. 301. Il dresse un trophée. 313. Se déclare Roi. 346. Prend Utique. 349. Son luxe. 364. Il est mis en prison par ses soldats. 374. Il traite avec cruauté les Citoyens d'Ægeste. 377. & *suiv.* Il défait Dinocrate. 410. & *suiv.* Il se réconcilie avec lui. 413.

AGIS, Roi de Lacedemone, va au secours de Darius. V. 93. Il est tué. 123.

ALCETAS, Roi d'Epire est assiégé par Lyciscus. V. 390. Il se donne la mort. 398.

ALEXANDRE. Son éloge. V. 2. Il punit les meurtriers de son pere. 3. & *suiv.* Il ruine Thebes & est nommé Général des Grecs. 15. & *suiv.* Il fait passer son armée d'Europe en Asie. 32. Il change d'armes dans le temple de Minerve. 34. Il remporte la victoire sur les bords du Graninique. 40. Il prend Milet. 41. Il tombe dangereusement malade, & est guéri par Philippe. 60. Il défait Darius. 66. Il fait prisonniers sa femme, son fils. 67. Il rend visite aux Princesses captives. 72. Il assiége Tyr. 77. & *suiv.* Il l'a prend. 91. Il passe en Egypte. 95. Il bâtit Alexandrie. 101. Il passe le Tigre. 109. Il défait Darius près d'Arbelle. 119. Il vient à Babylone. 126. Il abandonne Persepolis au pillage. 139. Il fait ensevelir le corps de Darius. 144. Il se laisse corrompre par les volupt és

X ij

DES MATIERES.

de la Perse 153. Il marche contre Bessus. 164. Il prend d'assaut Gaza. 175. Il tue un Lion d'une grosseur prodigieuse. 192. Il tue Clitus. 196. & suiv. Il épouse Roxane. 213. Il passe dans les Indes. 214. Il gagne la bataille contre Porus. 241. Il est dangereusement blessé. 258. Il entre dans Babylone. 291. Sa mort. 302. Sa lettre aux bannis des villes Grecques 321.

ALEXANDRE de Lynceste est mis en prison. V. 60. on le fait mourir. 158.

ALEXANDRE, fils de Polisperchon, prend le Pirée. V. 437. Il est tué par Alexion. VI. 145.

AMILCAR, Général des Carthaginois. VI. 225. Il attaque vivement Syracuse. 267. Il est pris par les Syracusains. 292. On lui tranche la tête. 294.

AMINTAS prend le parti de Darius. V. 93. Il est tué 94.

ANAXARQUE veut qu'on donne le titre de Dieu à Alexandre. V. 199.

ANAXARQUE, Philosophe d'Abdere. V. 291. note.

ANTANDER traite cruellement ceux qui avoient été à l'expédition de Carthage. VI. 379.

ANTIGENE est condamné à être brûlé sur un bucher. VI. 95.

ANTIGONUS défait Alcetas. V. 393. Il marche contre Arridée. 419. il vient à Ecbatane. VI. 45. Il défait Eumenès. 68. Il le fait mourir. 96. Il fait aussi mourir Pithon. 100. Il s'empare de Suse 104. Il assiége Tyr. 125. Il équipe une flotte considérable. 135. Il se joint à son fils Demetrius. 200. Il fonde Antigonie. 333. Il prend le titre de Roi.

TABLE

345. Il vient sur les bords du Nil. 386. Il revient en Syrie. 388.

ANTIPATER défait les Lacedemoniens. V. 123. Il se retire à Lamia. 330. Il est déclaré tuteur des Rois. 384. Il meurt. 400.

ANTIPHILE, chef des Grecs. V. 332.

APPIUS CLAUDIUS Censeur. VI. 305.

APOLOGUE du Lion. VI. 56.

ARABES Nabathéens. VI. 201. Ils taillent en piece l'armée d'Athenée. 206. Ils résistent à Démétrius. 209.

ARCHAGATUS, fils d'Agathocle, est égorgé par ses soldats. VI. 375.

ARIARATHE'S, Souverain de Cappadoce, est défait par Perdiccas. V. 338.

ARIMASPES, surnommés Evergetes, ou Bienfaisans. V. 160.

ARISTANDRE Devin. V. 185.

ARISTONOÜS cede la ville d'Amphipolis à Cassander. VI. 108.

ARRIDE'E a le titre de Roi. V. 308. Il fait transporter le corps d'Alexandre au temple de Jupiter Ammon. 360.

ASPHALTIDE. Description de ce lac. VI. 240.

ASTE'S tué dans le siége de la ville, où il s'étoit réfugié. V. 217.

ATHENAGORAS, Gouverneur de Rhodes. VI. 423.

ATHENIENS. Ils équipent une flotte V. 336. Ils font la paix avec Antipater. 344. Ils punissent les Magistrats, qui avoient favorisé Polysperchon. 438.

ATTALUS prend des mesures avec les Atheniens contre Alexandre. V. 8.

AULIUS, maître de la Cavalerie Romaine, meurt géné-

DES MATIERES.

reusement VI. 159.

AXIOTE'E, femme de Nicoclés, égorge ses deux filles & se tue. VI. 275.

B

BAGOAS empoisonne Artaxercés, & met Arsés sur le thrône. V. 10. Il est empoisonné par Daries II.

BAGODARAS livre Bessus à Alexandre. V. 166.

BALLONYME est élevé sur le thrône de Tyr. V. 91.

BESSUS souleve la Bactriane. V. 146. Son corps est coupé par morceaux. 166.

BOMILCAR est égorgé. VI. 324.

C

CADNUS fondateur de Thebes. VI. 114.

CALAMUS, Philosophe Indien. Sa mort. V. 277.

CALLAS défait par les Perses. V. 15.

CALLISTHENE est arreté. V. 208. différens sentimens sur sa mort. *ibid*.

CARNAGE dans Thebes après la prise de la ville. V. 25. dans Syracuse. VI. 16.

CHARTHAGINOIS. Ils entrent dans le port de Syracuse. VI. 221. Ils défont les troupes d'Agathocle. 231. Ils assiegent Syracuse. 261. Ils livrent un combat près du temple de Junon. 298.

CASSANDER marche vers la Macedoine. VI. 77. Il fait périr Olympias. 110. Il bâtit Cassadrie. 111. Il rétablit Thebes. 116. Il revient en Macedoine. 118. Il fait un traité avec Antigonus. 164. Il marde nouveau contre lui. 166. Il fait amitié avec Alcetas. 192. Il marche contre Demetrius. 446.

CAUCASE. V. 163. Caverne de

TABLE

Promethée. *ibid.*

CEBALINUS découvre à Philotas une conjuration contre Alexandre V. 156.

CEDROSIE. Coutumes singulieres de ce pays. V. 273.

CETEÜS Indien, laisse après lui deux femmes qui se disputent l'honneur de périr sur son bucher. VI. 71.

CLEOMENE, Roi des Parthes meurt. VI. 289.

CLEONYME vient au secours des Tarentins. VI. 442. Son luxe. 443.

CLITUS est tué par Alexandre. V. 196. Il défait Eétion Général de la flotte Athenienne. 337. Il bat Nicanor. 449.

CHARIDEME conseille à Darius de ne pas se mettre en campagne. V. 57. Il est condamné au supplice. 58.

CHARIOTS armés de faulx. V. 104.

CLEOPATRE, sœur d'Alexandre, se retire chez Ptolemée. VI. 308. Elle est tuée par l'ordre d'Antigonus. *ibid.*

COMBAT naval entre Ptolemée & Demetrius. VI. 339.

COPRATE'S, fleuve. VI. 45.

CORAGUS Macedonien, soutient un combat singulier contre Dioxippe, Athenien. V. 261.

COSSES. VI. 45. Leurs mœurs. *ibid.*

COUTUME singuliere du pays des Andrestes. V. 245.

CRATERUS vient trouver Antipater. V. 338. Il épouse sa fille aînée. 344. Il est écrasé sous les piés des chevaux. 369.

CRATESIPOLIS, veuve d'Alexandre, fils de Polysperchon, commande après la mort de son mari. VI. 145.

CYRE'NE'ENS. Ils assiégent leur propre citadelle. VI. 173.

DES MATIERES.

D

DAMIS défend la ville des Megalopolitains V. 447.

DARIUS est élevé sur le thrône des Perses par Bagoas. V. 11. Il leve une puissante armée contre Alexandre. 13. Il se met à la tête de ses troupes. 59. Il est défait à Issus. 66. Il prend la fuite. 70. Il rallie ses troupes à Babylone. 74. Il campe près d'Arbelle. 105. Il se sauve honteusement. 119. Il est égorgé par Bessus. 144.

DÉLUGE arrivé dans l'Isle de Rhodes. VI. 97.

DEMADE's Orateur. V. 342. Il est étranglé par l'ordre d'Antipater. 401.

DEMETRIUS, fils d'Antigonus, passe en Cilicie. VI. 176. Son portrait. 178. Il range ses troupes en bataille. 179. Il est mis en fuite. 184. Il fait la paix avec les Arabes Nabathéens. 210. Il arrive à Babylone. 216. Il vient à la ville d'Athenes. 226. Il fait Denys prisonnier. 328. Il défait Ptolemée. 343. Il est battu par la tempête. 382. Il assiége Rhodes. 399. & suiv. On lui donne le surnom de Polyorcete 418. Il passe en Béotie. 434. Il marche vers Corinthe. 439. Il se fait initier aux mysteres d'Eleusine. 452.

DEMETRIUS, de Phalere quitte Athenes. VI. 327.

DEMOPHON, augure d'Alexandre. V. 257.

DEMOSTHENE n'ose pas aborder Alexandre. V. 8.

DENYS tyran d'Heraclée meurt. VI. 388.

DESCRIPTION de Persepolis. V. 141. De l'Asie. 314.

DIMNUS veut faire périr Alexandre. V. 156. Il se

TABLE

tue lui-même. 158.

DINOCRATE chef des bannis de Syracuse implore contre Agathocle le secours des Carthaginois. VI. 220. Il est élu Général des Soudoyés Grecs. 294. Il oblige Agathocle à se retirer. 353.

DIOSCORIDE Capitaine des vaisseaux d'Antigonus. VI. 149.

DIOXIPPE se donne la mort. V. 264.

DYME, ville d'Ætolie, prise par Alexandre, fils de Polysperchon, recouvre sa liberté. VI. 144.

E

EPHIALTE défend généreusement Halicarnasse. V. 49.

EUDAMUS. VI. 35. Il périt par ordre d'Antigonus. 95.

EUMACHUS fait la guerre en Afrique. VI. 354. Il est battu. 360.

EUMELUS succede à son pere. VI. 282. Il fait la guerre aux Henioques. 283. Il meurt 284.

EUMENES défait Neoptoleme. V. 367. Il le blesse mortellement. 370. Il est défait par Antigonus, 388. Il fait ériger un thrône à Alexandre. 428. Il entre dans la Perse. 453. Il passe le Tygre. VI. 43. Il range ses troupes en bataille vis-à-vis d'Antigonus. 63. Il s'oppose à Antigonus à la sortie du désert. 84. Il lui livre une sanglante bataille. 95. Il meurt. 96.

EURIDICE, femme d'Arrhidée. VI. 23. Elle est prisonniere. 25. Elle se pend. 26.

EURYMENE, ville d'Epire rasée. VI. 192.

F

FABIUS est nommé Dictateur. VI. 159. Il défait les Tyrrheniens. 304.

FAMINE à Pydne. VI. 105.

FLAVIUS, fils d'une affranchie devient Edile. VI. 307.

G

GABAZA. V. 210. difficulté à traverser le pays. *ibid.*

GUERRE Lamiaque. V. 286.

H

HANNON, chef des Carthaginois est tué. VI. 258.

HALICARNASSE est assiégée. V. 45. elle est prise. 52.

HARPALUS. Son luxe. V. 280. Il est tué. 282.

HECATE'E tue Attalus. V. 9.

HELEPOLE, machine pour les siéges des villes. VI. 334.

HEPHESTION est dangéreusement blessé. V. 120. Il accompagne Alexandre dans les Indes. 245.

Il meurt. 286. Ses funérailles. 293.

HERMOLAUS encoure la disgrace d'Alexandre. V. 206.

HERCULE, fils de Barcine & d'Alexandre. VI. 274. Il est assassiné 289.

HIRCANIE. V. 148. singularités de ce pays. *ibid.*

I

IBES, peuples des Indes se rendent à Alexandre. V. 253.

IDA, montagne voisine de l'Hellespont. V. 13. Singularités de cette montagne. 14.

INCENDIE, qui ravage le camp des Carthaginois & celui d'Agathocle. VI. 369.

ISAURA est brûlée par ses habitans. V. 353.

L.

LACEDEMONIENS. Ils se disposent à la guerre.

V. 172. Ils font battus. 123. Ils envoyent une ambassade à Anpater. 145.

LARANDA est rafée. V. 352.

LEONATUS vient au secours des Macedoniens. V. 334. Il meurt. 335.

LEOSTHENE's à la tête des Grecs. V. 323. Il meurt. 331.

LYBIE. Sa description. VI. 250.

LYCISCUS assiége Alcetas, Roi d'Epire. VI. 190. Il rase Eurgmene. 192. Il est tué. 299.

LYSIMACHUS livre bataille aux Thraces V. 333. Il repousse les Scythes. VI. 161. Il force les troupes de Seuthès. 162. Il fait des conquêtes dans la Grece. 448.

M

MARDES. Ils résistent à Alexandre, & ensuite se rendent à lui. V. 151.

MAMARENSES. Ils sont assiégés par Alexandre. V. 53.

MAZÉE campe sur les bords du Tigre. V. 108.

MEGAPOLITAINS. Ils restent à Polysperchon. V. 444.

MELEAGRE, chef de la phalange Macedonienne. V. 307.

MEMNON de Rhodes, Général des troupes de Darius. V. 13. Il attaque Cysique. 14. Il prend Mitylene. 56. Il meurt peu après. ibid.

MENELAS, Lieutenant de Ptolemée dans Chypre. VI. 352.

MÉNIUS, dictateur contre les Campaniens. VI. 168.

MITHRIDATE est tué VI. 456.

MNASICLES, Crétois, souleve les Cyrenéens contre Thymbron. V. 348.

MOPHIS, fils de Taxile, vient s'offrir à Alexandre. V. 235.

DES MATIERES.

N

NATIONS Indiennes. Rits de ces nations. V. 268.

NEOCRITES. Cérémonie singuliere de de ce peuple. V. 272.

NICANOR est tué secrettement par l'ordre de Cassander. V. 455.

NICANOR, Gouverneur de la Medie, s'oppose à Seleucus. VI. 197. Il est mis en fuite 198. Il avertit Antigonus de l'arrivée de Seleucus dans la Babylonie. 215.

NICOCLE's, Roi de Paphos, se tue lui-même. VI. 275.

O

OCEAN Méridional. V. 276.

ŒNIADES. V. 322.

OLYMPIAS se vange d'Eurydice. VI. 25. Elle fait mourir Philippe. Ses cruautés. 26. Elle vient à Pydne. 78. Elle est bandonnée. 106. Elle se livre à Cassander. 107. Elle est égorgée par des assassins. 110.

OPHELLAS se joint à Agathocle. VI. 320. Il périt. 321.

ORCHOMENIENS. Ils égorgent les amis d'Alexandre. VI. 137.

ORONTOBATE. Satrape de Medie. VI. 100.

OXATHRE's défend Darius, son frere. V. 64.

P

PARMENION prend la ville de Grynion. V. 14. Il est tué par ordre du Roi. 159.

PAROPAMISADES. 161. description de leur climat. *ibid.*

PASIPHILE se joint à Dinocrate. VI. 389.

PASITIGRE, fleuve. V. 131.

Patrocle, Capitaine de Seleucus, renonce à la défense de la ville

TABLE

de Babylone. V. 215.

PERDICCAS reçoit l'anneau d'Alexandre V. 302. Il est Régent du Royaume. 308. Il attaque le Roi de la Cappadoce. 337. Il marche contre Ptolemée. 359. Il tente de traverser le Nil. 376. Il est égorgé dans sa tente. 379.

PEUCESTE'S amene vingt mille Perses à Alexandre. V. 283. Il est envoyé par Eumenès à la tête d'une ambassade. VI. 32. Il fait un sacrifice à Alexandre & à Philippe. 50.

PHILA, veuve de Craterus. VI. 128.

PHILIPPE, Capitaine de Cassander défait Æacidès Roi d'Epire, VI. 163.

PHILON d'Ænia, chef des révoltés. V. 318.

PHILOTAS commande dans Cadmée. V. 16. Il est jugé digne de mort. 158.

PHOCION est chassé de l'assemblée par les Atheniens. V. 28. Il est mené en prison. 441. Il avale de la cigue. 442.

PHOENOMENES arrivés devant Thebes. V. 19.

PITHON, Satrape de la Medie. VI. 27. Il invite Seleucus à prendre son parti. 32. Il vient se livrer à Antigonus, qui le fait mourir. 100.

PLEISTARQUE essuye une tempête. VI. 458.

POLICLITE défait Théodote Commandant de la flotte d'Antigonus. VI. 140.

POLICLE'S. Lieutenant d'Antipater est tué. V. 382.

POLYSPERCHON tue Menon. V. 383. Il est nommé tuteur des Princes par Antipater. 402. Il veut rendre la libetté aux Grecs. 414. Il ramene Olympias en Macedoine. VI. 24. Il prend Eurydice. 25. Il fait assassiner Her-

DES MATIERES.

cule, fils de Barsine. 289.

POLLITIUM prise par les Romains. VI. 225.

PORUS, Roi des Indes. V. 237. Il se range en bataille contre Alexandre. 238.

PRÉPÉLAS se retire vers Cassander VI. 440.

PRYTANIS est reconnu Roi. VI. 281. Il est tué 282.

PTOLEMÉE fils de Lagus découvre à Alexandre une conjuration formée contre lui. V. 203. Il est guéri miraculeusement. 269. Il fait porter le corps d'Alexandre à Alexandrie. 365.

PTOLEMÉE se déclare contre Antigonus. VI. 123. Il vient à Peluse. 176. Il se range en bataille contre Demetrius. 181. Il s'approche de Tyr. 187. Il revient en Egypte. 201. Il se déclare contre Antigonus. 273. Il envoye tuer Nicoclés. 275. Il équipe une flotte. 337. Il est battu. 343. Il prend le titre de Roi. 345.

PYTHAGORE. Son système sur l'ame. V. 305.

PYTHON, Capitaine de l'armée d'Alexandre. V. 313. Il défait l'armée des révoltés. 319.

R

RHODES. Les Rhodiens soutiennent la guerre contre Antigonus. VI. 394. Ils se défendent contre Demetrius. 403. Ils font la paix. 433. Ils élevent un temple à Ptolemée. 434.

ROMAINS. Ils défont les Samnites. V. 414. Ils assiégent Saticole. VI. 158. Ils envoyent une colonie dans l'Isle de Pontia. 218. Ils ravagent le Samnium. 393.

ROXANE, fille d'Oxyarte. V. 213.

TABLE

S.

SAMNITES. Ils prennent Plistique. VI. 157. Ils sont défaits par les Romains. 386.

SATIBARZANE se joint à Bessus contre Alexandre. V. 155. Il périt dans un combat singulier. 165.

SATYRUS remporte l'avantage sur Eumelus & Prytanis. VI. 273. Il meurt. 280.

SCYTHES Asiatyques. V. 178. Ils sont mis en fuite. 183.

SELEUCUS Satrape de la Babylonie. VI. 27. Il vient au-devant d'Antigonus. 118. Il est reçu à Babylone. 195. Il s'empare des Satrapies supérieures. 346. Il revient en Cappadoce avec une forte armée. VI. 459.

SEMPRONIUS défait les Æques. VI. 437.

SERPENS de l'Inde. 242.

SINGES de l'Inde. V. 242.

SINGES adorés. VI. 356.

SISYGAMBIS. Sa mort. V. 304.

SOGDIENS. Ils se révoltent contre Alexandre. V. 173. Trente captifs obtiennent grace par une flatterie. 183.

SOPITHES, Roi des Indes. V. 246. Coutumes particulieres de ses Etats. *ibid.*

SOSISTRATE banni de Syracuse, est tué dans un repas. VI. 155.

STRATONICE femme d'Antigonus. VI. 38.

STROMBICUS. Sa mort. VI. 441.

SUSE est livrée à Alexandre. V. 129.

T

TAXILE, Roi des Indes, se soumet à Alexandre. V. 215.

DES MATIERES.

TEMPLE de Jupiter Ammon. V. 97. Sa fontaine. 99.

THAÏS, courtisanne, met le feu au Palais de Persépolis. V. 142.

TALESTRIS, Reine des Amazones, vient à la rencontre d'Alexandre. V. 152.

THEBES. VI. 113.

THEODOTE, Commandant de la flotte d'Antigonus, est tué. VI. 140.

TYMBRON s'approche de Cyrene. V. 346. Il est pris. 352.

TYGRE, fleuve. VI. 40.

TYR. assiégée. V. 77. prise. 91.

TYRIASPE, Gouverneur des Paropamisades. V. 215.

U

UTIQUE assiégée. VI. 347. Elle est prise. 349.

X

XANDRAME'S Roi des Gangarides. V. 249.

XENODICUS, chef des Agrigentins, s'empare de Gela. VI. 296. Il force les citoyens d'Erbesse à se rendre. 297. Il se réfugie à Agrigente 351.

XENOPHILE, Garde du Thrésor Royal. VI. 42.

Fin de la Table des Matiéres.